本书出版获得以下资助：
2023年度科技智库青年人才计划（20230504ZZ0724-0055）
国家社科基金重点项目（23AZD017）
辽宁省重大科技专项基金（2019JH1/10100028）

Data-Driven Decision-Making
Practical Analysis of E-commerce
Platform Strategies

数据驱动决策
电商平台实战方案分析

孙琦 ◎ 著

知识产权出版社
全国百佳图书出版单位
—北京—

图书在版编目（CIP）数据

数据驱动决策：电商平台实战方案分析/孙琦著.—北京：知识产权出版社，2023.12
ISBN 978-7-5130-7679-1

Ⅰ.①数… Ⅱ.①孙… Ⅲ.①电子商务-数据处理-研究 Ⅳ.①F713.36 ②TP274

中国版本图书馆 CIP 数据核字（2021）第 170168 号

内容提要

本书根据 B2C 电商平台的行业特点和实际情况，结合企业调研，介绍了数据驱动决策的相关理论、数据驱动的联合优化框架、数据驱动下电商订单分配与配送质量联合优化模型、撤单数据驱动下电商订单分配与配送能力联合优化模型、共享数据驱动下电商订单分配与配送可持续性联合优化模型等内容。通过本书，读者可以了解电商平台在数据驱动决策过程中量化分析的模型构建和方法设计。

本书可作为高等院校管理类专业的教学参考用书，也可作为管理学研究人员、企业管理者、量化分析技术人员的学习参考用书。

责任编辑：徐　凡　　　　　　　　责任印制：孙婷婷

数据驱动决策——电商平台实战方案分析
SHUJU QUDONG JUECE——DIANSHANG PINGTAI SHIZHAN FANG'AN FENXI

孙　琦　著

出版发行	知识产权出版社有限责任公司	网　　址	http://www.ipph.cn
电　　话	010－82004826		http://www.laichushu.com
社　　址	北京市海淀区气象路 50 号院	邮　　编	100081
责编电话	010－82000860 转 8533	责编邮箱	laichushu@cnipr.com
发行电话	010－82000860 转 8101/8102	发行传真	010－82000893
印　　刷	北京中献拓方科技发展有限公司	经　　销	新华书店、各大网上书店及相关专业书店
开　　本	720mm×1000mm　1/16	印　　张	15.75
版　　次	2023 年 12 月第 1 版	印　　次	2023 年 12 月第 1 次印刷
字　　数	250 千字	定　　价	75.00 元

ISBN 978-7-5130-7679-1

出版权专有　侵权必究
如有印装质量问题，本社负责调换。

前　　言

　　移动客户端和网络平台等硬件设施的日益普及，促使信息获取方式越来越丰富，并使电商利用数据资源实现企业服务优化面临更多新挑战。数据爆炸式增长带动数据传递效率的提升与信息交换频率的加快，为电商订单分配与配送服务提供数据驱动下联合优化的可行性。近年来，关于订单分配与物流配送问题的研究已经取得大量的研究成果，但是对数据驱动下电商订单分配与配送联合优化问题的研究较为鲜见。实际上，随着网络平台技术的发展，订单分配与配送服务的紧密性、实时性和交互性更加明显。例如，消费者数据和电商运营的关联度增加，仓库、车辆和运输等性能参数在配送过程中能够及时反馈到决策中心，等等。依据田口方法，服务质量是满足消费者需求的基本前提，服务能力是服务执行效果的基本保障，服务可持续性是具有战略意义的管理优化目标，整个优化流程是一个循序渐进的过程。因此，以服务质量、服务能力和服务可持续性作为立足点，实现数据驱动下电商订单分配与配送联合优化是十分必要的，具有重要的理论意义和实践意义。

　　本书针对数据驱动下电商订单分配与配送联合优化问题进行了理论与方法的研究，主要开展了以下 4 方面的研究工作。

　　1）针对联合优化问题，以田口方法为基础，延伸出数据驱动下电商订单分配与配送联合优化的相关概念及理论。本书根据田口方法包含的 3 个递进式的优化维度，设计了联合优化的递进式理论框架分析结构，丰富和发展了数据驱动联合优化问题决策的理论和方法，主要包括：①结合偏好理论，以消费者视角优化电商订单分配与配送质量作为联合优化的基本前提；②分析牛鞭效应理论，考虑将电商订单分配与配送能力作为联合优化的基本保障；③讨论可持续性优化理论，将其作为电商订单分配与配送联合优化的基本目标。同时，本书为相关问题的研究提供了一般性的理论研究框架，并为研究问题的分析与描述提供了理论指导。

2) 针对数据驱动下电商订单分配与配送质量联合优化问题，进行了3个阶段的研究，分别为：①对收货方的服务质量偏好程度进行完整分类，依据数据特征，将收货方划分为"无记忆"型收货方、"记忆"型收货方、收货方总体和"不确定"型收货方；②基于4种类型的收货方，分别构建了收货方偏好数据驱动下电商订单分配与配送质量联合优化模型；③给出4种类型规划求解空间的复杂度推导，得到成本为线性函数时"无记忆"型收货方的动态规划精确求解方法，以及其他4种类型收货方的NP-hard属性分析。与传统批量规划相比，数据驱动的方法设计弥补了个性化质量需求解决方案研究的不足，得到的研究结论及管理启示对于指导实践具有参考价值。

3) 针对数据驱动下电商订单分配与配送能力联合优化问题，进行了3方面的研究：①从训练数据样本中选取相关特征，确保联合决策流程内数据信息分类的误差代价最小，以此降低联合决策过程的牛鞭效应；②引入撤单率构建服务能力决策模型，分析电商配送服务能力的自建与外包决策问题，从是否进行合作的角度给出了3种合作强度下的动态博弈模型；③按照3阶段动态博弈顺序逆向推导出3种情形下的子博弈均衡解，得到在线购买环境下自建与外包配送服务能力最优解集。撤单数据与物流配送数据联合构建的博弈模型弥补了应对不确定性扰动下服务能力灵活性研究不足的缺陷，降低了电商和产品供应商的经济损失。

4) 针对数据驱动下电商订单分配与配送可持续性联合优化问题，从经济、环境和社会3个角度提出了电商订单分配与配送资源共享策略，分别为：①经济方面，根据订单信息、仓库信息、运输信息和车辆信息共享数据的匹配合理性，配送服务能力和服务时间窗，构建配送资源共享数据驱动下成本优化模型；②环境方面，基于数据包络分析法设计多种减排因子，评估订单分配与配送资源共享数据驱动下碳排放绩效和碳排放分配评价指标；③社会方面，设计共享数据驱动下合理的收益共享系数，配送资源服务商与电商平台实现对服务资源的协调共享与稳定合作。研究表明，可持续性优化设计能够在保证经济效益的同时，兼顾环境效益和社会效益。

本书的研究丰富了数据驱动优化的相关理论，为进一步开展更为复杂的数据驱动优化理论与方法的研究提供了借鉴和指导。同时，本书的研究成果不仅可以实现电商订单分配与配送系统联合优化模式，而且能够为电商企业的服务质量、服务能力和服务可持续性优化提供恰当决策，对推进数据资源的有效利用具有重要意义。

目 录

第1章 绪论 ··· 1

  1.1 研究背景 ·· 1

    1.1.1 电商利用数据资源实现企业服务优化面临的新挑战 ··········· 1

    1.1.2 订单分配与配送服务在数据驱动下具备联合优化可行性 ······ 2

    1.1.3 数据驱动下电商订单分配与配送联合优化的必要性 ············ 3

  1.2 问题提出 ·· 5

    1.2.1 数据驱动下电商订单分配与配送质量联合优化问题 ············ 5

    1.2.2 数据驱动下电商订单分配与配送能力联合优化问题 ············ 6

    1.2.3 数据驱动下电商订单分配与配送可持续性联合优化问题 ······ 7

  1.3 研究范围、研究目标与研究意义 ···································· 9

    1.3.1 研究范围界定 ·· 9

    1.3.2 研究目标 ··· 11

    1.3.3 研究意义 ··· 12

  1.4 研究内容、研究思路与研究方法 ·································· 14

    1.4.1 研究内容 ··· 14

    1.4.2 研究思路 ··· 17

    1.4.3 研究方法与技术路线 ··· 19

  1.5 本书章节的构成 ··· 22

  1.6 创新性工作说明 ··· 25

第2章 相关研究文献综述 ··· 27

  2.1 文献检索情况 ··· 27

    2.1.1 文献检索范围 ··· 27

    2.1.2 相关检索文献梳理 ·· 28

    2.1.3 学术趋势分析 ··· 30

2.2 订单分配与配送质量联合优化问题的研究 ·········· 30
2.2.1 订单分配与配送问题的研究 ·········· 31
2.2.2 数据驱动下服务质量优化问题的研究 ·········· 35
2.2.3 数据驱动下质量评价与感知问题的研究 ·········· 37
2.3 订单分配与配送能力联合优化问题的研究 ·········· 38
2.3.1 数据驱动下服务系统的功能结构优化的研究 ·········· 38
2.3.2 数据驱动下物流服务供应链设计优化的研究 ·········· 39
2.3.3 借助第三方进行服务能力扩充的研究 ·········· 41
2.4 订单分配与配送可持续性优化问题的研究 ·········· 43
2.4.1 数据驱动下可持续性优化问题的研究 ·········· 43
2.4.2 成本优化问题的研究 ·········· 45
2.4.3 低碳优化问题的研究 ·········· 46
2.4.4 资源共享问题的研究 ·········· 49
2.5 数据驱动优化方法的研究 ·········· 50
2.5.1 聚类方法的研究 ·········· 51
2.5.2 运输与配送方案优化方法的研究 ·········· 52
2.6 国内外研究现状评析 ·········· 54
2.6.1 已有研究成果的主要贡献 ·········· 54
2.6.2 已有研究成果的不足之处 ·········· 55
2.6.3 已有研究成果对本书的启示 ·········· 57
2.7 本章小结 ·········· 58

第 3 章 理论基础与研究框架 ·········· 60
3.1 田口方法 ·········· 60
3.1.1 田口方法的基本思想 ·········· 60
3.1.2 田口方法的参数设计 ·········· 61
3.1.3 田口方法的数据驱动属性 ·········· 62
3.2 消费者偏好理论 ·········· 64

		3.2.1	消费者偏好的概念与分类	64
		3.2.2	偏好驱动的决策框架	65
	3.3	牛鞭效应理论		66
		3.3.1	供应链管理中的牛鞭效应	66
		3.3.2	牛鞭效应的扰动控制	67
	3.4	可持续发展相关理论		69
		3.4.1	可持续物流服务供应链管理	70
		3.4.2	低碳供应链管理	71
		3.4.3	共享经济发展模式	72
	3.5	研究框架		73
	3.6	本章小结		77

第4章 收货方偏好数据驱动下电商订单分配与配送质量联合优化模型 … 79

	4.1	问题描述		79
	4.2	质量敏感聚类过程与数据驱动过程刻画		82
		4.2.1	质量敏感聚类过程	82
		4.2.2	数据驱动过程	83
	4.3	模型构建		85
		4.3.1	传统配送服务资源规划模型	85
		4.3.2	收货方的配送服务质量偏好类型	85
	4.4	具有不同偏好收货方的数据特征		87
		4.4.1	"无记忆"型收货方	87
		4.4.2	"记忆"型收货方	91
		4.4.3	"不确定"型收货方与收货方总体	95
	4.5	数值与算例分析		95
	4.6	管理启示		102
	4.7	本章小结		102

第5章 撤单数据驱动下电商订单分配与配送能力联合优化模型 ………… 104

5.1 问题描述 ………………………………………………………… 104
5.2 误差驱动的数据预处理 ………………………………………… 106
5.2.1 数据特征选取问题 ………………………………………… 106
5.2.2 两阶段法特征选取 ………………………………………… 107
5.3 撤单率驱动的电商配送服务能力博弈均衡模型 ……………… 117
5.3.1 撤单数据驱动的模型描述 ………………………………… 117
5.3.2 数据驱动下撤单率的度量 ………………………………… 119
5.3.3 3种情形的均衡模型 ……………………………………… 121
5.4 计算实验与均衡演化分析 ……………………………………… 133
5.5 管理启示 ………………………………………………………… 139
5.6 本章小结 ………………………………………………………… 140

第6章 共享数据驱动下电商订单分配与配送可持续性联合优化模型 …… 141

6.1 问题描述 ………………………………………………………… 141
6.2 基于可持续性优化的三元结构数据驱动框架 ………………… 143
6.2.1 逐层聚类结构 ……………………………………………… 143
6.2.2 邻域搜索 …………………………………………………… 147
6.3 考虑经济效益的数据驱动下订单分配与配送联合优化模型 … 150
6.3.1 配送车辆与订单货物的异构匹配模型 …………………… 150
6.3.2 取、送货物的配送系统集成优化模型 …………………… 165
6.4 考虑环境效益的数据驱动下订单分配与配送联合优化模型 … 177
6.4.1 物流配送资源共享系统的碳减排模型 …………………… 177
6.4.2 订单分配资源共享系统的碳配额模型 …………………… 184
6.5 考虑社会效益的数据驱动下订单分配与配送联合优化模型 … 186
6.5.1 二级配送服务资源共享系统公平分配策略模型 ………… 187
6.5.2 三级配送服务资源共享系统公平分配策略模型 ………… 197
6.6 管理启示 ………………………………………………………… 205

  6.7 本章小结 ·· 206

第 7 章　结论与展望 ·· 207
  7.1 本书的主要研究成果及结论 ·· 207
  7.2 本书的主要贡献 ··· 212
  7.3 本书的研究局限 ··· 213
  7.4 未来的研究展望 ··· 214

参考文献 ··· 215

第1章 绪　　论

1.1 研究背景

20世纪90年代以来，随着信息技术的迅猛发展与互联网的广泛普及，传统企业不仅可以通过实体店为线下消费者提供服务，还可以通过互联网为线上消费者提供订单分配服务和物流配送服务，满足消费者需求。

1.1.1 电商利用数据资源实现企业服务优化面临的新挑战

网络购物订单量和物流配送承载量的急剧增加，产生了大批亟待被挖掘的数据资源[1-3]。目前全球约有200亿个网络连接设备，预计到2025年这个数字将超过500亿[4]。每部设备都能够收集信息和共享数据，并在某种维度上记录人们消费活动的轨迹，为生产生活水平的提升提供了初始数据资源[5-7]。CNNIC第39次《中国互联网发展状况统计报告》显示，电商购物狂欢节进入消费者抢购高潮时，各大电商订单出现井喷式增长[8-11]。在用户消费升级的大背景下，企业有效利用数据资源满足个性化服务需求，提升物流配送服务能力和效率，实现低碳环保、分配公平的物流服务，将会对用户消费体验产生重大影响[10]。用户消费体验变革升级的问题是电商在数据时代下面临的新挑战[11]。

由于技术水平的限制，电商企业在商业活动中采集的客户数据、POS扫描数据、RFID媒介数据等资源并没有得到充分利用[12-13]。与此同时，学术界对数据驱动技术也展开了广泛研究[14-16]。例如，普罗沃斯特（Provost）等[17]认为，数据驱动决策思想的重点在于如何发挥数据价值，数据科学如何有效地服务于现实应用领域有待进一步探索挖掘。温特（Winter）等[18]指出，企业启动大数据分析面临最重要的挑战是数据的碎片化，尤其在大型企业中，数据常常散落在不同部门，而且这些数据在不同的数据仓会形成数据孤岛。因此，突破数据驱动技术的瓶颈是电商面临的新挑战。

总之，消费体验的变革升级和现有技术瓶颈的突破，是电商实现企业服务优化需要解决的实际问题。例如，业务部门没有清晰的数据需求分析导致的数据资源逐渐流失，企业内部数据孤岛导致的数据价值不能充分挖掘，数据资源的可用性低、质量差导致的数据无法利用，数据相关管理技术和架构落后导致的不具备大数据处理能力，等等。这里不再过多列举。基于现实情况分析可知，迫切需要一种新的、有效的优化理论与方法来解决电商服务系统的实际问题，这是一项非常有意义的研究工作。

1.1.2 订单分配与配送服务在数据驱动下具备联合优化可行性

在实践层面，电商订单分配数据库与物流配送数据库息息相关，二者联合优化具备可行条件[19-21]。随着消费升级和需求品质的提高，电商竞争愈演愈烈，为了在竞争中脱颖而出，各大电商平台已经开始关注通过优化订单分配方案提升物流配送的服务质量、服务能力和服务可持续性[14]。据中国社会科学院中国循环经济与环境评估预测研究中心《电子商务的环境影响报告》测算，2013年，我国电子商务交易节能总量相当于727万吨标准煤。在第42个世界地球日，京东发布了《绿色电商环境战略宣言》，带动旗下供应商和1.8亿注册用户践行低碳环保。实践证明，电商企业关注环境效益和社会效益，带动了其他企业及相关产业的系统优化、绿色整合，引领广大消费者形成低碳环保的消费理念及生活方式[22-24]。因此，订单分配与配送联合优化在现实情形中已经具备了实践可行性。

在理论层面，20世纪80年代是美国经济的低潮期。面对日本高质量的产品，美国公司无力与之竞争。深入调研日本工业界的美国学者发现，日本公司普遍使用实验设计法（Design of Experiments，DOE）进行产品和服务的品质改良与提升[25]。这种理论虽源自西方国家，但是一直被忽视。然而，日本企业经过十年的实践检验与完善，形成了一套完整的优化方法。此方法被称为田口方法（Taguchi Method）[26]，并引起了西方国家的重视。如今，AT&T、Ford、Motorola等很多企业仍然应用田口方法改良品质。田口方法不对传统质量指标进行静态量化，而是认为整个品质优化由一个循序渐进的动态结构构成，即在服务质量有保障的前提下，服务能力的优化才有意义，而服务能力得到优化才能够为实现服务优化的最终目标提供保障，任何一个子环节都存在"上游"阶段[27]。田口方法对于服务系统优化过程而言存在时序发展的渐进性，研究顺序不能调换。因此，为了优化产品投入市场后的反馈效果，应该抓住上游的产品设计，即通过反馈方式实现优化设计。优化设计阶段体现了企业决策能力，是质量的保障。田口方法主张从全局的角度确定优化目标，而不是以单一的指标作为优化目标，其设计理念与数据驱动的反馈式思维具有相似性。依据田口方法，电商企业能够从系统视角实现物流服务性能品质的整合与优化。因此，订单分配与配送服务在数据驱动下具有联合优化的理论可行性。

在技术层面，数据驱动的相关技术方法已经在电子商务领域中得到应用[28-30]。通过数据融合与分解，决策者可得到更匹配、更有深度的知识信息，而不是对数据项进行简单的数理统计[31-33]。电商企业平台离不开互联网，而"互联网＋"的战略部署正加速着物流行业的升级。加大互联网投资力度，挖掘大数据资源，研究云计算方法，促进信息平台、资源、技术与物流的深度融合，能够加速物流业乃至电子商务领域的转型升级[34]。电商企业正在通过移动互联网、大数据等信息技术的应用来提高物流的整体效率[35-38]。如何找到阻碍电商企业平台发展中的关键技术问题，弥合订单分配与配送服务的缝隙，都是电商企业普遍关注的问题，因此，本书研究方案具备技术可行性。

综上所述，订单分配与配送服务作为电商企业服务系统优化的一个重要方面，不仅可提高经济效益，而且可使消费者体验到满意的系统服务。总之，本书研究的问题从实践层面、理论层面和技术层面都已具备可行性。

1.1.3 数据驱动下电商订单分配与配送联合优化的必要性

数据驱动下电商订单分配与配送联合优化的必要性体现在以下几点。第一，在数据传输技术不断升级的时代，电商企业利用数据资源优化自身服务系统已经成为一种必然选择[19-21,39-41]。这种选择不仅来自电子商务的普及、物流资源网络化和消费者服务体验升级的外部环境要求，也来自企业本身期望通过订单分配与物流配送的联合优化实现外部市场需求得到快速响应的内部环境要求[42-46]。现实情形中，收货方对电商提供配送服务质量的期许与实际体验效果之间的差距对收货方忠诚度有着至关重要的影响。能够为收货方提供个性化的配送服务一直是电商企业的目标，然而传统方法并没有效果显著的解决方案。如今，物流服务已经成为各大电商竞争的焦点，制定最优的配送服务能力决策方案，抵御外部市场的成本变化、消费者撤单行为等各种扰动要素，已成为企业实力的重要保障。不仅如此，电商物流的迅速发展带来的环境和社会的责任压力也与日俱增。由于传统的研究理论与方法存在瓶颈，电商企业通过数据驱动的研究范式[47-50]对订单分配与物流配送进行联合优化，不失为一个有效的途径。因此，该研究具有重要的实际应用价值，非常有必要进行。[51]。

第二，数据驱动下电商订单分配与物流配送的联合优化不仅来自计算机网络技术发展的推动，也是O2O时代电商对线上服务和线下服务资源进行整合优化的时代要求[52-54]。企业界和学术界对数据驱动下电商订单分配与配送联合优化的理论和实践探索已经成为一个必要的、紧迫的时代课题[52-54]。数据驱动联合优化决策问题的背景非常宽广，因而数据驱动下电商订单分配与配送联合优化问题的研究框架也具有很强的扩展应用性[55-59]。目前的数据驱动服务优化决策在实际应用中大多只注重某一服务环节数据资源的信息挖掘和方案设计，容易形成数据孤岛，造成数据资源的价值浪费。随着电商优化主体规模的扩大，服务环节可延伸到具有关联性的多个环节，如订单分配和物流配送等环节。数据驱动下电商订单分配与配送联合优化问题的研究理论与设计方法，对于推进电商企业服务系统优化的研究奠定了重要基础。因此，该研究具有重要的理论价值，非常有必要进行。

基于上述分析可知，如何基于数据驱动的视角来解决电商订单分配与配送联合优化的问题，建立系统性的数据驱动联合优化研究框架和分析方法，是一个急需解决的科学问题，具有前沿性、探索性和挑战性，也是根据管理实践和相关研究提炼出来的崭新课题。关于此方面的研究，不论在理论方法方面，还是在应用实践方面，都具有重要的研究价值，非常有必要进行。

1.2 问题提出

结合研究背景,按照田口方法[25-27]的研究顺序,本书考虑电商企业在实践中遇到的一系列现实问题:①同样的商品在同样的配送条件下,为什么不同的消费者会有不同的服务质量反馈;②面对同类型的消费者,提供相同质量的服务,电商企业的投入为什么不同;③同样的服务质量,投入同样的服务能力,为什么电商企业产生的经济效益、环境效益和社会效益不同。

为解决电商企业在实际运营管理中遇到的这 3 类实际问题,本书进一步考虑田口方法中 3 个循序渐进的优化维度:①如何利用收货方数据优化电商企业的配送服务质量;②如何利用消费者订单实时数据得到电商企业的服务能力决策方案;③如何利用信息共享平台数据实现电商企业异地多仓的可持续性优化目标。本书从理论和实践的角度提出 3 个具体研究问题:①数据驱动下电商订单分配与配送质量联合优化问题;②数据驱动下电商订单分配与配送能力联合优化问题;③数据驱动下电商订单分配与配送可持续性联合优化问题。

那么,电商企业为什么要着重解决这 3 个问题?下面分别对 3 个研究问题提出的原因进行阐述。

1.2.1 数据驱动下电商订单分配与配送质量联合优化问题

服务质量是电商企业服务系统优化的前提条件和基础。在网络环境中,电商企业可以利用互联网为消费者提供产品和服务,利用互联网释放服务资源,再通过线下配送构建完整的互惠互利关系,以新的方式满足消费者需求[57,60-62]。互联网为电商企业和消费者提供了更多的互动和个性化对接的机会。与传统服务产品相比,网上购物的服务质量可以总结为收货方对虚拟市场的电商企业服务品质和过程体验的全面判断和评价[63]。收货方在访问一个网站的过程中,无法详细评估每个子流程,因此其能够体验到的服务是一个系统整体发挥作用的结果。数据驱动下电商订单分配与配送质量联合优化问题的提出主要基于以下原因。

一方面,服务质量的属性具有双向性[64-65],即电商企业提供的服务与收货方接受的服务是同一服务主体，即该主体具有提供方和接受方两个导向。那么，对于服务质量的评价应该更倾向于哪一方呢？这是一个值得探究的问题。电商企业分析收货方对服务质量的偏好，对提升收货方满意度有直接影响[66]。收货方满意度和信任度形成口碑，对电商忠诚度有显著影响[39,67-69]。因此，作为服务提供方的电商企业，从战略层面上应该紧紧抓住服务接受方对质量的评价和反馈，从战术层面上应该更加灵活地根据收货方需求提供个性化服务方案，从运作层面上应该利用电商网络平台数据深度分析收货方的服务偏好。

另一方面，消费者的服务体验是企业提升服务质量的驱动力[42-46]。由于需求分析和感知技术等客观条件的局限[70-75]，以往的研究和应用往往过度优化。因此，通过消费者的宏观需求对服务系统进行内部的微观优化是高度不对称的，这种不对称性会导致优化方案不能在实践中取得显著效果[76]。然而，大数据平台的普及使得消费者需求的数据更加精细化、多样化和微观化[45]，这就为电商企业提供了与消费者需求对称的数据信息资源，为进一步升级服务质量提供可行性。消费者作为收货方，在网络购物过程中产生的操作行为，均记录到电商企业的服务平台系统，其体验服务过程中产生的数据足迹日积月累形成相对稳定的规律，为电商企业服务质量的提升提供原始数据基础和分析依据[69]。

基于此，本书在总结已有文献研究成果的基础上，针对电商配送服务质量优化问题，将订单分配环节与配送环节联合作为服务主体，以收货方消费者数据为依据，构建电商订单分配与配送服务质量的联合优化模型，详细分析4种模型的时间复杂度，确保方案的可行性方案设计过程。首先对收货方的历史数据进行聚类分析，再根据收货方不同质量敏感性设计优化求解方法得到不同类型消费者的个性服务方案，最终达到优化配送服务质量的目的。

1.2.2 数据驱动下电商订单分配与配送能力联合优化问题

在服务质量得到优化的前提下，增强服务能力是电商企业服务系统优化的基本保障，不断提升服务能力能够增强电商企业决策的灵活性[77-79]。数据驱动下电商订单分配与配送能力联合优化问题的提出主要基于以下原因。

从电商发展的外部环境看,《中国农村电子商务发展报告（2015—2016）》显示,2016 年农村网络零售额快速增长,增速明显超过城市。2016 年二季度农村网络零售额与一季度相比增长 13.5%,上半年农村网络零售额占全国网络零售额的比重上升到 14.1%。阿里研究院统计数据显示：网购覆盖村的数量由 2014 年的 212 个、2015 年的 780 个,增加到 2016 年的 1311 个。可见,电商的发展战略正逐渐向农村市场渗透,这一战略导向面临的主要瓶颈是如何解决物流网络构建与服务能力提升的系统规划问题[80-87]。因此,如何利用消费者订单实时数据解决电商自建与外包配送服务能力提升的问题已成为学术界的研究热点,亦是解决电商发展瓶颈的挑战性课题[88]。

从电商企业的内部特点分析,电子商务平台和网络技术是电商企业的核心支撑,而电子商务平台正逐渐走向"互联网＋"新时代,这为电商企业决策提供更多的参考依据和强大的数据支持[89]。传统决策手段对不确定性要素的描述相对单一,而随着网络终端多样性增强,不确定性因素的描述更加具体、个性和多元[54,88]。例如：电商购物节等促销活动推动订单量急速猛增,面对订单量暴增如何分配[90]；大量订单包裹的产生对电商配送能力造成巨大压力时,决策者如何进行物流能力的整合与调配[91]；如何降低消费者撤单造成的企业能力损耗[92-93]；等等。通过智能优化技术改善决策方案,企业可以从物流服务的竞争中受益,提高订单交付效率[72]。

基于此,本书研究在线冷静期内产生消费者撤单行为情况下电商配送服务能力的自建与外包决策问题,根据撤单数据引入撤单率,从是否进行合作的角度给出了完全合作博弈、完全非合作博弈和不完全非合作博弈 3 种合作强度下的动态博弈模型,采用逆向递归法求解子博弈均衡解,得到了在线购买环境下的电商配送服务能力自建与外包的最优解集。进一步,设计了成本分担、利润分配及风险规避 3 种子博弈模型,增强模型的灵活性。

1.2.3 数据驱动下电商订单分配与配送可持续性联合优化问题

对于企业而言,管理目标的升级优化更加具有战略意义。虽然信息共享在全球经济发展中发挥着越来越重要的作用[94],但是由于企业是以营利为目的的组织机构，所以当其实施信息共享战略时，很难将社会责任置于重要位置[95-97]。然而，近年来电商运营战略对环境和社会的影响备受关注，企业决策者在考虑经济目标的前提下兼顾环境和社会效益目标，会给企业带来声誉、形象和口碑上的积极影响[98-102]。因此，从长远发展的视角，电商企业树立的优化目标应该具备服务可持续性。本书从经济、环境和社会3个维度探讨可持续性的内容。

经济方面，中国电子商务市场规模年均增长率约为20%，2019年达到1万亿美元[103]。"互联网＋流通"促使物流行业系统升级，一地多仓[104-107]和异地多仓[47-50]问题日益凸显。通过数据驱动运营管理模式促进物流高效便捷发展，加快多地多仓与物流信息共享进程，已成为行业发展的风向标[108]。

环境方面，异地多仓环境下物流配送环节产生的碳排放问题不容忽视[109-116]。在电商行业迅速发展的过程中，碳排放量也随之增长。我国2020年碳排放的目标是实现单位国内生产总值排放量比2005年下降40%～45%[117]。公民环境意识的日益增强要求政府颁布更为严格的立法，以敦促企业重视生产活动中的碳排放问题，并且在管理规划中采取有效举措实现低碳运营[118]。

社会方面，注重配送资源的公平分配，保证共享经济健康有序的发展[119-122]。新时代下的共享经济大多以网络互联为支撑，共享经济的概念被扩展并赋予新内涵[123-128]。值得注意的是，在确保分配公平的前提下，通过共享模式调配物流配送资源能够增强合作关系的稳定性，促进生产实践效率的提高[129]。

基于此，本书从经济、环境和社会3方面研究电商订单分配与配送的可持续性优化：根据订单分配与物流配送集成系统的仓库分配、订单分配、车辆路径分配及车辆与货物的匹配，通过成本最小化达到经济方面的优化；考虑物流配送过程的碳排放绩效，重视订单分配方案的碳排放评估，将订单分配系统的碳配额指标纳入联合优化的决策体系；构建资源共享平台，实现物流配送资源的共享与合作，提升企业资源的有效利用率，促进社会资源的合理分配。

1.3 研究范围、研究目标与研究意义

本书在数据驱动下电商订单分配与配送联合优化问题的基础上，对数据驱动下电商订单分配与配送质量联合优化问题、数据驱动下电商订单分配与配送能力联合优化问题、数据驱动下电商订单分配与配送可持续性联合优化问题进行研究。下面具体给出研究范围、研究目标与研究意义。

1.3.1 研究范围界定

本书研究的数据驱动下电商订单分配与配送联合优化问题中"电商"的研究范围界定在B2C模式（Business to Customer），即企业对消费者模式。B2C模式下企业决策者通过网络平台制定订单分配与物流配送的服务方案，批量满足消费者的订单需求。在整个服务流程中，订单数据库和物流数据库的数据信息描述了产品和服务供应商的决策参数和决策反馈。值得注意的是，近年来兴起了C2C（Customer to Customer）模式，即消费者对消费者模式[46]。C2C模式指网络服务提供商为个人用户之间提供有偿或无偿使用的电子商务平台和交易程序，允许双方在其平台上独立完成在线交易，物流环节一般由参与交易的双方个人决定。B2C模式与之相比具有以下几方面特点。

1）B2C模式的主导者由传统的生产企业、渠道商及零售商演变而来，服务质量数据采集更具针对性[130-131]。B2C模式的服务质量数据信息存储在提供服务的企业数据库[132]。通过利用收货方消费者的收货时间、收货延时、折扣系数和配送里程等信息，挖掘其行为偏好，从而使以往被忽视的"无用"信息在订单分配与配送质量联合优化过程中发挥效力。从目前已有的研究[130-132]来看，网络购物服务质量较为认可的理论主要存在于B2C领域。

2）B2C模式下的服务能力决策者的优化主体具有统一性，实现订单分配与配送联合优化更具有系统性[133-140]。由于订单分配与配送联合优化时数据维度较大，数据属性较多，如果优化的决策主体不是统一的，则优化的标准难以确定，优化的难度也会剧增[141]。在B2C模式下企业能够利用消费者订单实时数据库掌握"未被利用"的消费者信息，构建服务能力自建与外包博弈模

型，降低消费者不确定性对商业决策的影响，得到配送服务能力决策主体的系统优化方案。

3) B2C 模式下的服务可持续性优化具有可行性[142-145]。目前 B2C 模式的信息共享平台能够实现车辆位置、车辆载重、仓库存储量、订单状态和收货位置等量化信息的实时共享，这为 B2C 模式下电商企业决策者提供了非常有力的数据决策支撑。在 B2C 模式下，电商企业针对不同运营环节搜集数据，各部门相互协调，利益冲突的可能性较小，容易搭建信息共享平台，为考虑经济效益、环境效益和社会效益的建模优化提供可行的条件。

本书研究的"数据驱动"立足田口方法 3 个渐进式维度，基于数据分析对 B2C 模式下的电商企业进行模型优化设计。通过收货方数据驱动优化服务质量，通过撤单数据驱动优化服务能力，通过共享数据驱动优化服务可持续性，即纵向联合优化服务系统的性能，实现电商服务系统的深度优化。数据驱动下的纵向联合多指从时间角度或者深化角度进行的联合优化。具体的，纵向联合方式先将服务质量作为优化的前提基础，再将电商企业服务能力优化作为基本保障，最后实现服务可持续性的优化目标，体现了本书研究的数据驱动决策优化过程。

本书研究的"订单分配与配送联合优化"指的是将 B2C 模式下电商企业的订单分配过程和物流配送过程合在一起进行优化。横向联合优化是指在同类事物或同一历史时期进行的联合优化。电商企业的订单分配数据库与物流配送数据库的同类数据可进行数据融合，且两种数据的更新间隔都是实时的，因而订单分配数据库与物流配送数据库的联合过程属于横向联合优化。具体的联合方式是将两个阶段的实时数据库进行数据标签和数据特征的融合关联，更新数据并实时汇集到一个系统数据库中。由于数据的索引和归类方式不断发生变化，需要设计数据驱动算法对数据进行预处理，再进行电商企业服务体系的建模决策优化。

"数据驱动下电商订单分配与配送联合优化问题"是在大数据发展的现实背景下应运而生的。传统的交易模式下，需在订单分配方案制定后再进行物流配送，最后得到服务效果反馈。若传统模式的订单方案制定和物流执行反馈之间出现了滞后性问题，会导致方案的实际执行效果欠佳。而大数据的实时性弥合了订单分配环节与物流配送环节的缝隙，将两个环节联合为一体。数据驱动的订单分配与物流配送作为一个整体，能够从服务系统的角度进行性能深度优化，并按照田口方法中服务质量、服务能力和服务可持续性的层次逻辑进行展开。

1.3.2 研究目标

本书研究的总体目标是从 3 个层面分析数据驱动下电商订单分配与配送联合优化问题，并对提出的主要问题进一步细化，给出 3 个联合优化子问题的数学描述及影响因子量化方法，明确每个子问题的决策变量，探索数据驱动方法关于电商订单分配与配送联合优化问题的潜在应用，总结管理启示。具体的研究目标如下。

1) 在理论层面，通过深入分析田口方法的逻辑，将传统的优化理论与新兴问题进行嫁接，扩展传统优化的理论框架，丰富理论内涵和意义。在田口方法理论框架基础上，构建 3 个维度的联合优化模型，分别通过收货方偏好数据构建电商订单分配与配送服务质量联合优化模型，通过撤单数据构建电商订单分配与配送服务能力联合优化模型，通过共享数据构建电商订单分配与配送服务可持续性联合优化模型，扩展田口方法的实践意义，构建完整的电商联合优化理论分析框架。

2) 在方法层面，本书从数据驱动的角度入手，解决电商订单分配与配送联合优化问题，充分利用数据的固有特性和内在规律。在数据实验前，增加预处理环节，实现数据清洗和筛选，通过聚类分析得到数据集合的无监督动态分类特征，依据不同的分类特征分别进行优化建模，提升规划方案在实践应用中的优越性。在此基础上，进一步细化决策方案的选择过程，将订单交付流程进行阶段划分，提高订单分配决策的预期效果。

3) 在应用层面，电商企业的运营过程依托网络电子商务平台，实现商品和消费者需求之间的个性对接。通过物流配送服务系统的运输服务和交付服务，企业和消费者双方需求均得到高效满足。通过优化配送服务时间提升服务质量，可实现消费者利益的基本保障。通过对消费者在线购物的后台数据库进行时序划分，可度量消费者冷静期内的撤单率，分析撤单数据驱动下电商订单分配与配送能力决策。同时，兼顾环境绩效和社会公平，分别从控制碳排放绩效和共享公平的角度实现管理全面化、系统化。

1.3.3 研究意义

本书针对数据驱动下电商订单分配与配送联合优化问题，对理论意义和实践意义分别进行如下总结。

(1) 理论意义

本书探索了系统优化的相关理论，针对电商订单分配与配送联合优化的研究问题，给出了理论解决框架。

首先，本书通过田口方法，得到了研究的逻辑框架。优化分析过程从服务质量这个基本前提开始，扩展到服务能力，将其作为基础保障，最后以可持续性作为联合优化的总目标。电商企业决策者在实践中抓住3个可行的关键理论和战略要点，有利于实现电商订单分配与配送的联合全局优化。

其次，本书通过将消费者偏好理论与电商企业服务质量相结合，分析得到服务质量的数据驱动优化框架。本书对偏好理论进一步探索，挖掘消费者需求特征，通过对特征数据的进一步分类，实现电商企业关于消费者质量需求的市场细分，有利于服务方案与质量需求的个性化特征对接，提高供给方和需求方的沟通质量和效率。

再次，本书通过牛鞭效应理论分析电商平台背后的运营过程，洞悉不确定性干扰对决策的影响程度。本书分析对系统稳定性有消极影响的要素指标，进一步挖掘消费者的不确定性需求，探索随机市场的运行规律，并根据外部市场的随机特征制定积极灵活的内部应对方案，有利于管理过程中抓住技术落脚点，增加决策灵敏度。

最后，本书通过可持续发展理论落实电商订单分配与配送联合优化的目标，兼顾了经济、环境和社会发展3个目标。企业作为社会活动的参与者，其生产和经营活动对环境和社会会产生影响。然而，企业作为以营利为目的的主体，只有在确保经济效益的前提下，才可能关注环境和社会发展。因此，落实电商订单分配与配送可持续性联合优化的总体目标,将有利于强化企业的环保责任与社会责任。

(2) 实践意义

在当今竞争激烈的环境中,利用数据驱动决策对于电商平台的成功至关重要。通过全面的数据分析,企业可以深入了解消费者行为、市场趋势和运营绩效,从而作出明智的决策,推动增长并增强盈利能力。这种实践方法可赋予电商平台优化营销策略、提升客户体验的能力,使其能够在不断变化的市场中保持领先地位。

第一,本书为实现 B2C 模式下电商订单分配与配送联合优化提供了有效的数据驱动解决方案。对于 B2C 模式的电商企业而言,日积月累的消费者订单数据库和物流配送数据库蕴含着大量有价值的信息,管理者将订单分配系统和物流服务系统视作一种集成的资源要素。有效的数据驱动解决方案能够为消费者提供个性化的服务方案,进而提供更高水平的物流服务质量。合理的服务能力规划,降低了电商企业物流成本。通过控制物流运输过程的碳排放,企业可提高市场口碑和竞争力。

第二,本书为数据驱动下电商订单分配与配送联合优化的执行实施提供了新的思路。随着 B2C 电子商务模式的发展进入物流经济创造效益的时代,"最后一公里"的订单分配与配送服务优化能够有效改善消费者的服务质量体验。例如,京东制定了"极速达""211 限时达"等不同的配送时间承诺。通过处理消费者随机需求的相关数据,电商企业能够进一步掌握消费者撤单的数据特征规律,有利于服务能力的效率优化。同时,电商企业通过设计数据预处理算法,能够实现从订单分配到订单交付服务的整合优化,推动经济效益、环境效益和社会效益的和谐统一。

第三,本书进一步丰富和完善了电商订单分配与配送联合优化模型的构成要素。为了提升服务质量,本书考虑消费者偏好的相似度,寻求电商企业的个性化服务质量解决方案。为了降低消费者订单不确定性的影响,本书考虑消费者撤单行为,挖掘订单数据库中的撤单率,并且关联物流系统数据库指导配送服务决策,一定程度上降低了消费者不确定性带来的损失。为了实现电商企业服务可持续性发展这个目标，本书考虑把经济效益、环境效益和社会效益的量化要素带入模型。此外，随着数据资源存储量增加及数据维度不断丰富，原有模型需要不断修正和完善，这就要充分利用原有模型和算法执行过程中发现的新问题和优化效果来拟定新要素。

第四，本书提升了电商订单分配与配送联合优化的系统性。本书将 B2C 模式的订单数据库与物流配送数据库相关联，设计数据驱动优化算法实现电商订单分配过程和物流配送过程在服务质量、服务能力和服务可持续性的系统整合，充分发挥有利于联合优化的各要素功能，减轻或规避不利于联合优化执行的各要素功能，从而提高了订单分配与配送的执行效果。电商企业通过订单分配与配送联合优化，实现了以服务质量作为立足市场的基本前提、以服务能力作为提升竞争力的基本保障、以服务可持续性作为品牌形象这个基本目标。

1.4 研究内容、研究思路与研究方法

依据上述提出的研究问题，本书的研究内容、研究思路与研究方法如下。

1.4.1 研究内容

依据本书的研究问题和目标，本书的研究内容被确定为以下4方面。

(1) 构建数据驱动下电商订单分配与配送联合优化的研究框架

针对该研究内容，本书主要从以下几方面进行具体的研究工作。

1) 本书针对研究框架的理论基础，通过分析田口方法得出核心章节结构的理论支撑框架。在田口方法中，服务品质的优化是一个循序渐进的过程。在服务质量有保障的前提下，进一步优化服务能力才有意义，而服务能力得到优化是实现服务可持续性目标的保障。通过田口方法的参数设计，问题优化的流程被划分为优化前提、优化保障和优化目标3个逐渐深入的"递进式"层次分析结构。基于田口方法的数据驱动属性，服务质量优化需进一步考虑消费者偏好，以此形成收货方偏好数据驱动的研究框架。服务能力优化结合牛鞭效应，可构成收货方撤单数据驱动的研究框架。可持续性优化结合物流服务供应链管理、低碳供应链管理及共享经济理论，从经济、环境和社会3个角度进行理论扩充，可得到共享数据驱动的研究框架。田口方法与其他理论相结合，共同构

第 1 章 绪　论

成核心章节逻辑结构框架的理论依据。

2）针对研究框架的系统设计，考虑到现实情形中，消费者对服务质量的反馈更容易形成口碑，进而影响市场需求的导向，因而服务质量成为电商企业开展优化运营活动的前提基础。在服务质量有所保证的前提下，面临市场环境的复杂多变，各大电商企业将物流作为竞争强而有力的筹码，物流配送服务能力成为衡量企业实力的重要指标和电商企业维持服务质量优化成效的基本保障。在服务能力得到优化的基础上，仅重视经济效益的提高，电商的收益往往是短暂的。决策者要兼顾环境效益和社会效益的均衡发展，才能够实现可持续的优化目标。本书依据田口方法的 3 个"递进式"优化维度，循序渐进地给出电商订单分配与配送联合优化的分析结构：以服务质量优化为数据驱动下电商订单分配与配送联合优化的前提基础，以服务能力优化为数据驱动下电商订单分配与配送联合优化的基本保障，以服务可持续性优化为数据驱动下电商订单分配与配送联合优化的最终目标，从而形成 3 个核心章节逻辑关系的系统设计。

（2）收货方偏好数据驱动下订单分配与配送质量联合优化模型

针对该研究内容，本书主要从以下几方面进行具体的研究工作。

1）针对数据预处理过程，本书分析了 B2C 电商企业的订单数据库和物流配送数据库中蕴含的数据规律，以确定异常值与缺失值。异常值与缺失值的确定过程为：搜索数据属性列中的空值、最大值和最小值；清理数据为空或异常数据的记录；将数据转换为适应投票软聚类算法的属性。

2）针对 B2C 电商企业需要解决的配送服务质量"一对一"规划，本书考虑不同种类的配送服务资源，每种资源为一种配送方式和一种服务方式的集成模式。根据统计学描述中关于样本"无记忆性"概念的启发，本书基于质量敏感收货方完备性集合，通过设计聚类算法得到 4 种不同记忆类型的质量约束，分别满足发货方的资源需求。

3）针对 B2C 收货方数据的特征解析，本书对收货方的历史数据设计了聚类分析算法，即企业决策者提出配送方案前先对收货方的质量聚类进行再分类，然后构建出电商配送服务质量的非线性混合整数规划模型，最后得到相对精准的服务决策方案。

(3) 构建撤单数据驱动下电商订单分配与配送能力联合优化模型

针对该研究内容，本书主要从以下几方面进行具体的研究工作。

1) 针对 B2C 消费者在允许的在线冷静期内产生的撤单行为，电商企业通过提升配送服务的自建与外包决策增强服务能力灵活性。为减轻外部环境扰动造成的牛鞭效应，本书在数据预处理阶段研究数据特征选取，设计了两阶段特征选取方法。

2) 针对 B2C 电商订单状态的不确定性，本书基于 3 种合作强度描述，构建了完全合作博弈、不完全非合作博弈和完全非合作博弈 3 种情形下的动态博弈模型。模型求解按照三阶段动态博弈顺序，采用逆向递归法推导出 3 种情形下的子博弈均衡解。

3) 本书针对决策集的可行性和有效性进行验证，站在 B2C 电商企业决策者视角研究撤单行为与成本变动影响下动态博弈的帕累托优化，并通过成本分担、利润分配和风险规避 3 个子决策，给出目标函数最优解集，帮助决策者根据配送服务外包单位成本的变化选择最佳的运作方案。

(4) 构建共享数据驱动下电商订单分配与配送可持续性联合优化模型

针对该研究内容，本书主要从以下几方面进行具体的研究工作。

1) 考虑经济效益的数据驱动下订单分配与配送联合优化模型。在 B2C 模式下，本书基于车辆、货物与运输信息共享平台设计了进化算法以实现配送车辆与订单货物的异构匹配，设计了变邻域搜索算法以求解取货与送货环节的仓库分配问题、订单分配问题和车辆路径规划问题。

2) 考虑环境效益的数据驱动下订单分配与配送联合优化模型。本书针对 B2C 电商企业的碳排量问题，设计了多种碳减排因子的 DEA 方法，评估订单分配与物流配送环节的碳排放绩效和碳排放分配，并通过设计具有多重减排因子的非径向距离函数，研究了碳排放总量的评价指标及其动态变化指标。

3) 考虑社会效益的数据驱动下订单分配与配送联合优化模型。针对 B2C 电商企业的配送资源共享问题，本书从社会资源公平分配角度出发，研究了配送资源共享决策系统，设计了由电商资源共享平台和专享配送资源服务商组成的二级电商配送服务资源共享系统，以及由电商资源共享平台、一级专享配送资源服务商、二级专享配送资源服务商组成的三级电商配送服务资源共享系统。

1.4.2 研究思路

下面给出本书研究思路的逻辑结构,如图1-1所示。研究思路的具体内容如下。

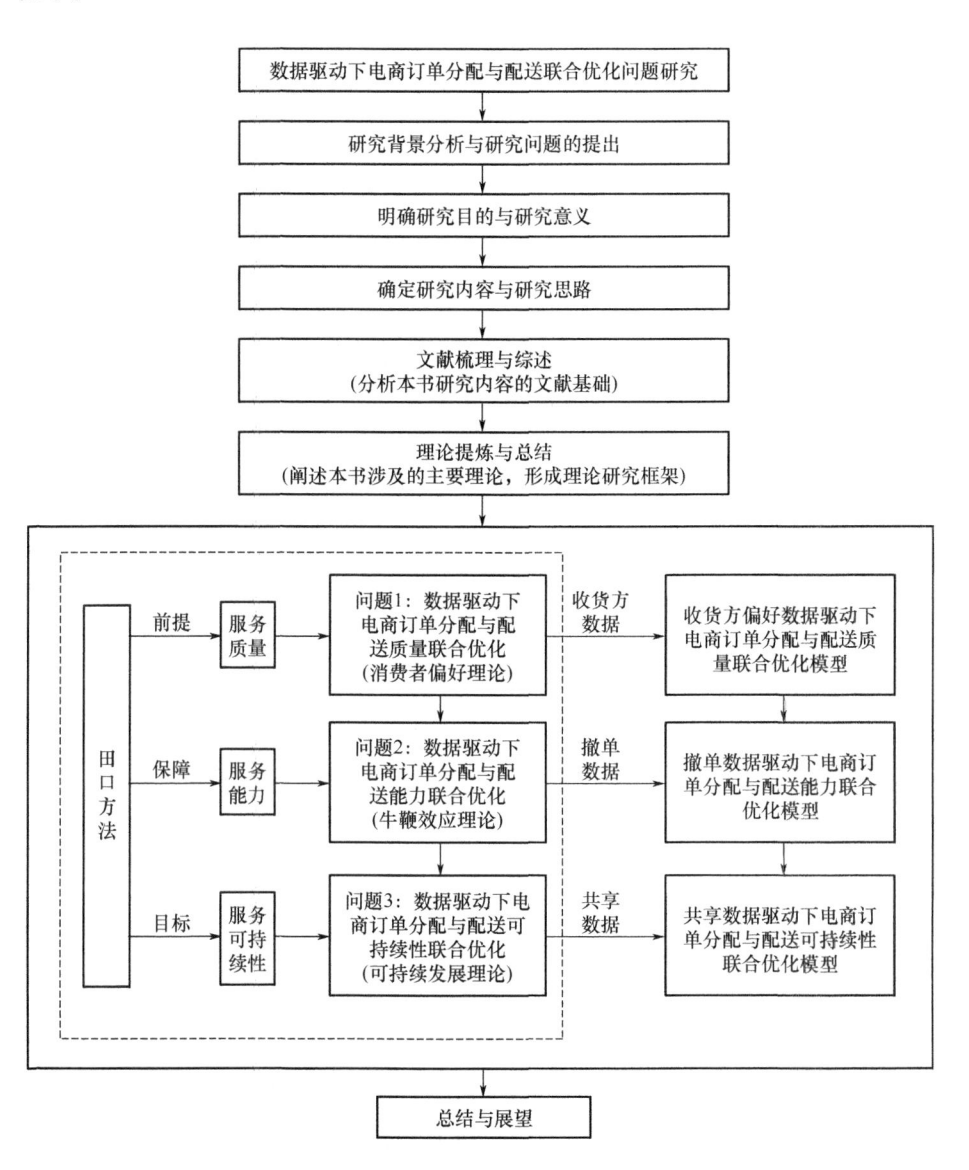

图1-1 研究思路的逻辑结构

1) 针对电商利用数据资源进行服务优化的管理实践,本书依据田口方法将服务质量作为优化的前提基础,将电商企业服务能力的优化作为保障,实现服务可持续性的优化目标,提炼出数据驱动下电商订单分配与配送的联合优化问题。

2) 针对提出的数据驱动下电商订单分配与配送的联合优化问题,结合数据驱动和联合优化的研究背景,本书将订单分配与配送的联合优化问题的研究范围界定为 B2C 模式的电商企业服务优化问题,并进一步明确研究目标和研究意义。

3) 为实现设定的研究目标,本书在针对数据驱动下电商订单分配与配送的联合优化问题的研究中,划分出明确具体的研究内容,同时,给出研究思路与方法。

4) 针对数据驱动下电商订单分配与配送的联合优化问题,本书进行了相关文献的总结与梳理,明确已有研究文献的贡献与局限,为研究提供理论支撑。

5) 在文献综述的基础上,本书针对数据驱动下电商订单分配与配送的联合优化问题所涉及的研究理论和研究方法进行阐述和说明,为研究提供理论保证。

6) 在相关研究成果和理论研究的基础上,本书进一步细化各研究问题,并提炼问题的研究框架,形成不同类型数据驱动的联合优化问题。

7) 根据田口方法的研究框架,田口方法不是对传统质量指标进行静态量化,而是认为整个品质优化是一个循序渐进的动态结构,即在服务质量有保障的前提下,服务能力的优化才有意义,而服务能力得到优化,才能够为实现服务优化的目标提供保障,任何一个子环节都存在"上游"阶段。据此,从服务质量、服务能力和服务可持续性 3 个维度形成"递进式"逻辑结构。其中,服务质量是联合优化的前提基础,服务能力是联合优化的基本保障,服务可持续性是联合优化的基本目标。三者之间的研究顺序对于电商服务系统优化而言,存在时序发展的渐进性,相互之间的顺序不能够调换,3 个核心问题分别对应的 3 个核心章节之间构成"递进式"的研究结构。针对提出的 3 个研究问题,本书分别构建了联合优化模型:收货方偏好数据驱动下电商订单分配与配送质量联合优化模型、撤单数据驱动下电商订单分配与配送能力联合优化模型、共享数据驱动下电商订单分配与配送可持续性联合优化模型。

8) 本书总结针对数据驱动下电商订单分配与配送联合优化问题取得的主要成果和结论,进一步指出研究的主要贡献,同时,鉴于研究工作的局限,进一步给出未来研究工作的设想。

1.4.3 研究方法与技术路线

为了解决数据驱动下电商订单分配与配送联合优化问题,本书采用跨学科的研究方法,将管理学理论、经济学理论与数据驱动方法相结合,利用田口方法确定时序渐进的"递进式"决策过程逻辑框架,再结合消费者偏好理论、牛鞭效应理论、可持续性优化理论、低碳供应链管理理论和共享经济理论,构建出本书的理论框架,并采用理论分析与模型构建相结合的研究方法,设计基于数据驱动的订单分配与配送联合优化求解算法。具体研究方法如下。

(1) 文献研究法

针对电商订单分配与配送联合优化问题,本书进一步对与服务质量、服务能力和可持续性优化相关的国内外文献进行收集、筛选、分类和研读。首先,本书对搜索的中英文数据库进行筛选,明确文献研究的时间范围;其次,本书对 3 个主要研究问题进行角度分类,从不同视角对同一问题的研究文献进行研读,挑选出重点文献进行研究综述;最后,本书对文献的研究贡献和不足进行归纳总结,提炼出本书研究问题的切入点。

(2) 聚类分析法

聚类分析法并不是一个具体算法,而是通过各种算法来实现数据分析的过程。本书将企业的订单分配数据库和物流配送数据库进行了数据融合。聚类分析法的目标是将订单分配与配送联合形成的集合元素进行特征分类,构成不同的聚类簇,并且每个簇标记一组相似度极高的数据集合。聚类分析方法作为无监督的动态分类方法,能够突破传统数据采集得到的固定式分类,反映出数据自身的特征属性,为进一步设计联合优化方案打下基础。

（3）数学建模法

通过分析联合优化服务质量、服务能力和服务可持续性，本书分别考虑实际应用过程中出现的新情况，进一步丰富了3个核心问题的数学描述。对于服务质量决策模型，本书充分考虑消费者偏好，并根据偏好分类进行规划建模；对于服务能力博弈模型，本书引入撤单率描述决策空间的不确定性，并根据3种不同情形构建能力决策；对于可持续性优化的数学模型，本书在考虑经济效益的同时，充分利用碳排放评估和共享公平性，兼顾环境效益和社会效益，构建可持续性优化模型。

（4）启发式算法

在有限的搜索空间内，本书结合模型的目标函数和约束条件，迅速找到问题解决方案的相对最优解集。联合优化模型多数为非线性混合整数规划问题，约束条件较多，问题规模庞大且复杂，属于 NP-hard 问题。因此，对于无法找到精确解的模型，本书所设计的方法均基于启发式思想的智能优化算法，即在一个初始的解集空间中寻找次优解集，比如变邻域搜索算法通过采用多个不同规模的邻域进行系统搜索。

（5）仿真分析法

在数据建模和方法设计完成后，本书对设计方法的效果进一步测试。先采用小规模数据集进行测试，再逐渐放大测试空间。这种测试方法能够避免实践误差造成的损失，有利于进一步改进方法设计，实现数据的可视化，以便为决策者提供数据参考和决策支撑。

综上所述，聚类分析法、数学建模法、启发式算法、仿真分析法是针对3个核心问题的主要研究方法，具体技术路线如图1-2所示。

由图1-2可知，根据研究背景提出的3个问题及田口方法分析框架，可以分别得到以"质量优化"为基础、以"能力优化"为保障和以"可持续性优化"为目标的服务深化体系结构。在电商企业运营体系中，订单分配系统与物流配送系统的数据相互关联，可得到收货方历史信息数据库、消费者订单实时信息数据库和异地多仓信息共享数据库。根据收货方历史信息数据，在构建服务质量优化模型的基础上，本书设计了模型求解算法，再分别进行数据驱动算

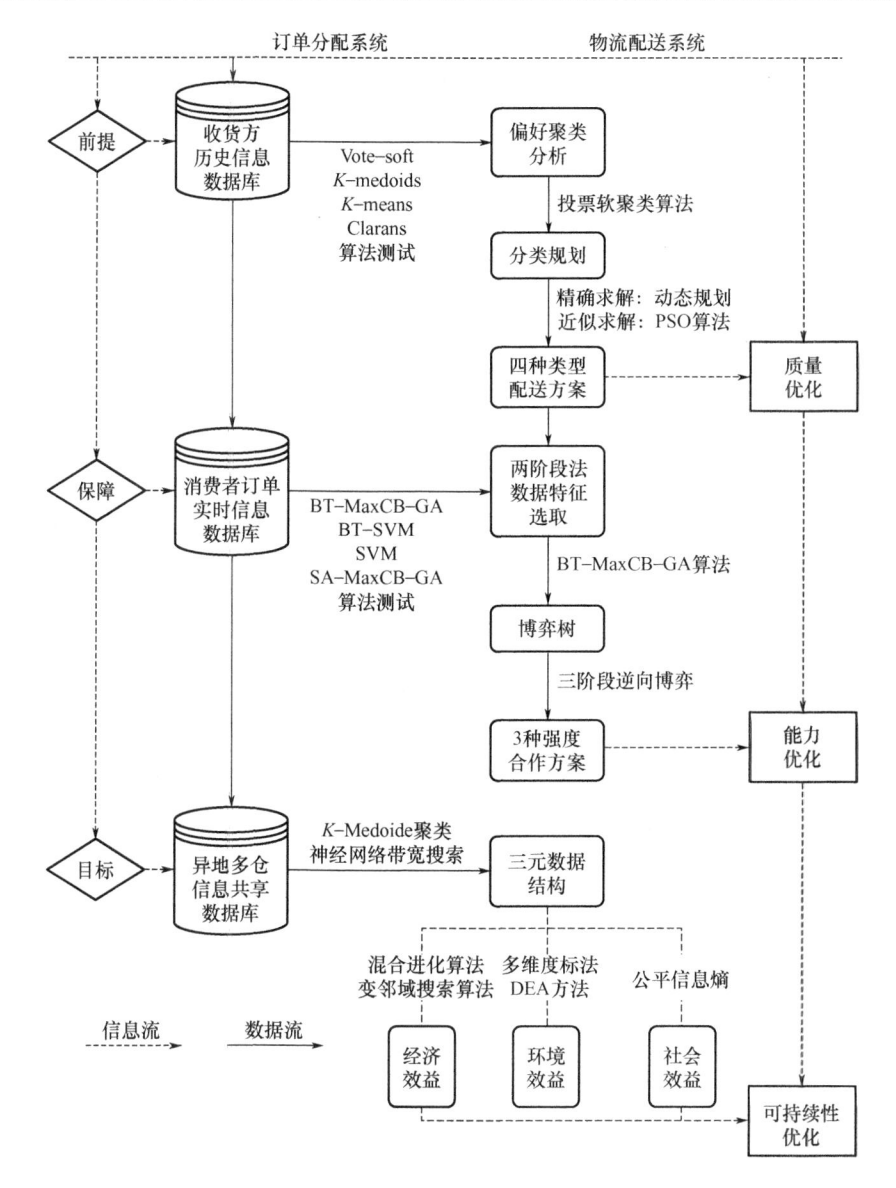

图1-2 本书的技术路线

法测试，得到以聚类偏好为基础的分类规划，并分别设计4种类型的配送方案。根据消费者订单信息数据，本书构建了服务能力自建与外包决策模型，通过两阶段法提取数据特征，再通过三阶段逆向求解博弈树得到3种强度合作方案，并根据异地多仓信息共享数据逐层聚类得到三元数据结构，分别考虑经济效益、环境效益和社会效益进行数学建模，实现服务可持续性优化。

1.5 本书章节的构成

本书的研究内容共分为 4 部分：提出问题（第 1 章）、分析问题（第 2、3 章）、解决问题（第 4~6 章）和总结问题（第 7 章），其中，第 3 部分为本书的核心内容。章节构成如图 1-3 所示。

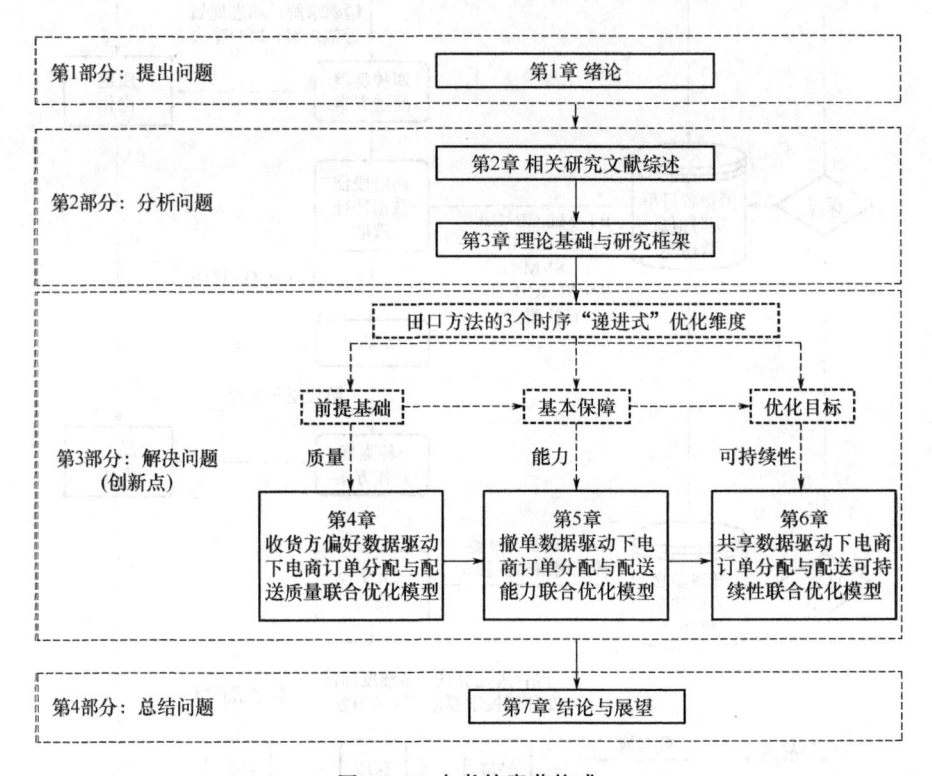

图 1-3 本书的章节构成

第 1 部分是提出问题，具体内容为第 1 章。

第 1 章根据研究背景引出 3 个研究问题，并且对数据驱动下电商订单分配与配送联合优化问题的研究范围进行界定，明确研究目标及研究意义，并进一步确定研究内容和研究思路，梳理研究方法和技术路线，总结本书的章节结构，给出本书的创新性工作说明。

第 2 部分是分析问题，具体内容为第 2 章和第 3 章。第 2 部分分析本书的研究问题，对已有研究成果进行总结，根据相关理论得到本书研究的理论框架和理论支撑。

第2章是相关研究文献综述，即对数据驱动下电商订单分配与配送联合优化的相关问题进行的综述，主要包括文献检索情况概述，订单分配与配送问题的研究，数据驱动下服务质量优化、质量评价与质量感知问题的研究，数据驱动下服务系统的功能结构优化、物流服务供应链设计优化、借助第三方进行服务能力扩充的研究，数据驱动下可持续性优化、成本优化、低碳优化和资源共享问题的研究，以及数据驱动优化方法的相关研究。然后，对国内外的研究进行梳理和总结，归纳已有研究的贡献和不足，得到本书研究内容的空白点和潜在创新点。

第3章是理论基础与研究框架。该章通过分析田口方法的基本思想和概念内涵，得出田口方法的逻辑框架，并以服务质量为前提基础，以服务能力作为基本保障，达到可持续性优化目标。该章还通过对消费者偏好理论和牛鞭效应理论的剖析，得到关于数据驱动问题的切入点，进一步结合可持续发展理论，以田口方法的3个"递进式"维度作为数据驱动下电商订单分配与配送联合优化的研究框架，为研究联合优化问题提供理论框架和理论支撑。

第3部分是解决问题，包括第4章、第5章和第6章。这部分是本书的核心内容。基于田口方法的3个"递进式"优化维度，这部分分别构建非线性混合整数规划模型，设计数据驱动算法。服务质量、服务能力和服务可持续性，三者之间的研究顺序对于服务系统优化而言存在时序发展的渐进性，相互之间的顺序不能够调换，因而第4章、第5章和第6章是一种递进的关系，针对电商订单分配与配送联合优化问题进行深层次剖析和递进式研究，即服务质量是联合优化的前提基础，服务能力是联合优化的基本保障，服务可持续性是联合优化的基本目标，并形成B2C模式的数据驱动下电商企业订单分配与配送联合优化完整体系。根据第1章的研究背景、问题提出和研究范围界定的相关阐述，该部分分析如何解决3个研究问题，实现对收货方数据、消费者订单实时数据及信息共享平台数据的有效利用，达到本书确定的理论层面、方法层面和应用层面的研究目标，实现数据驱动下电商订单分配系统与物流配送系统的联合优化。

第4章构建的收货方偏好数据驱动下电商订单分配与配送质量联合优化模型是解决问题的前提基础。该章针对电商订单分配与配送质量联合优化问题，以收货方数据为驱动源,通过投票软聚类分析收货方的服务质量偏好程度,将收货方分为"无记忆"型收货方、"记忆"型收货方、收货方总体和"不确定"型收货方,并进行数据集合的完备划分。进一步地,本章通过对收货方数据特征进行解析,构建电商订单分配与配送质量的非线性混合整数规划模型,给出4种类型规划求解空间的复杂度推导,根据收货方不同质量敏感性提供相对精准服务,从而更高效地进行配送资源规划,提升"最后一公里"配送服务的质量,达到电商订单分配与配送质量联合优化的目的。

第5章构建的撤单数据驱动下电商订单分配与配送能力联合优化模型是解决问题要具备的基本保障。该章针对电商订单分配与配送能力联合优化问题,考虑消费者撤单行为影响下电商订单分配与配送能力自建与外包决策,构建完全合作博弈、不完全非合作博弈和完全非合作博弈3种情形下的动态博弈模型,采用逆向递归法推导出3种情形下的子博弈均衡解,得到在线购买环境下电商自建与外包配送服务能力的最优解集。因此,决策者根据配送服务外包单位成本的变化选择最佳的运作方案,在面对成本波动和消费者随机需求不确定环境时,通过成本分担、利润分配和风险规避3个子决策,降低电商和产品供应商的经济损失。

第6章构建的共享数据驱动下电商订单分配与配送可持续性联合优化模型是解决问题要达到的优化目标。根据可持续发展理论,该章分析电商订单分配与配送问题在经济效益、环境效益和社会效益方面的联合优化。首先,本章通过聚类算法将大规模数据集合划分成子集,并对子集分别再划分,直到每个子集特征规模达到阈值,通过树形数据结构描述聚类集群与分解子集群之间的关系,形成三元数据驱动框架。其次,考虑共享平台下车辆与货物的匹配度、取货和送货环节,构建订单分配与配送成本优化模型。再次,引入物流配送系统碳排放绩效和配额指标。最后,设计订单分配与配送资源的共享公平策略。

第4部分是总结问题,具体内容为第7章。

第7章是结论与展望。该章针对本书的研究问题进行总结和归纳,总结本书的主要研究成果及结论,归纳出本书的主要贡献、研究局限及进一步需要开展的研究工作。

1.6　创新性工作说明

本书的研究工作及研究成果为数据驱动下电商订单分配与配送联合优化问题的研究提供了理论层面和方法层面的借鉴和指导，并为相关研究的扩展奠定了坚实基础。本书开展了以下创新性工作。

（1）设计以田口方法为基础的联合优化问题分析结构

为了解决数据驱动下电商订单分配与配送联合优化问题，本书首先确定研究问题的理论基础和研究框架，并通过分析田口方法的概念和内涵，将 B2C 模式下电商企业服务系统的联合优化聚焦到质量、能力和可持续性 3 方面，再分别以这 3 个维度为立足点，结合消费者偏好理论、牛鞭效应理论和可持续发展理论，形成以服务质量为基础，以服务能力为保障，以服务可持续性为目标的系统化、递进式数据驱动优化框架。通过理论分析，本书发现，田口方法在本质上具有数据属性。以田口方法为基础的联合优化问题分析结构，提升了数据驱动决策关于联合优化问题研究的逻辑严谨性，突破了数据驱动相关理论与实践应用环节动态关联性不足的缺陷，兼顾了战略层、战术层和运作层之间的连接紧密性。

（2）构建收货方偏好数据驱动下电商订单分配与配送质量联合优化模型

在 B2C 模式下电商企业服务质量管理优化过程中，实现收货方偏好与服务的个性化对接一直是电商企业提升服务质量体验面临的难题。本书利用电商企业的消费者订单数据库和物流配送数据库的数据融合，针对收货方的服务质量偏好进行聚类分析，根据聚类得到的集合元素再进行完整的分类规划，依据收货方订单分配数据和物流配送数据挖掘偏好特征，设计投票软聚类算法，将收货方划分为"无记忆"型收货方、"记忆"型收货方、收货方总体和"不确定"型收货方，并基于此构建了收货方偏好数据驱动下电商订单分配与配送质量联合优化模型。进一步地，本书分析了四种类型规划求解空间的复杂度，给出成本为线性函数时"无记忆"型收货方的动态规划精确求解，再进行其他 3 种类型收货方的 NP-hard 属性分析及近似求解。相对于传统的批量规划，数据驱动的方法设计弥补了个性化质量需求解决方案研究的不足，研究结论及管理启示对于指导实践具有参考价值。

(3) 构建撤单数据驱动下电商订单分配与配送能力联合优化模型

考虑到现实情形中 B2C 模式下电商企业面对的消费者在允许的冷静期内可能产生的撤单行为，本书引入了订单分配系统中提取的撤单率来构建服务能力决策模型，分析了电商配送服务能力的自建与外包决策问题，从是否进行合作的角度给出了 3 种合作强度下的动态博弈模型，并且按照三阶段动态博弈顺序，逆向推导出 3 种情形下的子博弈均衡解，得到了在线购买环境下的自建与外包配送服务能力的最优解集。进一步分析发现，电商企业在面对物流外包服务市场成本波动与消费者随机需求不确定时，通过成本分担、利润分配和风险规避 3 个子决策，能够给出灵敏的服务能力决策方案。不仅如此，撤单数据与物流配送数据联合构建的博弈模型弥补了应对不确定性扰动下服务能力灵活性研究不足的缺陷，降低了电商和产品供应商的经济损失。

(4) 构建共享数据驱动下电商订单分配与配送可持续性联合优化模型

B2C 模式下电商企业服务系统信息和数据都存储在网络设备端的数据库中，订单分配系统和物流配送系统在配送资源信息共享下通过逐层聚类的方法实现应用。为推动经济效益、环境效益和社会效益和谐统一，本书提出了电商订单分配与配送资源共享的数据驱动模型。首先，本书对订单分配信息、仓库开放信息、运输路径信息和车辆分配信息通过网络平台进行共享，构建了配送资源共享数据驱动下成本优化模型。其次，基于数据包络分析法设计多种减排因子，本书评估了订单分配与配送资源共享平台的碳排放绩效和碳排放分配，构建了具有多重减排因子的非径向距离函数，提出了运用共享数据驱动下碳排放总量的评价指标及动态变化指标来衡量碳排放绩效。最后，本书设计了共享数据驱动下收益系数，实现了专享配送资源服务商与电商平台对服务资源的协调共享与稳定合作，进一步扩展得到了电商资源共享平台、一级专享配送资源服务商和二级专享配送资源服务商组成的三级配送服务资源共享系统。三元结构树形驱动框架弥补了数据驱动研究方法对电商企业在服务可持续性优化方面研究的不足。在此基础上，本书给出了订单分配与配送服务联合优化的可持续性量化解决方案。

第 2 章 相关研究文献综述

从数据驱动的角度研究电商订单分配与配送联合优化问题是依托新时代应运而生的前沿课题,具有较强的实践应用价值。问题层面上,服务领域的优化问题一直是学术界关注的研究热点;方法层面上,与数据驱动相关的优化方法在运作管理领域的潜在应用价值已经得到国内外学者的广泛共识。已有文献对订单分配与配送质量联合优化问题、订单分配与配送能力联合优化问题、订单分配与配送可持续性优化问题及数据驱动优化方法进行了深入探讨,并且取得了一些有价值的研究结论和管理启示。本章对相关研究文献进行系统梳理,对重点文献进行详细综述,总结目前关于电商订单分配与配送联合优化问题的研究进展,为本书开展研究工作奠定基础。

2.1 文献检索情况

本书对数据驱动下电商订单分配与配送联合优化问题的相关文献进行梳理,将问题细化,明确文献检索的关键词。已有文献中关于联合优化问题的分析方法主要基于不同逻辑视角进行多主体合作优化[146-147],或者在同一主体内部进行结构的深度升级调整[148-150]。

2.1.1 文献检索范围

从政治、经济到文化生活,从科学研究到国家安全,越来越多的研究领域涉及大数据问题,我们已经步入大数据时代。最近,麦肯锡研究所分析认为,大数据在公共卫生、企业管理、零售业、制造业、个性营销5个领域有较强的变革潜力。寻找到通往这5个领域的途径能够为企业和用户实现数据资源的价值,即创建数据透明度、重视数据实验、部分定制化、智能算法决策支持、对新商业模式和产品服务进行创新[151]。已有研究表明,大数据能够提高企业的生产力和竞争力，实现经济增长及管理优化[152]，企业对数据资源的应用已逐渐形成体系。因此，在开展本书的研究工作以前，明确相关文献的检索范围、确定检索文献的学术影响力是非常必要的环节。

本书从数据驱动管理的角度研究电商企业服务系统的联合优化问题，将系统内部视为具有结构完整性和量化特征的服务供应链。子系统构成服务供应链的节点，由节点之间相互协调使服务系统表现出质量、能力和可持续性等方面的外在量化特征。本书从服务质量、服务能力、服务可持续性3个角度回顾了订单分配与配送联合优化问题相关的研究文献。时间维度上，本书在文献的遴选上，以检索最近10年内极具代表性的文献为主。

2.1.2 相关检索文献梳理

本书参考国内外最新研究成果及经典文献，从订单分配与配送质量联合优化问题、订单分配与配送能力联合优化问题、订单分配与配送可持续性优化问题及数据驱动优化方法4个角度对现有研究进行总结归纳。

电商订单分配与配送联合优化问题可以归属为服务供应链管理问题。本书对服务供应链和数据驱动优化方法相关的文献进行了全面的搜索，搜索的英文数据库包括：INFORMS Online Journals 数据库（包含12种全文期刊）、Elsevier SD 数据库、Wiley Online Library 数据库、Emerald 数据库、Springer LINK 数据库等，并根据联合优化问题的研究重点，明确外文查找的关键词包括 joint optimization、order allocation/order processing、consumer preference/consumer tastes、service capacity、sustainability optimization 等。为明确前沿文献的研究趋势，还对供应链管理领域的重要期刊 Management Science、Operations Research、Manufacturing & Service Operations Management、Production and Operations Management Society、European Journal of Operational Research 近5年的文献进行了逐篇筛选。中文搜索的数据库主要源自中国学术期刊全文数据库（CNKI），搜索关键词为"联合优化""订单分配""消费者偏好""服务质量""服务能力""服务可持续性"等，并对国家基金委认定的管理科学与工程学科重要期刊进行逐篇筛选。截至2018年3月，检索到上述关键词的文献总数统计结果见表2-1。

为了进一步研究本书提炼的主要问题,通过深入阅读分析上述文献,本节对订单分配与配送质量联合优化、订单分配与配送能力联合优化及订单分配与配送可持续性优化3方面的研究细化分类,并分别进行文献的回顾和综述。需要指出的是,由于本书研究问题涉及的相关文献数量较多,为使本书更清晰地描述所提炼的主要问题,更科学地提出研究方法,下面仅对其中具有代表性的文献进行综述。

表2-1 相关文献的检索情况

检索源	检索词	检索条件	篇数总计	有效篇数	时间跨度
CNKI	联合优化/订单分配/消费者偏好/服务质量/服务能力/牛鞭效应/可持续性优化/低碳/共享	题名/关键词	1682	237	1999—2018年
ElseiverSD	joint optimization/order allocation/consumer preference/service quality/service capability/bullwhip effect/sustainability optimization/low carbon/sharing.	title/keywords	482	73	1999—2018年
INFORMS Online Iournecs	joint optimization/order allocation/consumer preference/service quality/service capability/bullwhip effect/sustainability optimization/low carbon/sharing.	title/keywords	86	19	1999—2018年
Wiley Online Library	joint optimization/order allocation/consumer preference/service quality/service capability/bullwhip effect/sustainability optimization/low carbon/sharing.	title/keywords	303	24	1999—2018年
Springer LINK	joint optimization/order allocation/consumer preference/service quality/service capability/bullwhip effect/sustainability optimization/low carbon/sharing.	title/abstract	357	21	1999—2018年

续表

检索源	检索词	检索条件	篇数总计	有效篇数	时间跨度
Emerald	joint optimization/order allocation/consumer preference/service quality/service capability/bullwhip effect/sustainability optimization/low carbon/sharing.	title/keywords	58	6	1999—2018年
EBSCO	joint optimization/order allocation/consumer preference/service quality/service capability/bullwhip effect/sustainability optimization/low carbon/sharing.	title/keywords	19	4	1999—2018年
IEL	joint optimization/order allocation/consumer preference/service quality/service capability/bullwhip effect/sustainability optimization/low carbon/sharing.	title/keywords	66	7	1999—2018年
合计	—	—	3053	391	—

2.1.3 学术趋势分析

为确定数据驱动电商企业服务供应链优化的研究趋势，本书以CNKI数据库中"学术趋势"作为分析工具，以"数据驱动""联合优化""服务质量""服务能力"和"服务可持续性"作为检索词源，进行了学术趋势分析。图2-1~图2-5显示了研究关键词的学术趋势分析，反映了学术界对研究问题的关注程度。

2.2 订单分配与配送质量联合优化问题的研究

大数据在很多科学领域，如天文学、大气科学、医学、基因学等复杂和跨学科的研究领域中都有渗透。基于互联网应用的行业和学科，如最近兴起的社交计算，包括社交网络分析[153]、在线社区[154]、推荐系统[155]、信誉系统[156]等，也都会面临大数据问题。电商平台的客户端日益丰富，平台底层数

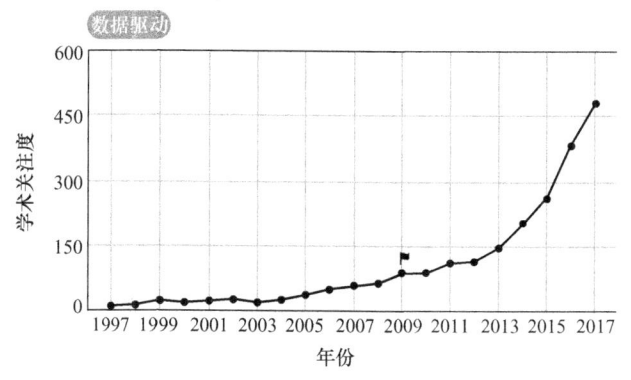

注：▶表示标识点数值高于前后两点，且与前一数值点相比增长率大于30%。

图 2-1 CNKI 数据库对数据驱动的学术趋势分析

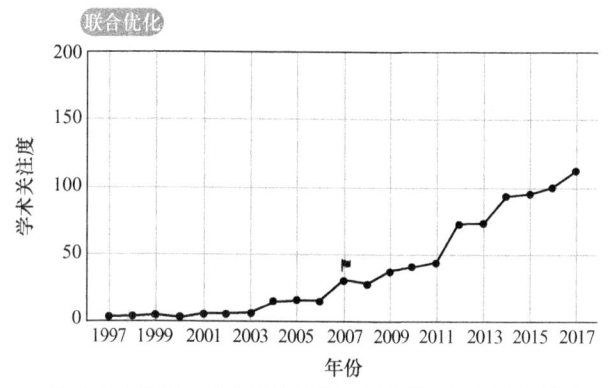

注：▶表示标识点数值高于前后两点，且与前一数值点相比增长率大于30%。

图 2-2 CNKI 数据库对联合优化的学术趋势分析

据库涉及大量消费者相关的交易信息，使得电商服务系统借鉴其他学科成熟技术实现全局范围的联合优化更具可行性。

2.2.1 订单分配与配送问题的研究

在激烈的市场竞争中，竞争对手之间越来越趋于同质化[77]，即产品在质量和价格方面差距微乎其微。为了在竞争中脱颖而出，电商企业必然想方设法为消费者提供更优质更快捷的服务，因此，电商企业的竞争逐渐具有服务化的特征。1988年，范德默维（Vandermerwe）和拉达（Rada）首先提出"服务化"的基本概念[78]。贝恩斯（Baines）等在此基础上进行扩展研究得到产品

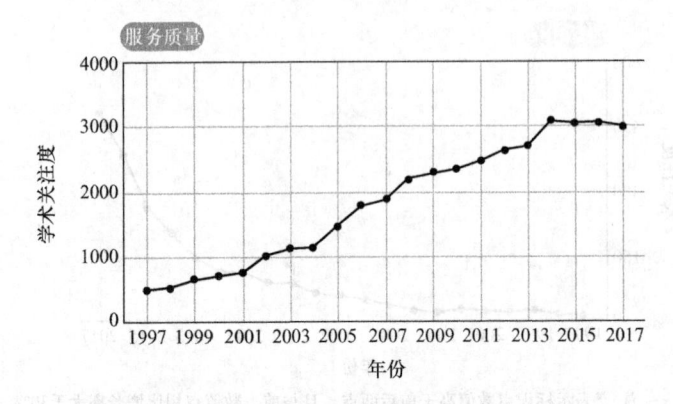

图 2-3 CNKI 数据库对服务质量的学术趋势分析

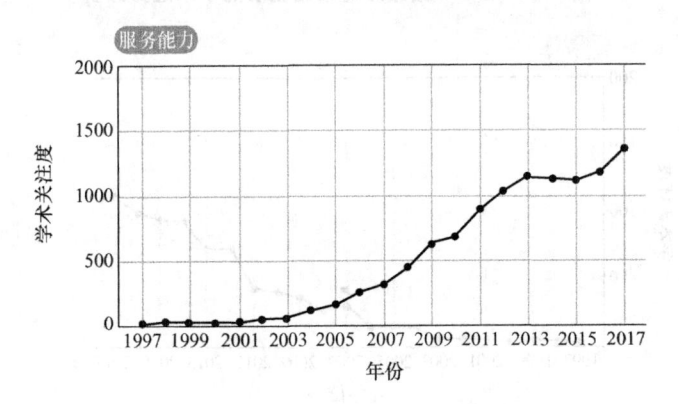

图 2-4 CNKI 数据库对服务能力的学术趋势分析

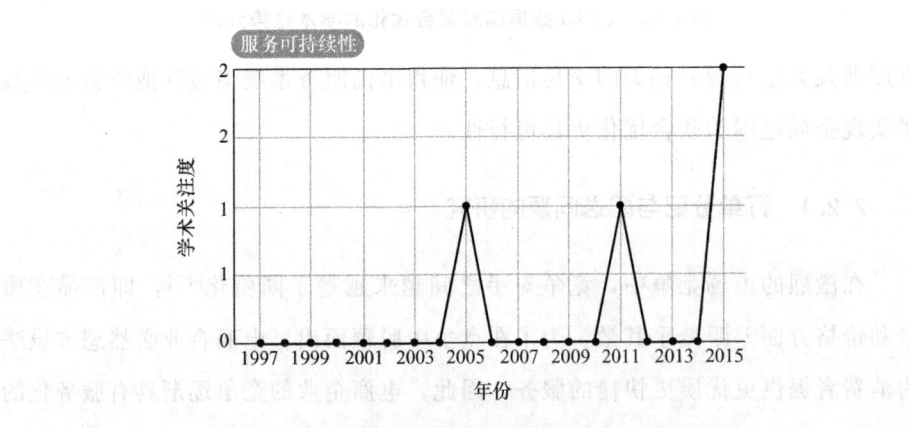

图 2-5 CNKI 数据库对服务可持续性的学术趋势分析

服务系统（Product Service System，PSS）的概念，即产品和服务的集成组合与传统供应链的区别在于在竞争中不依赖于提供低价产品获取优势，而是侧重于提高产品和服务的组合效果[79]。服务化作为行业进步激励杠杆，产品附加值、品质和品牌形象能够吸引更多消费者，在以服务为导向的电商企业表现尤为明显[60]。对于电商而言，其主要的盈利方式是为制造和零售企业提供服务平台，构建企业产品与需求市场之间的时空纽带，以利于企业的产品信息扩散，同时也方便消费者通过电商平台寻找到心仪产品[61]。因此，电商企业面临两方面基础服务问题：订单分配与订单履行。其中，订单履行主要环节是订单的物流配送[62]。传统的订单分配和配送过程对消费者是不可见的，即消费者提交订单以后，只等待电商的订单交付。数据驱动下的订单分配与配送服务对消费者是可见的，即通过可视化平台，消费者能够看到商品的处理状态，充分感知电商企业平台的服务水平，甚至可以根据情况取消订单。

物流服务供应链在结构组成上较为复杂。产品供应商发布商品信息到电商平台，电商平台根据消费者订单对商品进行订单分配，在分配过程，需要根据商品库存和消费者所在位置、运输路径及订单处理的优先等级程度等主客观因素制定实施方案[108]；在服务信息流程上，消费者通过电商平台提交订单，等待订单交付，在此过程中，电商平台能够提供给消费者订单处理信息，如订单是否入库、订单是否进入配送阶段、商品是否被运输到目的地、订单交付完成情况等[22]。据此可见，电商服务系统是订单分配服务与配送服务的集成联合。

对于配送服务系统而言，服务质量至关重要。因为配送服务是与消费者服务体验最直接相关的环节，尤其是订单交付的"最后一公里"环节，基本决定整个产品服务流程的最终印象，甚至关系到企业信誉和形象。但是，随着数据可视化发展，电商平台逐渐将整个服务环节对消费者透明化，消费者可以看到订单分配的情况，由图2-3和图2-4可见，近年来关于服务质量和服务能力的学术关注度一直在提升，并且随着数据信息化和对称化的发展，这种趋势必然会继续增加。本书对订单分配的研究主要从订单分配服务复杂度和订单分配过程影响要素两方面进行梳理。

关于订单分配服务复杂度方面的研究文献包括单周期订单分配和多周期订

单分配。其一，单周期订单分配服务问题的相关研究。例如，刘（Liu）等对单周期紧急订单分配机制进行数值分析，探讨两级物流服务供应链中应急系数、不确定性和应急成本之间的关系，从而构建了紧急订单分配的多目标规划模型[21]。王（Wang）等基于应急仿真订单系统结构，考虑成本、交货日期、服务质量、订单填充率、生产能力及当前订单数量，通过单周期优化提升多个周期的总营业额，降低采购成本、退货订单成本、运输成本和订单等待成本[157]。其二，多周期订单分配服务问题的相关研究。例如，李（Li）等考虑多个周期补货订单系统，在每个子周期内，首先根据需求预测设置初始订单，以便及时补充订单需求，然后分别推导供应商和买方的最优生产和订单策略，证明了广义多周期下纳什均衡的存在性和唯一性[158]。法里鲍兹（Fariborz）等根据线性折扣定价方案、供应商的能力限制、交货率和物品质量、最小订单数量和预算限制，制定最大限度降低买方总采购成本的服务方案[159]。

关于订单分配过程影响要素方面的研究，本书重点关注以下几位学者。例如，任（Ren）等研究 Stackelberg 博弈均衡，解决分散式按订单生产供应链中与产品相关的低碳分配问题，将碳排放影响价格的情况分为 4 种博弈模型，分别讨论碳排放在订单分配中的影响[160]。托拉比（Torabi）等就订单分配问题构建了存在风险中断的双目标混合随机优化模型，并提出一个扩充的 ε 约束法解决双目标的问题[161]。杰迪迪（Jadidi）等建立一个成本最小化、拒绝时间最小化和交货成本最小化的多目标优化模型，采用归一化方法求解多目标问题并与加权法进行比较，得出构建模型与实际问题之间的差距[162]。潘伟通过不确定信息构建了线性/非线性隶属度函数，考虑供应中断的风险，在此基础上构建了模糊目标的多产品线性/非线性订单分配分配模型，得到了供应链中断风险与企业总成本、供应链柔性及竞争力之间的关系[163]。罗伯特（Robert）等针对网络生产线具有不同处理序列的订单同步分配优化问题，将订单量和吞吐量时间融入模型，设计多目标分支约束方法求解每组订单的帕累托最优分配[164]。刘（Liu）等根据大数据预测技术，对大数据背景下物流服务供应链的订单分配问题设计了两阶段求解框架，包括"大数据阶段的预测"和物流服务供应链中的"模型优化阶段"[165]。

关于与订单分配紧密相连的物流配送服务问题的研究一直是学术界关注的热点，尤其在信息平台化日益丰富发展的时代，对于配送服务的研究视角必然有新变化。下面从仓库分布空间的角度，将分配问题分为异地多仓订单配送问题和同城"最后一公里"订单配送问题进行综述。

关于异地多仓订单配送问题的研究主要集中在运输路线和运输工具的规划方面[47-50]。英格尔（Inghels）等研究公路运输、水路运输及铁路运输的模式转变，以减少异地运输产生的温室气体总排放量[166]。斯蒂迪赛菲（Steadie-Seifi）等专注研究传统的战略、战术和运营层面的混合运输规划，通过文献分析法指出多式联运平台的高效性、可靠性、灵活性和可持续性，为货运提供先进的决策支持和交通优化模式，并且提升了运输资源利用率，是一种有效的负载整合方式[22]。泽亨德纳（Zehendner）等提供了一种使用卡车预约系统的工具，不仅提高了卡车的服务质量，还提高了火车和驳船的服务质量，并且设计了混合整数线性规划模型来确定总体工作量和可用处理能力，旨在最大限度地减少终端的整体延迟，同时能够确定预约卡车的数量，并将转换的运输工具分配到不同运输模式之中[167]。

关于同城"最后一公里"订单配送化问题的研究主要集中在配给和路径优化方面[104-107]。穆诺兹-沃尔拉米扎（Muñoz-Villamizar）等以配送能力约束下车辆路径局部优化为切入点求解随机需求下城市系统中"最后一公里"配送问题，通过构建配送节点相互合作与非合作的规划模型并做对比，发现相同的服务水平下协同运输策略可以降低运输成本，提高资源配置效率[168]。兰科特（Rancourt）等通过数学规划的方法解决粮食援助背景下"最后一公里"分销点选址问题，得到总投入成本与运输食品区和仓库配送中心之间距离的关系[169]。法塔纳斯（Fatnassi）等针对智慧城市时代个人快速交通（PRT）和货运快速运输（FRT）的问题，提出使用高质量的城市内域交通替代模型优化配送周期内空车再分配，促进城市配送可持续发展[170]。

2.2.2 数据驱动下服务质量优化问题的研究

物流服务质量提升的驱动力可以归纳为以下两个维度。

1) 关于内部驱动视角的研究，即通过企业内部结构调整提升服务质量。例如，伊（Yee）等发现，如果服务密集型企业充分考虑 LMX 理论，注重员工协调，则提升服务质量并不会受到服务人员工作满意度的影响[42]。董（Dong）等通过改进 Erlang-A 模型分析了质量-效率驱动机制，研究发现，当系统负荷敏感度低时系统达到质量-效率驱动参数，而当系统负荷敏感度高时，系统参数在质量-效率驱动和效率驱动之间波动[43]。派克（Park）等结合低碳偏好，从零售店位置布局的角度研究"最后一公里"问题的空间规划[44]。阿朗索（Alonso）等研究了出租车用户感知服务质量问题，在对现有国际文献进行全面梳理后，通过出租车和用户的组合对相关变量进行个性化设计，并进行了满意度调查，所得到的数据用于估计两种有序的多元概率模型。考虑系统性和随机性的变化，阿朗索研究发现，当没有关于系统的先前信息时，出租车服务感知质量模型是可用的[45]。谢广营设计了 B2C 及 C2C 网络购物物流服务质量评价维度，并且依据流程环节确定二级测量指标框架，研究构建网络购物的物流服务质量测量概念模型和完整框架体系[46]。

2) 关于外部驱动视角的研究。其主要源自企业得到的外部环境反馈，并推动了服务质量升级。例如，德奥纳（de Oña）等指出，基于客户满意程度分析公共运输服务质量对企业影响的数据具有模糊性、主观性和异构性，决策者和研究者需要根据这些特性选择有效的服务质量评估方法[171]。佩德拉姆（Pedram）等研究战略型卖方对服务质量的最优策略，发现即使买方已经使质量的边际效益水平最高，卖方也不会全部提供最高质量的产品，而是在长期范围内提升质量以获取更多的潜在客户[172]。德铂（Debo）等研究发现，服务等待入队概率是单调递减的，等待时间越长的队列，消费者加入越少，服务质量的差距随之降低[173]，如果消费者对产品质量先验概率知情度低，高服务质量的企业为降低技术成本，可能选择比低质量服务企业更慢的服务速率[174]。徐（Xu）等研究单服务器排队系统中的静态服务差异化策略，结果表明，注重服务质量的领域中，消费者更注重服务时间，提供差异化服务可以提升服务系统性能的 5%[175]。刘云志等研究发现，分散式决策下，供应商的产品质量水平为损失规避型零售商订货量的严格递增函数，损失规避型零售商的订货量为供应商产品质量水平的严格递增函数,然而,在集中式决策下,供应商的产品质量水平为零售商订货量的严格递增函数,零售商的订货量为供应商产品质量水平的严格递增函数[176]。

2.2.3 数据驱动下质量评价与感知问题的研究

通过整合平台,消费者与电商企业之间的距离减少,沟通更清晰,质量评价体系更加合理、健全。

已有文献更加注重质量评价的量化研究,例如,平托(Pinto)等根据不同地区供水服务的特点并参照服务质量和价格之间的相互关系,指出在考虑制约因素的情况下,实行全球绩效评估具有极其重要的意义,因此提出了基于ELECTRE TRI-nC方法的服务质量分类与聚合的性能指标,通过异构偏好逻辑更清楚地查看供水设施的整体性能[59]。

萨(Sá)等构建综合模型来评估地方政府在线服务的质量,在明确地方政府特殊性的前提下借助传统的软件质量评估方法,将搜集到的数据作为德尔菲方法的输入,通过德尔菲方法制定的 32 个维度作为评估标准,最后验证了模型衡量和区分地方政府在线服务质量的可行性[177]。

埃博利(Eboli)等对公交服务质量进行了大量调查,发现乘客对公交服务质量的看法在很大程度上取决于乘客所处环境的变化,每个影响服务质量的因素及对满意度的评分都可以显示出空间及时间变化,但很少有研究考虑乘客反馈的空间变异性,仅以时间考虑了客户对公交服务的满意度[66]。

沙伊特(Scheidt)等描述提高客户服务质量背后的战略基本原理,设计了一种语音分析方法,使用由 120 个客户服务代理团队在 8 个月内收集的数据来评估客户服务绩效,建立并测量两类关键绩效指标,即"劳动力管理"和"客户体验",提高客户服务质量[178]。

阿尔哈提卜(Alkhatib)等考虑到大多数现有物流服务评估会选择使用历史绩效数据,提出一种综合物流外包方法。该方法根据物流资源和能力对物流服务提供商进行评估和选择,并结合模糊决策试验评估技术,针对决策标准之间的影响关系,将资源和能力进行加权,对物流服务提供商备选方案进行排名[14]。

服务质量感知作为评价的基础前提,一直是学术研究的热点,并且随着时代发展表现出多种多样的形式[52-54]。例如,巴伦(Baron)等发现,在服务网络过程,服务质量最直观的感知方式就是等待时间,等待感知取决于决策系统对不同站点之间的分配方式,因此减少站点之间长时间等待的可能性对于提高消费者的服务质量感知是至关重要的。据此,管理者在设计复杂服务网络过程,通过调整预留闲置服务点减少客户在服务点等待的概率,提升服务质量的感知[70]。

张(Zhang)等在服务供应链中考虑两个成员的服务质量偏好行为,包括服务集成商和具有随机需求的服务提供商,通过分析服务质量成本和收入,在综合分散的南南合作中建立服务质量努力程度和服务质量偏好水平的效用函数,使用纳什均衡和量子博弈来优化模型,通过比较不同的解决方案,获得最优策略,并通过纠缠算子和质量偏好进一步分析服务质量努力的变化趋势[71]。

埃基吉(Ekici)等研究了竞争零售商业务的供应商双寡头市场,考虑了零售商对于订单量的限制,发现在订单合并时零售商的偏好影响供应商定价决策,构建了非线性规划模型,使用库恩塔克条件来寻求最优解,并通过实验发现,当固定订购成本在预期范围内时,供应商会设定补货的定价阈值[72]。

2.3 订单分配与配送能力联合优化问题的研究

服务价值创造能力包括战略能力、管理能力、组织能力和适应能力等[179]。电商企业需要与时俱进,不断地进行创新服务和价值提升,才能满足不断更新变换的消费者需求。同时,消费者会根据服务价值创造能力对电商的服务创新能力产生心理预期。电商企业为消费者提供服务过程中订单分配方案的合理性、快捷性、安全性、稳定性和可操作性均关乎物流配送实施的效果和质量。订单分配与配送过程在整体上相辅相成,共同发挥作用,是电商企业服务能力的具体体现。目前,对于服务能力的研究主要集中在3个视角,以下分别进行综述。

2.3.1 数据驱动下服务系统的功能结构优化的研究

服务能力规划对于电商企业的运营管理具有十分重要的战略意义。

舒尔茨（Schuetz）等采用连续时间马尔可夫决策方法构建了服务能力规划模型，并对服务期间的离散事件使用基于仿真的近似动态规划（ADP）方法进行求解[91]。

尹（Yin）等发现，每个车站的乘客到达率服从非齐次泊松分布，为了减少意外因素造成的时间延迟，引入强度函数作为时变乘客需求矩阵，构建一个随机规划模型解决地铁延误问题，优化了总运行时间和列车的运营成本[180]。

莱曼（Mehmann）等通过混合方法进行案例研究，表明参与各方的多目标物流规划可以有效配送，以节约成本，减少环境污染[181]。

远距离运输方案优化能够整体上提升运输能力。克拉伊尼克（Crainic）等考虑供应链管理背景下物流能力规划问题，引入装箱过程随机可变成本和装箱尺寸，设计具有追索权的两阶段随机分配方法[80]。

关于服务系统整合的研究日益丰富，已有研究和实践也都证明了物流供应链通过合作能够降低成本，提高服务水平[81][85-87]。

德雷登（Defryn）等针对横向物流供应链的合作问题提出一个通用的解决方案框架，该框架区分了小组目标和联盟目标中的个体合作伙伴。研究结果表明，仅考虑全球联盟目标获得的解决方案往往不是最理想的，而提供帕累托替代解决方案却能够有效地平衡合作伙伴之间的目标[82]。

德雷登（Defryn）等进一步考虑多个公司共同解决物流优化问题的横向物流合作，允许每个合作伙伴设置自己的一套目标，提出伙伴效率方法和联盟效率方法。研究结果证实，即使每个合作伙伴在有多个可能相互目标冲突的情况下加入横向物流联盟，所有合作伙伴也都会受益[83]。

王（Wang）等通过物流系统中提供商与参与方的协商，组织协作式两级物流联合配送网络，有效降低交叉运输现象，提高城市货运系统效率，同时设计一种改进式遗传蚁群优化算法，并通过分配物流设施求解模型[84]。

2.3.2 数据驱动下物流服务供应链设计优化的研究

供应链管理已成为企业在经济竞争力、效率和服务质量等方面的战略问题，特别是在贸易全球化和"一带一路"加速发展的时代。物流网络的战略设计和规划是对企业管理者和学术研究者越来越重要的课题[182-194]。

马（Ma）等研究了合作如何影响可交互三级闭环物流供应链的决策，通过比较 MC、MR、MCC 和 MCR 4 种不同合作结构的利润，发现合作博弈会使得各方共赢，提高联盟利润，实现更高的效率[195]。

坎南（Kannan）等针对基于碳足迹的逆向物流供应链设计开发了混合整数线性模型，旨在最大限度地减少气候变化。该模型可以扩展为多目标问题，以获得帕累托最优解决方案，并采用逆向物流来回收用过的产品，有效解决了位置-运输决策问题[196]。

阿卢默尔（Alumur）等提出了一个逆向物流网络设计问题的利润最大化建模框架。该框架可以灵活地将大多数反向网络结构合并到基础模型。阿卢默尔采用多周期多商品分配方案，使用反向物料清单来捕获不同产品之间的组件通用性，并且可以灵活地将所有合理的方案纳入解决产品退货问题的方案中[88]。

何（He）等研究发现，如果物流服务供应链可靠性增加，最优物流能力下的订购量、回购价格和所有预期利润会减少，并且为满足随机需求制定了回购策略[197]。

拉希米（Rahimi）等研究了再生产品随机需求和投资率的网络设计问题，设计了多周期多目标混合整数线性规划模型。为了应对模型中的不确定性，管理者需要进行风险厌恶两阶段随机规划，对风险条件值进行风险度量，并采用非现场和现场分离作为分拆废弃物品的两种常用方法[198]。

瓦达尼（Vahdani）等提出三级救济链中的多周期多商品多目标混合整数规划模型，考虑不同能力水平的配送中心、仓库的定位和有限时间窗，设计车辆路线为受影响地区分配货物[199]。

约翰（John）等进行了产品回收的多阶段逆向物流网络的设计，考虑了产品再制造、部件修复和材料回收等不同的回收选项，通过物料清单（BOM）的方式，将产品的结构纳入所提出的模型中，以分析组件和材料的流量[200]。

约翰（John）等建立多产品多梯度逆向物流系统网络设计数学模型，考虑包含再制造、修复和回收的不同方案。在旧产品剩余价值的基础上，收益分为产品的低剩余价值和高剩余价值收益。尽管分级过程会导致额外的分级成本，但有助于决策者选择合适的回收方案[201]。

萨马迪（Samadi）等提出 3 种新的启发式方法来解决可持续闭环供应链的网络设计问题、产生初始解集。为了提高算法的性能，算法的参数通过响应面方法和 MODM 方法进行调整，并用帕累托最优解中 4 个评估度量来检查方法的效率[202]。

甘（Gan）等指出，城市物流网络的货运活动是温室气体排放的主要来源，通过分析卡车运输活动的特点探讨卡车的出行排放与关键影响因素之间的关系，并设计一种插补矩阵方法来对卡车数据进行分类，然后根据处理数据提取货运特征，采用综合模态排放模型估算与货运活动相关的温室气体排放量，为物流相关政策和法规提供决策支持工具[203]。

桑蒂尼（Santini）等研究集装箱班轮运输支线网络的问题，设计中心枢纽在轮转期为端口服务的最佳方案，通过分支和定价算法在一小时内搜索到大多数情况下的最优方案，并提供有关最佳路线的成本结构和理想特征[204]。

2.3.3 借助第三方进行服务能力扩充的研究

全球化、需求导向和外包是物流发展的新方向[23]。在新方向的指引下，第三方物流（Third Party Logistics，TPL）供应商是由物流服务需求的不断增长带来的全球化的产物。因此，提升供应链的多方整合能力已成为企业获得竞争优势的重要途径。

吴庆等研究了在客户企业产品的数量和质量损耗的情形下，物流配送服务外包商的努力水平对物流外包渠道优化与协调问题的影响[24]。

王伊拉（Yayla）等指出，第三方物流服务提供者选择战略联盟的过程具有不确定性和复杂性，并提出了一种混合模糊多准则决策方法作为第三方物流供应商评价系统的决策支持工具，即通过战略目标和子属性评估第三方物流供应商，再通过模糊顺序偏好的相似性确定理想的解决方案[25]。

戈文丹（Govindan）等研究了第三方物流所面临的各种风险之间的相互关系，并使用 DEMATEL 分析表明，第三方物流需要改善与服务质量相关的内部流程和运营灵活性[40]。

阿卜杜拉（Abdullah）等通过总结以往的研究发现，第三方物流公司可能减少环境影响，这种影响取决于客户、物流业务和物流设施3个维度[41]。

扎巴克什尼亚（Zarbakhshnia）等设计一个多属性决策模型来对第三方物流进行可持续性排序和选择，使用模糊分步权重评估比率分析来衡量评估标准，通过模糊复杂度比较评估方法对存在风险因素的第三方物流进行筛选，发现环境和社会驱动因素日益成为主导[205]。

李（Li）等为第三方逆向物流提供商提出基准循环流程，通过质量功能部署最佳方案，提升第三方在市场流通中的价值，而第三方供应商的专业性决定企业主体的竞争力[206,30]。

第三方物流理论方面的探索也广受关注。史（Shi）等指出，第三方采购是由第三方物流供应商提供的新兴增值服务，并提出一个以多种理论为基础的概念模型，根据来自国内245个第三方物流提供商的调查数据，应用结构方程模型进行测试，发现从第三方物流服务提供商的角度来看，不确定性、订单频率和交易规模与第三方采购服务显著相关[207]。

拉赫曼（Rahman）等指出，跨国第三方物流服务提供商进入中国物流业具有深远影响，并采用层次分析法来评估其在提供服务的同时遇到的挑战的关键性。分析结果表明，最关键的挑战关系到政府法规、价格压力和运输成本，并且为保持竞争力，跨国第三方物流服务必须与主要利益相关者建立关系网络，才能够将交付成本降至最低[208]。

苏尼加（Zúñiga）等考虑接收、放置、存储、拣货和装运等仓库详细操作，并根据产品系列区域分配及第三方物流提供商使用的不同存储系统，部署了高度可靠的管理框架来规避客户供应链的风险性和复杂性，为第三方物流进入市场提供更好的契机[209]。

对于电商企业和消费者而言，是否引入第三方物流涉及博弈问题。实践中产生的各种博弈，从时间点的维度可归纳为两种类型[210]。第一种有关同步博弈，即参与方都在同一时间做出决策，如实际情景中的囚徒困境[211]、剪刀石头布[212]、密封投标拍卖[213]等。其中，瓦伊拉克塔拉基斯（Vairaktarakis）

探讨了分包生产的非合作博弈问题，认为完全的信息共享合作不能确定参与者的收益一定是增加的[214]。吴（Wu）研究了多个厂商竞争下的外包博弈的古诺模型，认为在没有优势的均衡情况下加强厂商之间的信息关联有利于整体利润的提高[215]。第二种有关序贯博弈，即参与方轮流进行决策，如Stackelberg博弈[216-218]、重复博弈[219-220]、演化博弈[56,221]等。其中，吉瑞（Giri）等通过Stackelberg博弈均衡的协调策略改善由垄断制造商、第三方物流服务提供商和多个独立零售商组成的供应链绩效，并考虑到每个零售商的需求不确定性和价格敏感性，发现生产中断和第三方物流服务对供应链的绩效有显著的影响[217]。王（Wang）等（2014）从竞争与合作的角度，用动态博弈的方法分析了物流服务供应链各结点之间的决策问题[222]。

2.4 订单分配与配送可持续性优化问题的研究

订单分配与配送系统在电商的整个服务系统中发挥着关键作用。电商企业作为需求服务方，不仅在运营过程中实现了经济价值，而且在整个社会体系中扮演着重要的环境参与者和资源使用者的角色。每一批订单都要经历仓库的分配、区域路径规划、商品运输、同城配送和订单交付的过程，这从更深层次上映射出电商企业运营过程中涉及的经济、环境和社会问题。

2.4.1 数据驱动下可持续性优化问题的研究

在方法研究层面上，数据驱动下可持续决策技术也受到学者们的广泛关注。

戈文丹（Govindan）等提出模糊多准则方法来检验三重底线。在经济、环境和社会方面，该研究引用三角模糊数来描述专家的主观偏好语言值，通过使用模糊数来寻找标准权重并进行定性绩效评估，以评价与理想方案的相似度，最后汇总评级并生成总体绩效评分以衡量每个供应商的可持续绩效[69]。

贾卡尔（Jakhar）等通过优化可持续供应链绩效指标实现经济增长、社会发展和环境保护，提出合作伙伴选择和流量分配决策模型，并对印度服装行业供应链中278个企业和商业组织进行数据调查，构建结构方程模型，设计模糊层次分析法和模糊多目标线性规划的综合方法，使决策者可以根据权衡后的成本效益分析来选择适当的策略[98]。

布克罗卜（Boukherroub）等将可持续发展原则融入供应链计划，通过多目标建模规划将经济、环境和社会绩效都整合到模型中，使用加权目标规划技术得到折中的解决方案，并通过加拿大木材行业案例证明了决策者可以在3个维度上达到可持续性平衡优化[99]。

阿扎迪（Azadi）等在投入和产出不确定的情况下，基于数据包络分析设计一个集成的增强型测度模型，以选择最佳的可持续供应商，并通过案例证明不同置信度水平下解决可持续供应商选择问题的有效性，以及可选方案对经济、社会和环境的影响[100]。

李（Li）等研究产品竞争下两种可持续供应链的博弈模型，导出了双链系统的均衡结构，并发现尽管纵向一体化总是纳什均衡的，但只有在竞争程度较低时才会达到帕累托最优[223]。

迪亚巴特（Diabat）等考虑一个工厂、多个配送中心和多个零售商构成的联合库存问题，基于遗传算法设计几种染色体表示不同的突变概率、交叉概率及评估函数。研究结果表明，成本的显著增加与供应链的规模成正比，最低成本往往使供应链不那么集中，并能够减少某些配送中心的压力，平衡运营成本和环境影响[101]。

迪亚巴特（Diabat）等通过5个印度纺织部门和13个驱动因素的结构模型来探索可持续供应链的影响力因素，发现可持续供应链的实施由于区域文化和国家政策规定而存在差异，行业需要有影响力的推动者促成可持续供应链，并且强调了行业安全标准对可持续供应链的驱动力[102]。

萨维克（Sawik）等研究了存在供应链中断风险的情况下，订单的成本和消费者服务水平两个目标函数的公平优化方法。研究结果表明，为了达到成本最低这个目标，决策者通常会选择最廉价的供应商，为了达到服务水平最高目标，决策者通常会选择最可靠的供应商，而公平优化组合能够兼顾经济性和可靠性[224]。

本德尔（Bendul）等基于二次数据分析，在采购过程、商品生产和订单交付领域构建可持续供应链模型,发现采用简化和本地化的供应链管理方法,同时将当地社区纳入价值创造活动中,可将可持续供应链与金字塔型战略结构联系起来形成一个综合可持续发展的观点[51]。

巴蒂尼(Battini)等探讨传统 EOQ 模型中影响环境的因素,提出了"可持续 EOQ 模型",即在采购订单和消耗材料的过程中,把所有与材料批量相关的可持续性因素都整合在一起,将运输成本、位置及不同的货运车辆利用率纳入模型,通过可持续性评估购买决策的影响[225]。

2.4.2 成本优化问题的研究

运营成本优化的研究既具有理论创新价值,又具有现实应用价值[226-230]。

阿特金(Atkinson)等指出,航空公司在时间规划和调度方面投入很大的力量以降低随机中断对成本的影响,据此研究了 3 种方案,即灵活交换、重新分配及计划停机时间,并计算不同方案下投入成本如何影响结果和收入,从而有效地实现目标[231]。

凡尼(Fanny)等通过考虑材料清单的动态需求和常规结构,评估原材料供应和后续生产过程综合计划方法的优势。其中供应部分涉及分散的供应商采购,生产计划部分则涉及将原材料转换成最终产品以满足客户需求。研究发现,采用综合规划方法可有效节省成本,且在 JIT 情景和生产系统利用率相对较低的情况下企业最能从整合中受益[65]。

曹(Tsao)等研究了多层次多节点供应链在运输成本折扣下的配电网设计问题,通过比较多种成本折扣政策,讨论这些政策对配电网设计的影响。总体而言,单一集群补货优于联合集群补货,而联运集群补货在运输成本折扣下可能优于单一集群补货,然而单项补货在运输成本折扣下不如联合补货[232]。

何(He)等考虑无限期多零售商联合互动补货问题,构建一组零售商同时下订单所产生的联合成本模型,目标是确定一个非合作博弈情形的库存补货策略,使其能够最大限度地减少系统的期望平均成本。研究发现,存在一个支付占优的纳什均衡解,并量化在全局最优时的非合作效率损失[233]。

刘(Liu)等提出一种基于位置的非线性整数规划模型,将在线需求分配到多渠道供应链的区域仓库,通过拉格朗日松弛方法对两级库存物流系统的风险缓冲效应与运输成本进行折中,以维持需求交付网络的稳定性,旨在将分配在线需求时的运输成本、库存成本和固定处理成本降至最低[94]。

成本优化不仅被视为衡量优化方案的评价标准,现有研究更将成本优化与多种要素作为研究可持续发展的理论基础。

安东尼(Anthony)等针对在可持续供应链管理(Sustainable Supply chain Management,SSCM)研究中的行为偏好问题,通过使用决策理论(Decision Theory,DT),对已有大量运筹学文献进行回顾。其所涉及的文献都是规范性和完全理性的集中决策环境。研究表明,在可持续供应链管理中考虑行为偏好是有理论建设潜力的[58]。

伊斯干达波尔(Eskandarpour)等对1990—2014年关于可持续发展问题的相关研究进行总结,指明可持续发展问题显然是多目标问题,除非所有因素都降低到成本当量,否则无法用单一维度来表示。研究表明,如果以经济优化作为重点目标的模型,有必要考虑将环境或社会因素作为约束[234]。

戈文丹(Govindan)等提出,可持续发展理念从供应链管理体系的边缘一直活跃到主流的主要原因是,在经济目标不断满足的形势下,环境保护和社会福利意识不断提高,并且学者和管理者一直关注这一主题。同时,由于消费者、政府和非政府组织对企业具有压力,所以要争取可持续发展[235]。

2.4.3 低碳优化问题的研究

不同类型碳约束下,经销商如何通过考虑提前期与供需关系构建最优交付策略模型成为学术界和企业界广泛关注的热点问题与前沿领域[109]。供需双方构成低碳服务供应链是为了实现碳排放限制下供应链的经济活动能够可持续发展。其中,提高能源利用率和优化管理运作是两个重要方面[110]。零售商借助"互联网+"商业信息平台,订购产品的选择比以往更多、更便捷,势必造成订单交付过程中碳排放量增加[111]。相应地,经销商需要制定有时间约束的低碳交付策略,如设置提前期[112]、控制交付频率[113]等。过长的提前期可能导致零售商认为该经销商的服务能力过低,甚至会影响到零售商的品牌质量,从而放弃选择该经销商进行供货。交付频率直接影响着经销商的交付成本及运输过程中的碳排放量。已有研究和实践表明，货运车辆类型的优化组合能有效地降低交付策略中的交付次数[114]，并能减少运输成本和碳排放量[115]，但相关研究尚鲜见。例如，贝拉维纳（Belavina）等研究了不同收入模式对环境的影响，并对车辆的碳排放进行估算，认为碳排放量的统计需要考虑到生产、运输、储存和交付的单位碳负荷。研究发现，消费品零售行业的碳排放增速太快，反而会导致行业外驱动，即内部交付的消极影响远大于对外交付所带来的负面影响[116]。

近年来，学者更关注在优化模型研究中加入碳约束条件形成新的低碳优化模型，已有研究主要集中在以下几方面。

1）将不同的碳政策约束加入策略模型优化更具有现实意义。崔（Choi）研究碳排放限制下供应商选择问题，得到不同形式的碳税对整体供应链设计的影响[236]；本贾法尔（Benjaafar）等将碳排放与采购、生产、库存等结合起来，提出了考虑碳税、碳总量、碳市场及碳补偿等碳限制的成本模型[237]；金（Jin）等研究沃尔玛在碳排放税、碳排放总量及碳排放市场等各类碳政策限制下运输模式的选择问题[238]；科努尔（Konur）考虑碳排放总量约束下库存控制和运输问题，研究发现可通过选择不同载重量卡车来减少成本和排放量[239]；努伊拉（Nouira）等探讨了碳排放敏感型需求对设施位置、供应商选择、生产技术选择和运输模式选择的决策的影响，并以单个客户模型为基础扩展到多个客户情形[240]；王明喜等建立企业减排投资成本最小化模型，讨论免费模式、拍卖模式、免费和拍卖结合模式、单边和双边交易模式配置碳排放配额对最优减排投资的实施情况[241]。

2）在模型约束条件中增加碳排放批量规划能够使低碳管理更加科学化。阿布西（Absi）等在批量采购问题的成本优化中增加单位产品碳排放的量化分类约束，限制不同生产采购模式以达到满足碳排放的目标[242]；郭（Kuo）等在车辆路径问题中引入碳排放清单的编制，分析了碳排放清单数据的精确性对运输路径最优化、成本最小化问题的影响，并对供应链中各节点的碳足迹进行了敏感性分析，给出了最优化运输路径[243]；基姆（Kim）等通过对联合运输模式和单一道路运输方式的碳排放量进行比较分析，认为碳排放系统中某些特别情况下，联合运输模式产生的碳排放量会更少[244]；戢守峰等对政府对于企业超标准排放的容忍程度设定了级差等级碳税，并据此建立了多级供应链生产库存系统策略集合，对比级差碳税与统一碳税下 4 种博弈策略的成本及碳排放水平变化，进一步给出了制造商和零售商主导下的非合作博弈模型及供应链成员间合作博弈模型[245]；吉（Ji）等研究"一带一路"沿线城市的 40 个配送中心通过电商平台为消费者提供商品的碳排放量规划，并控制配送过程中的碳排放以达到节能减排的目的，同时发现，低碳约束强度对市场活动产生一定的影响，细分碳排放描述模型在实践中能够有效实现环境效益[89]；布瑞奇（Bridge）等用位置、景观、属性、空间差异、缩放和空间嵌入等概念性语言来描述和评估低碳能源，系统地解决能源转型的空间问题[246]；柏庆国等构建碳排放限额和碳限额与交易政策下的两类分布式鲁棒优化模型，求解当市场需求分布的期望和方差已知，且制造商生产过程产生碳排放时，制造商的最优生产和减排投资策略[247]。

3）探索新的研究方法以解决低碳约束增加带来的模型求解困难问题，提升策略的精确性。贾比尔（Jabir）等为解决限量车辆路径问题中碳减排与降低成本冲突的问题，构建了多目标优化模型，通过采用混合蚁群最优-变领域搜索启发式算法（ACO-VNS），求解得到了帕累托最优解[248]；阿卜西（Absi）等研究具有周期性碳排放约束的单项批量问题，将碳排放与每个运输模式相关联，提出两种动态规划算法，求解碳排放参数不变时多项式的解[249,250]；李进等引入基于速度的碳排放计算方法，以油耗、碳排放和旅行时间费用最小化为目标，将速度作为决策变量，建立混合整数规划模型，并采用两阶段启发式算法进行求解[251]；戢守峰等研究了存在拥堵和限速的路况依赖下，同时考虑选址-路径-库存联合优化和碳排放的多目标模型，并根据道路类型和行驶状态的不同，将限速和拥堵因素嵌入构建的模型中，对限速函数的设置以社会福利最大化为基准，对拥堵问题给出了 4 级拥堵设置，通过 0-1 变量对其进行规范化处理[252]；唐金环等针对考虑顾客有限"碳行为"偏好的选址-路径-库存联合优化问题，引入环保度系数作为碳排放量的特征向量，在低碳产品加价率存在的情况下，刻画了顾客有限"碳行为"偏好和市场逆需求系数对低碳产品需求量的影响，并分析了顾客行为偏好对企业收益的影响[118]。

2.4.4 资源共享问题的研究

共享问题的研究更多关注负面效应的共同承担和实体资源的合理分配。

杨（Yang）等详细解释了贸易信贷的风险分担问题，明确了企业运营决策、财务约束和多种融资渠道之间的相互作用，研究零售商与供应商如何通过部分共享需求风险来提高供应链效率。研究发现，即使供应商在管理与银行有关的违约时处于不利位置，贸易信贷也是库存融资不可或缺的外部来源[253]。

蒂诺科（Tinoco）等研究协作航运减少运输总量的问题，认为通过将货物捆绑在一起共享相同的运输工具可降低运输成本和二氧化碳排放量，同时采用订单联合补货策略分析每家公司受到合作影响的程度。研究发现，伙伴关系的稳定性依赖于成本分摊协议[119]。

阿尔瓦雷斯-米兰达（Álvarez-Miranda）等针对多个实体之间共享树状结构时如何找到一个最低成本子图的问题，提出了一个基于切分的公式，并设计了两个精确的算法，即基于连通性切割不等式和 Benders 分解[120]。

杨（Yang）等设计全容量成本分摊合同和部分容量成本分摊合同。研究认为，在部分容量成本分摊合同中，零售商仅在制造商的容量水平超过特定阈值时才能实现成本共享，且零售商将分担更多的成本，但容量更少[121]。

哈尔克（Harks）等考虑设施定位博弈的成本分摊，认为参与者必须共同支付已开设的设施并设计成本共享协议，以便实现去中心化且价格降到稳定低值。其中，基本协议保证至少存在一个纳什均衡方案，可找到最优的基本协议和可拆分协议，保证无政府状态时的平稳价格能够随着参与者数量增加，以对数或线性趋势保持同步增长[122]。

近年来，共享资源的属性逐渐从实体变为虚拟。

奥泽尔（Özer）等比较 3 种流行的商业援助流程：信息共享、咨询提供和授权，发现商业援助过程本身会影响客户和供应商的非专业动机，从而产生信任和可信度。因此，商业援助过程会影响合作水平和收益。量化不同援助流程对信任、可信度和渠道绩效的影响可确定这些要素影响的潜在驱动力[129]。

吴（Wu）等通过数据包络分析法将共享资源作为两阶段生产过程的输入，确定每个阶段所固定使用的资源比例，提出了附加效率测度和非合作效率测度。研究发现，在非合作情形中，非线性模型转换为参数线性模型能够有效避免共享资源重复使用，提升资源利用率[123]。

孔拉多（Conrado）等指出，在各组织之间共享资源支持开放式创新环境是科学界一直关注的问题。合并资源信息能够解决公共资源共享问题，或者对传统问题提供更加精确的解决方案，即通过重复使用资源提高信息利用率和信息透明度可为共享资源问题的科学研究提供可靠保证[124]。

克劳福德（Crawford）等旨在促进买方专业人员之间的互动和信息共享，探索劳动力市场信息共享的动机。研究结果表明，分享想法更有可能改善工作效果，就业变化的可能性与同行提供的评级正相关，专业人员的建议在发布时会产生显著影响，市场价格会因此发生偏差[125]。

付（Fu）等针对分散供应链的利润共享契约问题，设计考虑需求属性的Stackelberg博弈模型，根据可用的信息推导供应商最优批发价格、零售商的订单决策及每个供应链的合作伙伴相应利润份额之间的关系，发现在分布稳健的情况下，需求与销售价格之间的相关性与零售商的订单决策没有关系。这使利润分享协议方案结构得到很大程度的简化[126]。

戢守峰等构建基于库存共享与时间服务水平限制的批量订货模型，得到基于时间服务水平限制的分销网络系统总成本最小化方案，并将再购点、订购批量等库存参数同时作为决策变量，以达到三级备件分销网络的成本优化[127]。

王宁宁等针对供应链收益分配过程中零售商往往表现出公平关切行为这一现象，给出模糊市场需求环境下的收益共享契约基本模型，构建了考虑零售商公平关切的收益共享契约模型，并通过模型推导及数值实验分析了零售商公平关切对收益共享契约协调供应链的影响[128]。

2.5 数据驱动优化方法的研究

如果数据不能转化为信息或知识，数据本身是没有意义的，但是如果缺乏数据或没有数据的支撑，信息和知识的决策就会失去根基，发生偏差[254]。

由图 2-6 可以看出数据驱动过程中方法设计的重要性。本节结合本书的研究问题，从以下两个方面总结数据驱动的相关研究方法。

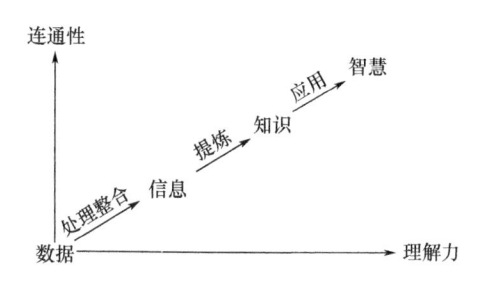

图 2-6 数据驱动演变流程[254]

2.5.1 聚类方法的研究

在不同的应用领域，聚类方法主要用来进行问题描述后的数据处理，并衡量不同数据源之间的相似性[255-257]。例如，雷慕-戈恩（Ramon-Gonen）等提出了一个聚类演化分析模型，解决了随时间变化可能发生的 3 种现象：聚类数量的变化、集群特征的变化、物体之间的群集间迁移。考虑到这 3 种现象，本书使用聚类质心的平均移动方法可以在不同的时间点内找到聚类之间的相似性，并可以通过簇聚类技术检测突出的迁移模式。因此，本书引入了两个新的可视化工具，可以在单个图表中显示整个时间段内的所有聚类[258]。

曼尼（Maione）等设计了一种高效的数据挖掘方法。该方法使用 Silhouette 方法来估计数据中的最佳自然组数，使用 Medoids 聚类算法计算配置文件，并用基于相关性的特征选择方法确定哪些社会标准对于分组配置文件是最重要的[259]。

巴塔拉（Battarra）等设计精确算法求解集群车辆路径问题。研究表明，与有限容量的车辆路径问题类似，客户通过聚类得到分组集合，所有客户都仅访问一次，但是车辆离开访问集合的客户之前，要访问集合中的所有剩余客户。算法基于指数时间预处理方案，通过多项式时间图缩减方案得到整数规划公式，并设计了两个确切算法进行求解[260]。

萨拉赞（Sarrazin）等为检测多个标准下使用相似标准评估替代品，设计了多标准聚类技术，这能够让决策者更好地理解问题结构数据集的优先分区。该技术重点讨论区间聚类的特殊情况，不仅能够在单个或间隔集群中分配替代品，并能够基于 PROMETHEE I 排序方法和 FlowSort 方法保证聚类的收敛性、稳定性和质量[261]。

蒂默（Tumer）等认为，聚类是模式识别问题的一个组成部分，与数据缩减和数据理解步骤相关，并设计了将多个基本集群组合为统一集合的投票聚类法。该方法不仅能够抵御缺失数据，而且不需要在中心位置收集所有数据[262]。

李（Li）等指出，聚类分析是无监督机器学习的重要课题之一。进而，其提出了一种带密度峰的新型聚类算法。该算法基于两个直观的假设：聚类中心的密度高于其邻居、聚类中心与其他密度较高点的距离也相对较大。为了比较距离是否相对较大，算法引入比较密度峰值算法，从树结构的角度对密度峰进行了分析，并总结了两个有助于在密度峰框架下获得良好聚类性能的充分条件[263]。

2.5.2 运输与配送方案优化方法的研究

运输与配送方案优化方法的研究大多集中在模型描述基础上的启发式算法设计。

鲁兹邦哈尼（Roozbahani）等将水资源作为订单进行分配，从经济、环境、社会等因素考虑，构建了一个含有 5 个目标的多目标优化模型，并采用折中算法对集水区案例进行求解[264]。

文森（Vincent）等指出，车辆购置成本是零售商很重要的一项支出，因此考虑将物流服务外包增加成本效益，构建了一个开放流量运输网络的混合整数线性规划模型，以解决开放式车辆路线选择和运输模式混合对接决策，并通过改善邻域结构提升模拟退火算法近似搜索的性能，获得与最优解 0.86% 的差距[265]。

陈（Chen）等针对联合补货问题中不合格项目的最优重新排序策略，考虑运输约束、预算约束和运输能力约束，并考虑在货物装运期间卡车之间不会共享订单数量,设计了二维遗传算法以确定最佳周期长度和重排序频率[266]。

达特纳(Datner)等认为,自行车共享系统的非对称需求问题会导致用户租用自行车和用户返还时空置车位短缺,因此,需要重新定位自行车位置,以平衡不同车站的库存水平。因此,(Datner)等设计了引导式局部搜索算法,以解决停车点状态为空或满时的附近站点需求溢出[90]。

刘(Liu)等针对物流服务集成商在销售季之前,向一个物流服务提供商预定物流服务能力的问题,研究了需求更新的两阶段批量订购策略。该研究构建物流服务集成商的两阶段容量排序策略模型,在决策序列的基础上,同时观测两个时刻之间的需求信号,并设计基于情景分析的枚举算法[267]。

科克(KoC)等为使车辆固定成本、仓库成本和运输成本的总和最小化,通过考虑异构车队和时间窗口来扩展定位路由,提出混合运输能力的整数规划模型,并设计混合进化搜索算法来解决这一问题[268]。

阿德尔曼(Adelman)等采用近似动态规划策略,给出供应商依据顾客不同的边际利润、敏感性进行动态分配的方法,并与基于边界的贪心算法和拉格朗日方法进行比较[269]。

科恩(Cohen)等为降低库存持有成本并确定在促销过程中有限时间范围内每个子时间段的变动促销价格,根据促销效应提出了具有可行区域的需求函数,从而达到最大化零售商利润的目的。该研究通过消费者数据进行测试,发现近似误差在实际应用中甚至比设计分析的范围小,表现出较好的鲁棒性[270]。

李(Li)等考虑分布式制造资源的共享调度环境,提出了一个基于多代理系统的方法来促进多代理之间的竞争与合作,并实现全局最优调度。该方法首先构建两个多智能体系统,然后设计一个共享合同网络协议来支持两个子系统,最后提出了两种启发式算法来解决调度模型[271]。

凯兰(Kellner)等提出通过整合和平衡经济、环境及社会可持续性的方法,选择配送中心,将网络分析法与过程分析法结合起来。该方法基于过程分析法促进网络分析法的决策网络构建,并发现,最优的可持续方案是能够通过网络分析评估计算出来的[272]。

2.6 国内外研究现状评析

本节通过对电商订单分配与配送联合优化问题进一步分解得到 3 个子问题，然后分别从不同角度对子问题进行分类，再对重点文献进行综述和总结，最后结合本书的研究思路和技术路线对国内外研究贡献与不足之处进行详细阐述。

2.6.1 已有研究成果的主要贡献

通过梳理国内外关于电商订单分配与配送联合优化问题的研究文献，对研究问题的学术趋势进行分析，并对已有研究进行分类归纳，可总结出已有研究成果的贡献如下。

1) 刘（Liu）等[21]、王（Wang）等[157]、李（Li）等[158]的研究。对于服务质量优化问题的关注点集中在订单分配方法对供应链管理的影响，刘（Liu）等[165]进一步探讨影响订单分配的相关因素。英格尔（Inghels）等[166]、莫雷诺（Moreno）等[47]、杰丝敏（Jasmine）等[48]通过设计订单分配方案达到优化电商企业决策的目的。伊（Yee）等[42]、董（Dong）等[43]、派克（Park）等[44]、阿朗索（Alonso）等[45]探索通过企业内部结构调整提升服务质量，将服务系统作为整体，分别探讨影响系统功能的构成要素。德奥纳（de Oña）等[171]、佩德拉姆（Pedram）等[172]、德铂（Debo）等[173-174]、徐（Xu）等[175]探索企业外部环境的影响，以推动服务质量升级（主要指消费者的反馈）。此外，平托（Pinto）等[59]、萨（Sá）等[177]、埃博利（Eboli）等[66]、沙伊特（Scheidt）等[178]的研究将服务质量评价体系进行了建模优化。

(2) 舒尔茨（Schuetz）等[91]、尹（Yin）等[180]、阿德尔曼（Adelman）等[269]、莱曼（Mehmann）等[181]的研究对服务能力规划问题的切入点主要集中在服务功能结构设计。马（Ma）等[195]、坎南（Kannan）等[196]、阿卢默尔（Alumur）等[88]、何（He）等[197]的研究以开环供应链、闭环供应链及逆向供应链等多种形式，研究物流服务优化设计问题。戈文丹（Govindan）等[26]、阿卜杜拉（Abdullah）等[27]、扎巴克什尼亚（Zarbakhshnia）等[205]、李（Li）等[206]的研究借助第三方服务能力扩充自身系统的服务能力，设计详细的第三方合作规划方案。

3）已有研究对可持续性优化问题的着手点主要集中在经济、社会和可持续了方面，并且部分学者根据实际情况会对 3 方面各有侧重。阿特金森（Atkinson）等[231]、李（Li）等[64]、王（Wang）等[43]、萨维克（Sawik）等[224]的研究通过成本优化，实现经济目标。贝拉维纳（Belavina）等[116]、科努尔（Konur）[239]、努伊拉（Nouira）等[240]、吉（Ji）等[89]以碳排放量最小化为目标，并将其作为环境效益优化研究的切入点构建非线性规划模型。杨（Yang）等[253]、李（Li）等[271]、蒂诺科（Tinoco）等[119]、阿尔瓦雷斯-米兰达（Álvarez-Miranda）等[120]，将社会效益方面聚焦到资源共享问题，研究方向集中在负面效应的共同承担和实体资源的合理分配。

2.6.2 已有研究成果的不足之处

目前，关于订单分配与配送联合优化问题的研究取得了一定的研究成果，但是仍然存在以下几方面不足。

1）现有文献对于订单分配问题的研究主要集中在快速订单分配算法和分配方案的制定，忽略了订单分配过程作为一个子阶段对下游的配送服务环节的影响，如刘（Liu）等[21]、王（Wang）等[157]、李（Li）[158]、法里鲍兹（Fariborz）等[159]的研究，或者忽略从全局的角度将订单分配与其他环节进行联合优化，如任（Ren）等[160]、托拉比（Torabi）等[161]、杰迪迪（Jadidi）等[162]、罗伯特（Robert）等[164]的研究。现有文献对于配送服务质量的研究大多设定在队列或者网络结构中，并以消费者在结构中的等待时间作为服务质量衡量标准，忽略了消费者历史评价对于配送服务质量的优化意义及数据处理中多维度挖掘算法对决策方案优化的意义，如德奥纳（Dong）等[43]、派克（Park）等[44]、德奥纳（de Oña）等[171]、佩德拉姆（Pedram）等[172]的研究。现有文献对于配送服务质量的研究通常从高质量和低质量两种角度考虑，而现实中的质量分类是较为复杂的，存在一定的模糊区间，即现有研究忽略了配送服务过程中积累的历史数据蕴含更合理的分类[20-21]，造成数据资源浪费，如平托（Pinto）等[59]、萨（Sá）等[177]、埃博利（Eboli）等[66]、沙伊特（Scheidt）等[178]的研究。

2）现有文献对于"最后一公里"配送问题的研究为各方共识，但已有研究尚未结合收货方的历史数据驱动和配送服务质量偏好的分析，且忽略了个性化规划解决方案更有利于提升收货方体验，如尹（Yin）等[180]、莱曼（Mehmann）等[181]、阿尔哈提卜（Alkhatib）等[14]的研究。现有文献对于物流服务能力的研究范畴大多强调设计而忽略其中蕴含的动态博弈过程，即重自建、轻外包，如亚伊拉（Yayla）等[39]、戈文丹（Govindan）等[40]、阿卜杜拉（Abdullah）等[41]、扎巴克什尼亚（Zarbakhshnia）等[205]的研究。现有文献关于消费者随机行为对电商配送服务能力的影响方面研究不足，如何（He）等[197]、拉希米（Rahimi）等[198]、吉瑞（Giri）等[217]的研究。随着"互联网+"的兴起，消费者行为的变化对电商物流决策具有潜在性的影响，统计数据表明，将近95%的消费者并没有绝对的购买意愿就进行了网购，导致订单的撤单量为成交量的4倍[273]。假设物流业务全部外包，而现实中决策环境复杂多变，决策者运作方法应更具灵活性[80-87]。以往研究对物流配送服务能力划分不清晰，如坎南（Kannan）等[196]、阿卢默尔（Alumur）等[88]、甘（Gan）等[203]、桑蒂尼（Santini）等[204]的研究。

3）现有文献对异地多仓环境下订单分配与配送问题的研究还很少见，缺少系统的优化设计方法和框架[166,167]。现有文献对于异地多仓问题的研究主要集中在路径调度算法设计，如英格尔（Inghels）等[166]、斯蒂迪赛菲（SteadieSeifi等）[22]、泽亨德纳（Zehendner）等[167]的研究，缺乏战略层、战术层到运作层自上而下的优化设计[60-72]。现有文献对可持续性优化的研究过于注重多目标求解，现实情况下三重底线的目标在企业决策中不会全部占据同等重要的位置，在决策方案中以经济效益、环境效益和社会效益作为战略层分别进行决策优化更具有可行性，如李（Li）等[223]、阿扎迪（Azadi）等[100]、迪亚巴特（Diabat）等[101][102]的研究。

2.6.3 已有研究成果对本书的启示

根据已有研究文献的贡献与不足,本书总结相关研究理论,并给出相关启示。

1) 已有研究成果对服务质量优化问题缺乏数据驱动视角的探索。因此,本书借鉴已有文献中关于订单分配与配送问题的相关研究,如派克(Park)等[44]、王(Wang)等[157]、罗伯特(Robert)等[164]、刘(Liu)等[165]的研究,提出电商"最后一公里"的配送服务质量优化模型,并根据数据驱动下服务质量评价与质量感知问题的已有研究成果,如沙伊特(Scheidt)等[178]、阿尔哈提卜(Alkhatib)等[14]、巴伦(Baron)等[70]、张(Zhang)等[71]的研究,以解析收货方反馈历史数据为出发点,从收货方对配送服务质量行为偏好的角度进行聚类分析和模型优化。参考已有研究对数据驱动下服务质量优化问题的研究思路,如派克(Park)等[44]、阿朗索(Alonso)等[45]、德铂(Debo)等[173]、徐(Xu)等[175]的研究,在收货方的配送服务质量偏好约束下,本书建议决策者以优化质量成本为目标,对可用配送资源进行非线性混合整数规划。本书根据统计学"记忆性"概念,将聚类分析的结果按收货方偏好归纳为"无记忆"型收货方、"记忆"型收货方、"总体"收货方及"不确定"型收货方 4 种逐级放松的特征类型,得到不同质量偏好约束下的收货方个性化分配方案。

2) 已有研究成果在服务能力优化研究过程中,重视自建物流能力决策。已有文献中关于借助第三方进行服务能力扩充的研究。例如,阿卜杜拉(Abdullah)等[41]、扎巴克什尼亚(Zarbakhshnia)等[205]、史(Shi)等[207]、苏尼加(Zúñiga)等[209]的研究强调了外包已成为企业寻求更高效益的重要决策方向,并将外包市场参数有效整合到决策过程中,具有更实际的意义。基于此,根据已有文献关于数据驱动下物流服务供应链设计优化的相关研究,如马(Ma)等[195]、坎南(Kannan)等[196]、何(He)等[197]、拉希米(Rahimi)等[198]的研究,本书将研究思路立足在电商配送能力部署的战略层面,并依据决策环境的变化设计不同情形下的模型。关于电商运作决策过程,本书借鉴已有文献中关于数据驱动下服务系统的功能结构优化的相关研究,如舒尔茨(Schuetz)等[91]、德雷登(Defryn)等[82][83]、王(Wang)等[84]的研究,通过嵌入撤单率这一要素,探讨服务外包市场不确定性对电商配送外包决策的影响,构建考虑消费者撤单行为的电商配送服务能力自建与外包博弈决策模型,并通过分析得到不同合作强度的能力决策方案。

3) 已有研究成果对共享数据驱动下电商订单分配与配送可持续性联合优化研究缺少系统性的研究框架。根据已有文献关于数据驱动下可持续性优化问题的相关研究,如迪亚巴特(Diabat)等[101][102]、萨维克(Sawik)等[224]、本德尔(Bendul)等[51]的研究,本书以可持续性优化为基本结构。经济方面,借鉴已有文献关于成本优化问题的相关研究,如曹(Tsao)等[232]、刘(Liu)等[94]、伊斯干达波尔(Eskandarpour)等[234]、戈文丹(Govindan)等[235]的研究,对于异地多仓环境下物流配送信息共享平台上从订单接收到订单交付的运营过程,考虑车辆与订单货物的匹配,构建随机需求下物流系统成本优化模型,同时从仓库开放过程、运输过程和容量损失过程进行成本核算,构建随机需求下包含取货和送货环节的物流共享平台成本优化模型。环境方面,借鉴已有文献关于低碳优化问题的相关研究,如本贾法尔(Benjaafar)等[237]、金(Jin)等[238]、阿布西(Absi)等[242]、贾比尔(Jabir)等[248]的研究,根据异地边际碳减排成本的差异,构建具有多重减排因子的非径向距离函数,设计碳排放总量的评价指标及其动态变化指标来衡量碳排放绩效。社会方面,借鉴已有文献关于资源共享问题的相关研究,如杨(Yang)等[253]、蒂诺科(Tinoco)等[119]、阿尔瓦雷斯-米兰达(Álvarez-Miranda)等[120]、杨(Yang)等[121]的研究,认为企业间可以通过动态共享模式增加资源的利用效率,并进一步研究何时加入共享及以何种形式为共享系统提供服务,并且认为,在配送资源闲置时,共享平台应即时为其分配客户订单,使得实现共享公平服务更具有现实意义。

2.7 本章小结

本章针对订单分配与配送联合优化问题的研究现状,对研究问题分别从服务质量、服务能力和可持续性3个视角进行总结，并从订单分配与配送问题的研究，数据驱动下服务质量优化问题的研究，到数据驱动下质量评价与质量感知问题的研究，对订单分配与配送质量联合优化问题的相关研究进行归纳梳理，启发本书从消费者视角优化电商订单分配与配送质量；通过总结数据驱动下服务系统的功能结构优化的研究，数据驱动下物流服务供应链设计优化的研究，借助第三方进行服务能力扩充的研究，启发本书考虑消费者随机撤单行为存在情况下优化电商订单分配与配送能力，制定考虑自建与外包的服务能力策略。对于电商订单分配与配送联合优化问题的相关研究，本章先对数据驱动下可持续性优化问题的研究进行梳理，再从成本优化问题的研究、低碳优化问题的研究和资源共享问题的研究3方面研究实现可持续性优化，同时给出本书数据驱动过程中涉及的聚类方法、运输与配送方案优化方法的研究综述。针对本书的研究问题，本章对相关研究文献进行分析与梳理，进一步阐述研究问题的意义，更加清晰分析现有研究方法及需要深入研究的方向，为后续章节的研究奠定基础。

第 3 章　理论基础与研究框架

本章根据第 2 章对已有文献的综述与总结，借鉴已有研究方法，设计出本书研究问题的理论分析框架，并针对研究内容，探讨田口方法的概念与内涵，作为分析研究问题的理论基础，再结合消费者偏好理论、牛鞭效应理论和可持续发展理论共同构成研究的支撑框架。

3.1　田口方法

为使企业产品的质量可靠性高、稳定性强、外部噪声扰动下质量参数的波动性小，田口玄一博士设计了田口方法[274]，以达到产品抗噪声能力更强的目的。田口方法立足在企业质量管理的战略层面，深入产品的生产设计环节，全面考虑产品质量、运营成本及生产效益之间的函数关系，是实现低成本投入、高品质产出的质量设计方法[275]。

3.1.1　田口方法的基本思想

田口质量管理不同于传统质量管理的概念。传统质量管理依据行业和企业内部战略的相关规定和要求，通过控制产品生产、运营或服务，以保证生产过程的顺利实现[274]。如图 3-1 所示，田口质量管理方法强调通过产品投入的控制达到全局范围内输出损失最小，其中输出包括经济效益、社会效益等方面。田口博士认为："质量是对损失的一种度量方式。"[274]下面从 3 方面描述田口方法的基本思想。

1)"源流"思维模式。田口方法认为，产品的整个生命周期是一个循序渐进的结构，任何一个子环节都存在"上游"阶段。因此，为了优化产品投入市场后的反馈效果，应该抓住上游的产品设计阶段，即优化设计是产品进入消费者市场的质量保障和管理源头。抓好上游管理，下游的管理就有因可

第 3 章　理论基础与研究框架

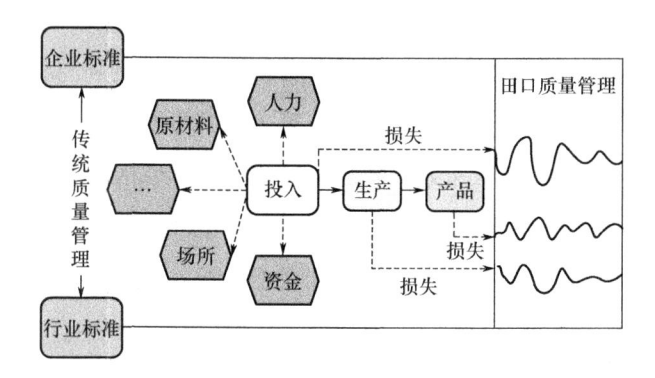

图 3-1　两种管理模式的对比

循，如果上游设计的质量水平低，下游的产品运营能力和目标反馈效果都不会太高。

2) 细化产品设计阶段，将产品的设计过程进一步划分为 3 个子阶段，即系统设计、参数设计和容差设计。系统设计指的是将外部质量标准与系统内部结构相结合，明确系统优化的可行性参数。系统设计可通过聚类分析和数据特征提取等数据挖掘方法明确优化设计的参数。参数设计是田口方法的关键步骤，是实现产品性能稳定性的重要保障。各种参数相互配合可达到系统优化的总目标。容差指的是从经济视角描述质量参数值的波动范围，容差设计是一种质量评价和质量反馈的可视化形式。

3) 用误差模拟各种干扰因素，提高反馈效率和实验可行性，增加产品检验设计的科学性。田口方法注重输入成本与输出质量的平衡性，故在容差设计阶段引入质量损失函数，以能够及时观测到质量和成本之间的平衡关系。各种参数预测误差的拟合效果描述了干扰波动的可视化效果，为管理者提供实时的决策参考和决策反馈。

3.1.2　田口方法的参数设计

外部噪声和内部噪声的客观存在导致产品质量性能参数曲线偏离目标值，且随着时序发展围绕目标值上下波动，即使是性能完备的产品设计，也不能达到与质量目标值完全吻合[276]。其中，参数波动性较大体现出产品设计的性能不够稳定，产品抗噪声敏感性不强。即使产品满足质量规定的相关要求，依据田口方法,其依然不属于高质量的产品[277]。

为从根本上解决内部噪声和外部噪声共同干扰导致的质量性能波动问题,决策者通过参数反馈,迅速捕捉到历史决策在市场的表现效果和消费者的需求趋向,设计出消费者反馈效果好、企业预付成本低、性能稳定的产品[275]。针对扰动控制问题,田口方法重点从参数设计角度进行切入,在充分考虑噪声存在的基础上,能够以最低的成本,设计出产品质量功能相对稳定的参数集合,确保商品满足消费者的质量期许。参数设计按照质量评价的组织形式可以分为3种类型[278-279]。

1) 明确的公式与定理形式。此时的参数设计按照正交表进行参数提取,由公式直接推导出具体的质量参数特征值,据此进行评估,而不是根据目标值去调整样品达到某一参数值。

2) 实验验证形式。这种形式的质量参数无法通过定理或者公式进行推导得到明确的表达值,而需要通过产品设计过程中不断实验得到一批基础实验数值,再通过统计方法进行评估和检验,评价和确认最佳参数组合。

3) 误差评价形式。通过误差评价质量是一种逆向评价思维方式。参数设计需要考虑3种形式的误差干扰,即内部噪声、外部噪声和混合噪声。在参数设计过程中,通过考虑误差来衡量设计的抗干扰能力,是衡量质量稳定性和可靠性的最有效方式。

3.1.3 田口方法的数据驱动属性

田口方法立足质量观,通过优化内部设计的方式提升系统能力,达到效益的优化[280]。田口方法在实现过程中,通过质量反馈信号及时调整内部决策方案、控制成本投入,为消费者提供满意的商品[275]。这种优化管理方法最原始的驱动力来自数据信号,因此,田口方法在本质上具有数据属性。图3-2描述了基于田口方法的研究框架。

1) 田口方法实施的前提条件。在数据集较小时,如在 $O(n)$ (即"前提条件-设计思路-目标实现")、$O(n^2)$ 或 $O(n^3)$ 级别的多项式复杂度下,机器学习和数据挖掘算法在现有技术平台下都可以有效地发挥作用。但当数据规模增

第3章 理论基础与研究框架

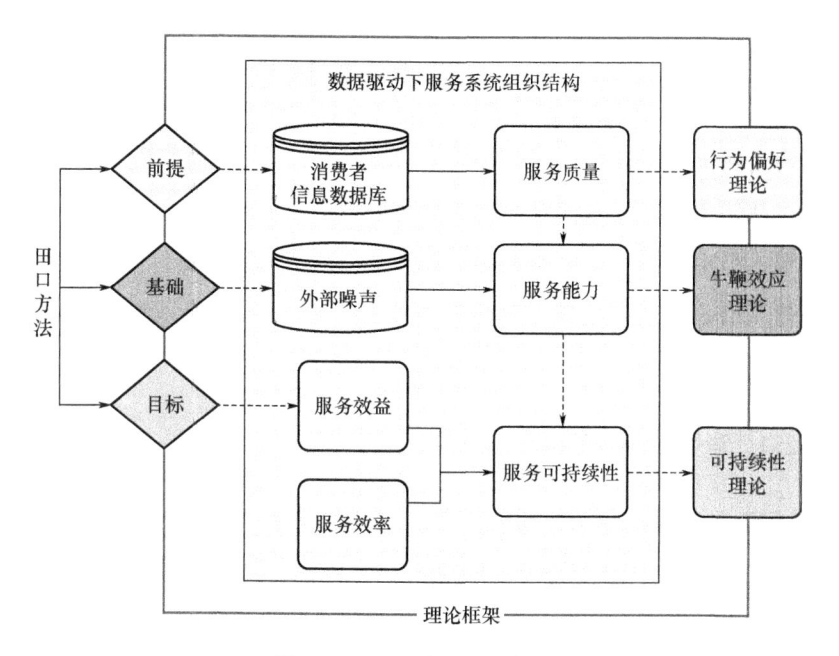

图 3-2 田口方法研究框架

长到 PB 级别时，这些现有的串行化算法将花费难以接受的时间，使得误差范围表现异常。

2) 田口方法的设计思路。不同设计参数产生不同级别的牛鞭效应，及时反应噪声作用下的系统质量性能变化，是重要的决策时机提示。将田口方法结合供应链管理问题可发现，供应链的上下游之间衔接环节越多，越容易造成预期的质量偏差，每个节点偏差向下游积累，到终端消费者订单交付时，质量偏差已经放大了数倍。那么，通过对质量误差进行监控，能在一定程度上避免或控制质量偏差放大，及时做出响应决策，将偏差控制在一定的阈值范围。

（3）田口方法的目标实现。田口方法通过反馈方式实现优化设计的理念，符合消费者和电商企业之间的逻辑关系，利于电商企业依据田口方法实现消费者质量评价和质量体验的优化。对反馈信号迅速做出决策，符合反馈补偿原理，能够使信号特征波动最小化，达到电商企业控制质量稳定性的目的。

正因如此，本书基于田口方法，分别深入探讨消费者偏好理论、牛鞭效应理论和可持续发展理论，形成研究的理论框架。

3.2 消费者偏好理论

电商企业决策者在消费者需求和产品结构设计之间面临着日益复杂的挑战。通过认知消费者需求偏好，能够简化决策的复杂过程，直接将大量数据以信息的形式呈现。因此，电商企业决策方案与消费者根据喜好参与的经济活动有着千丝万缕的联系，挖掘行为偏好对于企业掌握需求信息和决策支持至关重要[281]。

3.2.1 消费者偏好的概念与分类

"效用"是对事物积极作用的一种描述，但是量化性较差。因此，保罗·萨缪尔森在1938年扩展了边际效用理论[282]，提出消费者偏好理论。消费者偏好理论被经济学家进一步扩展，形成消费行为的主要理论。消费者行为理论能够较好地描述消费者需求选择行为。行为偏好[283]的广义范围指人们在生活中表现出来的选择态度及具体的活动方式；狭义范围指经济学概念，如消费者的需求选择倾向和商品喜好等，具有主观性、随机性和传递性。基于这些概念，本书关注需要偏好[284]和习惯[285]，考虑商品要求数量与偏好程度具有正相关性[44]。可将偏好类型根据消费者偏好呈现的稳定程度进一步划分为3个层次类型。

1) 消费者的偏好表现出随机性、不稳定性和模糊性，即消费者的喜好是无规律可循的，企业决策者无法通过制定方案满足这部分消费者的需求，即消费者的偏好模型无法通过数学形式描述。然而，由于这种无规律性导致这部分消费者对自己的偏好习惯没有明确认知，且容易受到外界环境的影响，所以企业只能通过让利行为吸引这部分消费者。

2) 消费者的偏好表现出有限理性，即消费者不是毫无规律地随机选择喜欢的商品，对其购物数据进行量化统计和数理分析能够得到一定的规律和启示。企业决策者可以依据消费者的需求选择历史数据，设计一系列营销策略，更有效地满足消费者的需求。消费者对自身的偏好和兴趣不能完全准确认知，但是能够一定程度地把握、选择偏好。有限理性令消费者能够相对客观看待喜好范围内的商品，采纳和接受合理的消费意见和专业指导。

3）消费者的偏好清晰，稳定性强。这种类型的消费者数量相对较少，因为需要具有一定的专业背景，而他们往往更具有理性和客观性，属于决策型偏好。这部分消费者能够依据客观环境和需要决定是否选择和选择什么，即偏好引导选择，但是却并不一定清楚地意识到自身具备的战略性。因此，如果这种类型的消费者一旦接受了不符合偏好的选择，最终会导致消费者反馈为"不满意"或者"差评"。所以企业面对这种类型的消费者，应该以消费者偏好为导向，抓住需求的关键要素。如果不符合这种类型消费者的偏好，则企业应该尽量拒绝消费者的订单请求或者引导消费者拒绝，避免消费者主观错误的决策导致企业形象受损。

3.2.2 偏好驱动的决策框架

随着大数据分析时代的到来，消费者数据采集已经渗透到日常活动，手机等移动终端能够搜集到越来越细化的消费者行为数据，经营者也能更全面地了解消费者的需求和行为[71-72]。确定分析消费者偏好的方法对于电商企业捕获需求信息具有深远影响[59]。

如图3-3所示，在传统决策框架中，将消费者产生的数据集合进行统计，得出需求商品喜好，决策者再根据喜好确定方案。然而，数据驱动决策更注重商品喜好背后的数据特征，因此本书将数据特征融入决策支持方法，实现数据驱动决策的过程。两种决策流程说明，消费者偏好启发决策时，存在流程方面的交集和关联。从传统决策到数据驱动决策的演变得益于多属性决策支持工具的开发与设计。基于此，通过评估消费者偏好的数据特征，可得到先验的商品喜好估计，再进行后续检验，实现完整的闭环决策过程。传统决策注重消费者具体偏好的商品属性，而数据驱动决策注重数据属性[39,58]，即将商品和消费者都以数据的形式进行描绘，通过分析数据属性之间的相互关系得到决策方案。

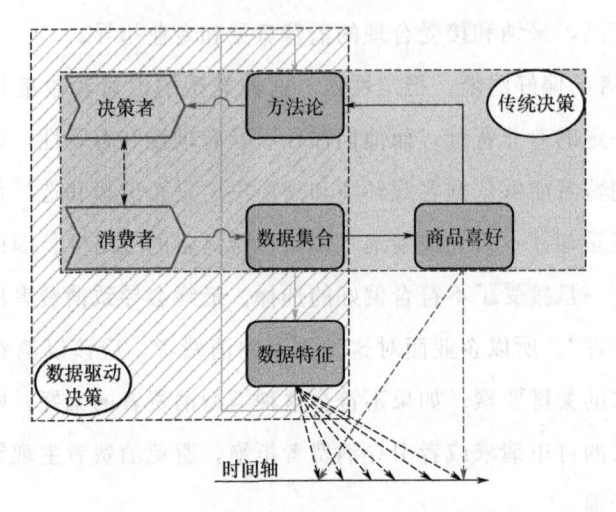

图 3-3　基于消费者行为偏好的决策框架

3.3　牛鞭效应理论

牛鞭效应（Bullwhip Effect，BWE）指订单信息在供应链顺序传递时表现出的需求误差逐级递增的现象。牛鞭效应可造成预期总成本增加，盈利能力下降，库存持有成本增加，干扰供应链管理决策的实施效果。牛鞭效应是对不确定性问题的一种描述形式，是现代供应链管理研究中广泛关注的理论。

3.3.1　供应链管理中的牛鞭效应

牛鞭效应理论一个重要的研究方向是证实牛鞭效应的存在性并找出其可能的原因。供应链层次及节点数量也是需求信息传递的节点数量，显然，传递的中间节点越多，误差产生的可能性就越大[286]。事实上，供应链中间节点减少与牛鞭效应减少存在正相关性[287-291]。这促使决策者会降低渠道参与节点的数量，缩减供应链的层级。直销渠道和"戴尔模式"等应用已被证实是能够缓解牛鞭效应的有效策略。

对于电商企业而言，信息平台化更有利于各节点通过共享和合作等方式对信息流实现全局控制。牛鞭效应作为噪声的一种描述方式，在电商订单配送站节点与交付节点中表现明显，如图 3-4 所示。消费者通过电商平台选购心仪的商品，这一过程背后需要电商企业提供有力的服务支撑。一方面,消费者订购的商品信息通过订单分配系统传输到数据库,以信息流的形式分别由各子系统接收并处理,共同构成电商虚拟数据层。另一方面,订单分配系统与物流配送系统存在终端连接,订单分配的各子系统分别对应物流配送子系统的各节点,节点接收控制信号共同协调运作,完成订单的交付流程。其中,物流配送系统的每个供货节点、仓库节点、配送站节点和交付节点共同构成电商实时执行层。在每个信息控制的分配节点上,都存在着一定程度的信息失真和扭曲现象,并且从供应链上游到下游表现出现象的放大化。

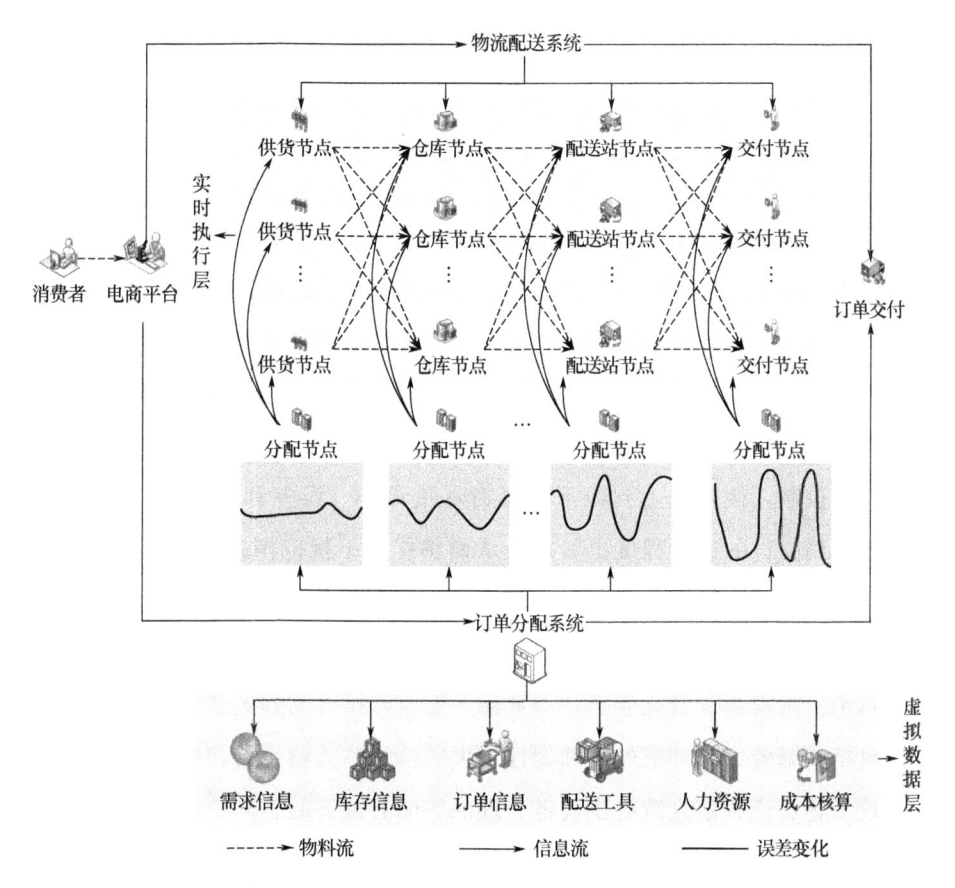

图 3-4 订单分配与配送联合系统的牛鞭效应

3.3.2 牛鞭效应的扰动控制

信息延迟与缺乏共享是造成供应链牛鞭效应的根本原因。供应链管理过程不可避免会受到不确定性因素的干扰。制定有效的供应链管理方案，降低不确定性因素对企业决策的影响程度，能够提升企业竞争力[286-287]。

不确定性具有多种表现形式，电商供应链中4个关键环节（供货、库存、配送和交付）共同构成了不确定性组合系统[292]。显然，最大限度地降低每个环节的不确定性能够提高企业竞争优势、扩大市场份额、树立良好的企业形象。为缓解不确定性导致的信息扰动和扭曲，需要全面分析产品交付流程。供应链起始端的生产制造环节、中间的运输分销环节、末端的订单交付环节，虽然都是为满足消费者订单需求，但是都存在着不确定性影响要素[293]。传统供应链管理中，不确定性可以描述为交付端与供货端之间信息节点与空间距离的正相关函数[290]。对于消费者而言，越往上游延伸，"牛鞭效应"越显著，随着信息扭曲向上游传导，供应链的层数递增呈现动力学扰动放大现象[286]。

产品交付流程不确定性问题能够通过有效的管理手段得到缓解，如图 3-5 所示。本书将控制强度分为4个等级，即无控制、弱控制、有效控制和完全控制。随着控制强度的不断增加，供货到交付的时间间隔越来越短，信息扭曲程度和订单误差也越来越小，甚至在完全控制状态下可以达到零，但是这种情况是理想状态，现实情况很难达到。因此，电商企业应该尽量达到供货和交付流程的有效控制，使得线上到线下的延时尽量最小，误差和信息传递的效果最佳，供货到交付的连接程度更紧密，从而将扰动干扰范围控制在最小的状态，提升企业运营的控制力。通过科学的管理手段实现供应链中牛鞭效应的控制，能够使消费者线上购买体验更贴近线下，提升服务体验，促使消费者减少随机撤单行为，进而树立量化的企业服务能力形象，扩大品牌效益[286]。

可见，降低每个环节的不确定性对供应链的整体稳定有积极影响。这种影响造成了物料流和信息流对供应链管理的影响有显著的不同。信息对供应链的稳定控制至关重要，而物料流直接影响供应链的响应速度。在供应链中，有效的扰动控制不仅降低了牛鞭效应的干扰，而且也使响应时间得到极大的改善，提升了配送服务和库存管理水平。这种供应链控制结构有利于减少交付时间，降低信息复杂度。

供应侧到需求侧的不确定性主要来自供应链的中间环节[290]。为应对中间

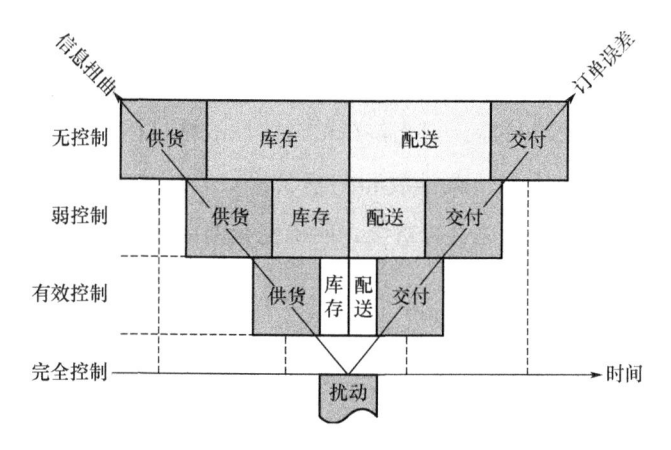

图 3-5 供应链管理中的牛鞭效应控制

环节带来的这些挑战，本书设计了以下方案。首先，决策者应用精益思想缩短交付周期，通过合理的配送服务方案或者库存管理机制改善服务能力，提高服务质量水平。其次，执行者加强各环节部门的紧密合作，实现采购、供给、运输和配送等服务合作计划，借助第三方的服务能力，通过信息共享增加各部门的整体性和协调性，提升服务系统的稳定性和确定性。最后，管理层应转向注重供应链的内部结构设计，通过内部系统的重新部署和系统之间的有效联合，尽可能地实现供应链运作效率的改进。

此外，对于电商服务系统而言，供应侧的稳定性直接受到输入订单信息的影响。例如，订单接收后已经进入处理环节，但由于需求不确定性等各方面的原因导致订单被撤销，则已经投入的订单处理成本势必造成企业的损失，这需要决策者对输入端的订单信息做出甄别和筛选，或者掌握不确定性输入的规律，制定有效的机制降低订单信息变动带来的风险。

3.4 可持续发展相关理论

物流系统对电商企业来说至关重要，物流系统的优化发展能够改善整体的财务绩效、环保绩效和社会评价。与电商订单分配与配送资源可持续性优化问题相关的可持续物流服务供应链管理、低碳供应链管理和共享经济发展模式[95-97]，共同形成联合优化问题的研究框架。本书从经济、环境和社会3方面，明确优化方向，确定衡量联合优化的绩效指标。

如图 3-6 所示，经济效益、环境效益和社会效益三者之间相互交叠的领域为可持续发展的战略目标。据此，在可持续性战略目标的指引下，设计 3 个具体的衡量要素——成本、碳排放和共享公平，并以这 3 个具体要素为切入点，与订单分配和物流配送进行对接，明确优化问题的研究方向。

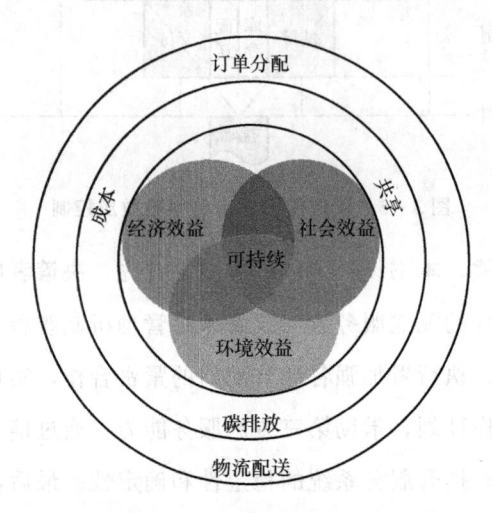

图 3-6 电商订单分配与配送的三重底线核心目标

3.4.1 可持续物流服务供应链管理

可持续物流服务供应链管理的发展与市场竞争环境、经济因素及环境因素等有关[69,98-102]。电商企业应用可持续物流服务供应链的实践动机主要分为两类：主动式和反应式。企业能够主动实施可持续物流服务的根源是节约成本，更好地提升竞争优势，提高环境绩效[57,64,231]。反应式与区域性的立法强度相关，也可以理解为如果部分企业日常运营中不采用可持续物流服务供应链相关的管理方式，如违反税收政策等[242-247]，将会受到严重惩罚。可持续物流服务供应链管理不断地将有利于满足需求、符合环境保护及有社会效益的参考要素纳入物流服务供应链管理决策之中。因此，可持续物流服务供应链管理对提高企业营利能力至关重要，是更加长久的战略目标[58,234-235]。

按照物流的运作流程进行分析，可持续物流服务供应链管理不仅考虑物流执行阶段,而且分别在物流执行的上游和下游都有所延伸,既要考虑物流配送的订单如何分配,又要考虑将订单与消费者进行交付的效果[51,208,113-116]。物流配送网络作为一个子集合,在电商运营过程中发挥着至关重要的作用,因此其管理导向对于电商企业的经济效益、环境效益和社会效益都有深远的影响[99]。订单分配方案直接与物流服务供应链建立虚拟联系,也可以理解为物流服务供应链的运作过程是对订单分配方案和服务效果的实践检验。因此,在管理过程中,企业应该重视订单分配方案的制定,注重分配效率、分配成本、分配方案的碳排放绩效及分配方案的预期反馈等。值得注意的是,细节规划更具可行性和科学性,减少分配方案产生的牛鞭效应,降低预算误差,对于电商企业实现物流服务供应链的可持续性优化是十分必要的[99-102]。同样地,订单交付过程作为物流服务供应链终端操作,不是一个点式概念,而是要从交付的时间节点到其后续的一段时间内,形成消费者对物流配送服务的质量反馈。反馈效果不仅决定了企业形象的定位,而且为物流配送服务和内部组织结构提供改进的参考依据和评价依据,决定消费者是否会选择体验二次服务[99]。

总之,可持续物流服务供应链管理包含了系统性和服务性双重属性,具体地说,既含有物流配送系统的经济效益、环境效益和社会效益优化管理,又包含了消费者使用物流服务的稳定性和持久性管理。

3.4.2 低碳供应链管理

经济、环境和社会3方面构建的可持续发展的目标之一是对低碳供应链的整合,从而共同推动环境效益在供应链运营管理的深入[109-111]。订单交付过程中,碳排放在采购、运输和库存等环节需要科学管理和决策规划[112-116],因此需要电商决策者更加关注低碳供应链管理,以降低订单配送对环境造成的碳排放负担。人们普遍认为碳排放是全球变暖的主要原因[236,241]。面对环境威胁,各国政府均对因电商企业蓬勃发展而兴起的物流产业表示担忧,所以电商企业正在积极地采取行动减少碳足迹[89]。这些积极的措施主要集中于直接减少碳排放,例如,企业替换了资源利用率低的设备和机器,寻找清洁能源,制定节能目标等。虽然这些措施对碳排放的控制是有效果的,但是他们显然忽略了商业活动和经营决策造成的潜在碳排放源[89]。例如,降低供货频率比提高运输车辆的能源使用率对碳排放的影响更大,对于仓库和车辆设施位置定位的选择,以及供应商的筛选、运输模式的选择等,都会对碳足迹产生不同程度的影响。

低碳供应链管理不仅注重直接碳排放,而且更注重供应链中企业内部决策及不同企业之间的相互作用因素。但多种因素导致企业的决策行为只瞄准自身经济利益,忽略与外部的合作,更不可能采取措施减少供应链的碳排放量[236-241]。例如,对于需要短期发货的大批量订单,企业只能增加库存,进而增加了库存管理的碳排放;对于特殊的运营模式(如冷链)的碳足迹会明显加重。供应链中不同企业之间加强协调虽会减少碳足迹,如为同一消费者服务的不同电商企业之间的联合运输,能够通过订单合并的方式减少运输过程的碳排放[243]。因而,在低碳供应链管理中,减少碳排放不能够忽略供应链的成员合作[242-247]。

3.4.3 共享经济发展模式

共享经济[294-296]是一种经济模式,通常被定义为基于P2P(Peer-to-Peer)平台获取、提供或共享商品和服务的行为活动。随着"互联网+"的出现及大数据的发展,资源所有者和资源需求者更容易实现资源与需求的对接[297]。这种信息的迅速动态对接也被称为共享经济。新时代下的共享经济使个人和团体能够通过科技平台使用未被充分利用的个人资源,从而实现需求满足和营利。通过这种方式,资源得到共享,需求实现二次对接,形成服务[298],如Lyft和Uber等汽车共享服务。根据布鲁金斯研究所提供的数据,私家车有相当长的时间是被闲置的[299]。共享经济在过去几年中不断发展演变,已然成为一个包罗万象的术语,泛指在线经济交易活动,也包括B2B(Business-to-Business)的经济互动[123]。在共享经济发展模式中,核心支撑要素就是共享平台,而新环境下共享平台的实现形式更加丰富。例如,工作业务合作平台为自由职业者、企业家等提供匹配的工作机会[129];点对点贷款平台,允许个人通过传统信贷机构实现便捷借贷[216];网约出租车平台,为需要车辆的雇主和附近出租车司机提供预约订单服务[299]；等等。有研究预计，共享经济的规模将从2014年的140亿美元增长到2025年的335亿美元[300]。

新共享经济下应运而生的"一带一路"倡议正在世界范围内引起广泛关注，"一带一路"沿线各国政府纷纷表示愿意参与[89]。"一带一路"背后蕴含的科学内涵就是共享思维，即通过搭建一个全球化的物资信息大平台实现全球范围内的需求对接，其成功搭建得益于始终秉承共商、共享、共建的原则。从2016年开始，"一带一路"建设重点在公路、铁路、港口等基础设施领域大量开展[89]。"一带一路"倡议全面填补基础设施缺口，加速亚欧大陆各国的经济增长。

共享经济下共享公平性问题是不容忽视的[301]。在供应链管理中，需要设计公平度量的标准来确定用户或网络客户端是否获得系统资源的公平分配。新的共享规则或公平资源分配机制应具有动态性，能够适应共享平台的结构变化和资源变化。总之，资源共享有利于资源的合理分配和有效利用，提高社会效益，因此，共享经济的发展依然面临着无限的机遇与挑战。

3.5 研究框架

针对数据驱动下电商订单分配与配送联合优化问题研究可构建解决问题的研究框架，如图3-7所示。

在图3-7中，数据驱动下电商订单分配与配送联合优化问题的研究要关注3方面，即B2C模式下消费者相关的数据资源、B2C模式下电商企业服务系统的联合方式、数据驱动下电商企业的联合优化模型。利用B2C模式下消费者相关的数据资源，主要提取收货方数据、撤单数据和共享数据，并分别给出数据的相关参数描述。利用B2C模式下电商企业服务系统的联合方式，将订单分配系统与物流配送系统相关联，进一步依据田口方法，明确B2C电商企业服务系统优化的前提基础、基本保障和优化目标，并分别根据消费者偏好理论、牛鞭效应理论和可持续发展理论，明确服务质量、服务能力和服务可持续性为联合优化的立足点。在上述分析基础上，针对数据驱动下电商企业的联合优化模型分别构建收货方偏好数据驱动下电商订单分配与配送质量联合优化

```
                数据驱动下电商订单分配与配送联合优化问题研究
                              │
        ┌─────────────────────┼─────────────────────┐
B2C模式下   │                 │                     │
消费者相关  收货方数据        撤单数据              共享数据
的数据资源  │
        └─────────────────────┼─────────────────────┘
                              │
        ┌──────────────────────────────────────────┐
        │         订单分配系统      物流配送系统    │
B2C     │              └──────┬──────┘             │
模       │                  (田口理论)              │
式       │                    │                     │
下       │    ┌───────────────┼───────────────┐    │
电       │  前提基础  →  基本保障  →  优化目标    │
商       │ (消费者偏好理论) (牛鞭效应理论) (可持续发展理论) │
企       │    │               │               │    │
业       │  服务质量  →  服务能力  →  服务可持续性 │
服       │                                          │
务       └──────────────────────────────────────────┘
系
统       ┌──────────────────────────────────────────┐
的       │ 收货方偏好    撤单数据驱动    共享数据驱动 │
联       │ 数据驱动下    下电商订单分    下电商订单分 │
合       │ 电商订单分    配与配送能力    配与配送可持 │
方       │ 配与配送质    联合优化模型    续性联合优化 │
式       │ 量联合优化                    模型         │
        │ 模型                                       │
数据驱动下
电商企业的
联合优化
模型
```

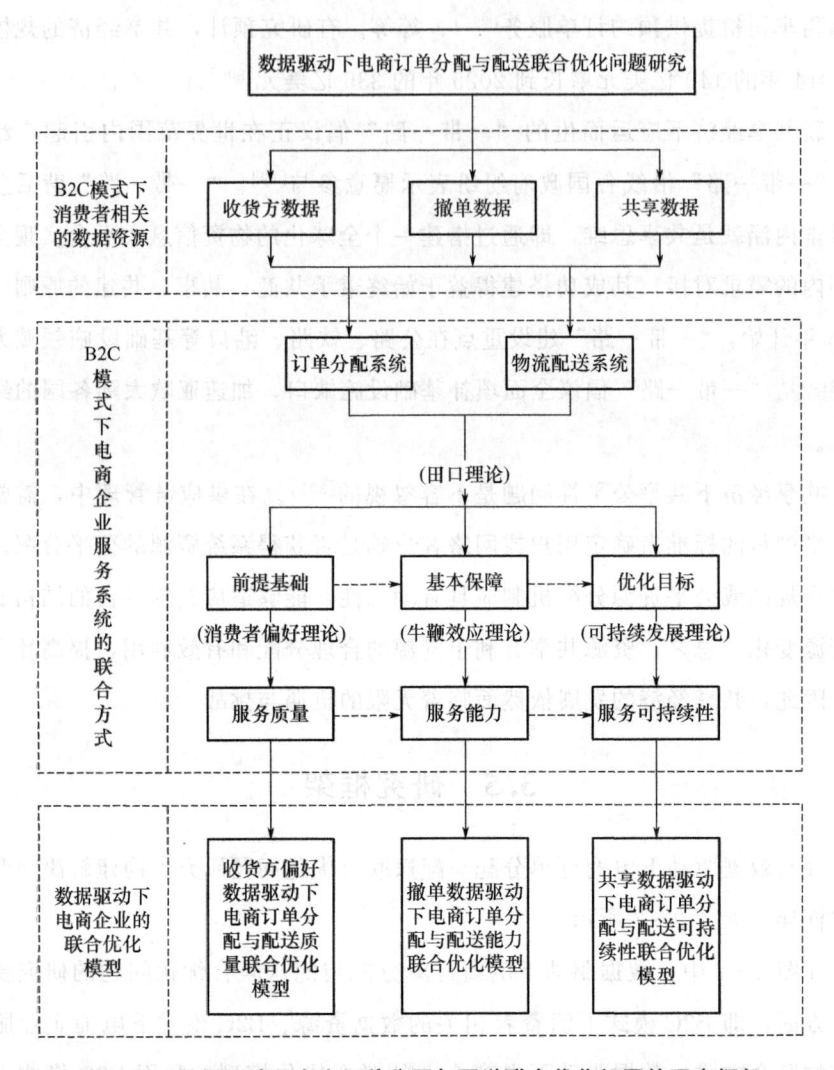

图 3-7 数据驱动下电商订单分配与配送联合优化问题的研究框架

模型、撤单数据驱动下电商订单分配与配送能力联合优化模型、共享数据驱动下电商订单分配与配送可持续性联合优化模型。

依据上述分析,针对 3 个联合优化模型分别构建研究框架,下面进行具体的框架分析。

1) 针对收货方偏好数据驱动下电商订单分配与配送质量联合优化模型,构建解决问题的研究框架,具体如图 3-8 所示。

在图 3-8 中,左侧为主要的研究内容,右侧为使用的相关理论与研究方

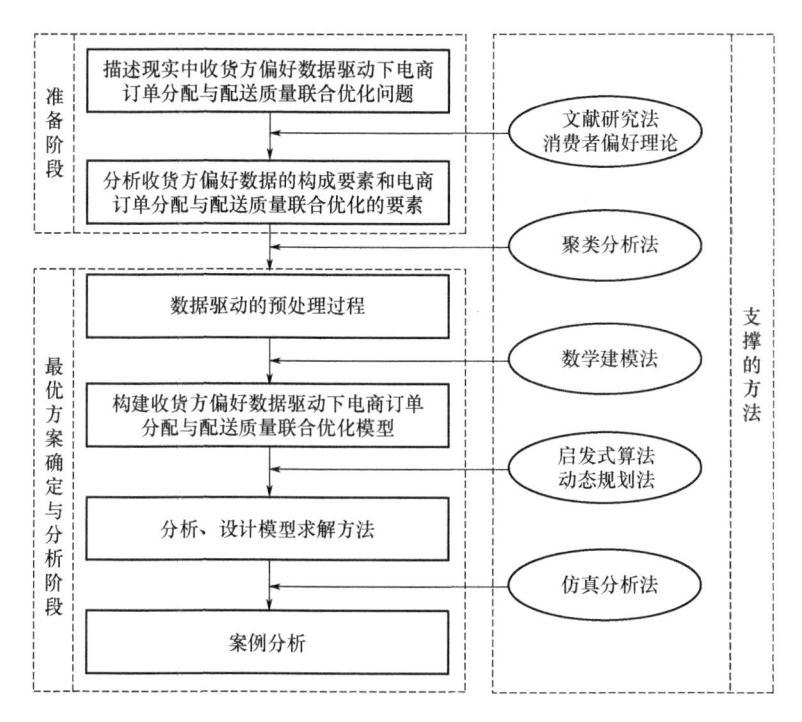

图 3-8　收货方偏好数据驱动下电商订单分配与配送质量联合优化模型的研究框架

法。研究内容主要包含两部分，即准备阶段的研究内容、最优方案确定与分析阶段的研究内容。在准备阶段，描述现实中收货方偏好数据驱动下电商订单分配与配送质量联合优化问题，采用文献研究法和消费者偏好理论分析收货方偏好数据的构成要素和电商订单分配与配送质量联合优化的要素。在最优方案确定与分析阶段，采用聚类分析法进行数据驱动的预处理过程，采用数学建模法构建收货方偏好数据驱动下电商订单分配与配送质量联合优化模型，采用启发式算法和动态规划法分析、设计模型求解方法，采用仿真分析法进行案例分析。在该框架中，最优方案确定与分析是本书研究的重点。

2) 针对撤单数据驱动下电商订单分配与配送能力联合优化模型，构建解决问题的研究框架，具体如图 3-9 所示。

在图 3-9 中，左侧为主要的研究内容，右侧为使用的相关理论与研究方法。研究内容主要包含以下两部分，即准备阶段的研究内容、最优方案确定与分析阶段的研究内容。在准备阶段，描述现实中撤单数据驱动下电商订单分配

```
准备阶段:
  - 描述现实中撤单数据驱动下电商订单分配与配送能力联合优化问题 ← 文献研究法 / 牛鞭效应理论
  - 分析撤单数据的构成要素和电商订单分配与配送能力联合优化的要素 ← 启发式算法

最优方案确定与分析阶段:
  - 数据驱动的预处理过程 ← 数学建模法
  - 构建撤单数据驱动下电商订单分配与配送能力博弈模型 ← 启发式算法 / 博弈论
  - 分析、设计模型求解方法 ← 仿真分析法
  - 案例分析

(右侧总括: 支撑的方法)
```

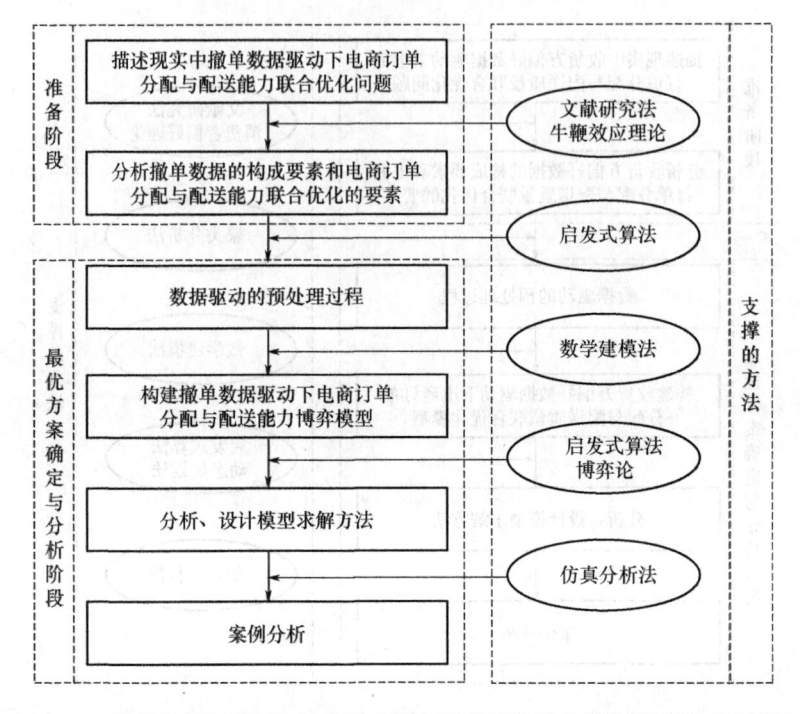

图 3-9 撤单数据驱动下电商订单分配与配送能力联合优化模型的研究框架

与配送能力联合优化问题，采用文献研究法和牛鞭效应理论分析撤单数据的构成要素和电商订单分配与配送能力联合优化的要素。在最优方案确定与分析阶段，采用启发式算法完成数据驱动的预处理过程，采用数学建模法构建撤单数据驱动下电商订单分配与配送能力博弈模型，采用启发式算法和博弈论分析、设计模型求解方法，采用仿真分析法进行案例分析。在该框架中，最优方案确定与分析是本书研究的重点。

3）针对共享数据驱动下电商订单分配与配送可持续性联合优化模型，构建解决问题的研究框架，具体如图3-10所示。

在图3-10中，左侧为主要的研究内容，右侧为使用的相关理论与研究方法。研究内容主要包含以下两部分，即准备阶段的研究内容、最优方案确定与分析阶段的研究内容。在准备阶段，描述现实中共享数据驱动下电商订单分配与配送可持续性联合优化问题，采用文献研究法和可持续发展理论分析共享数据的构成要素和电商订单分配与配送可持续性联合优化的要素。在

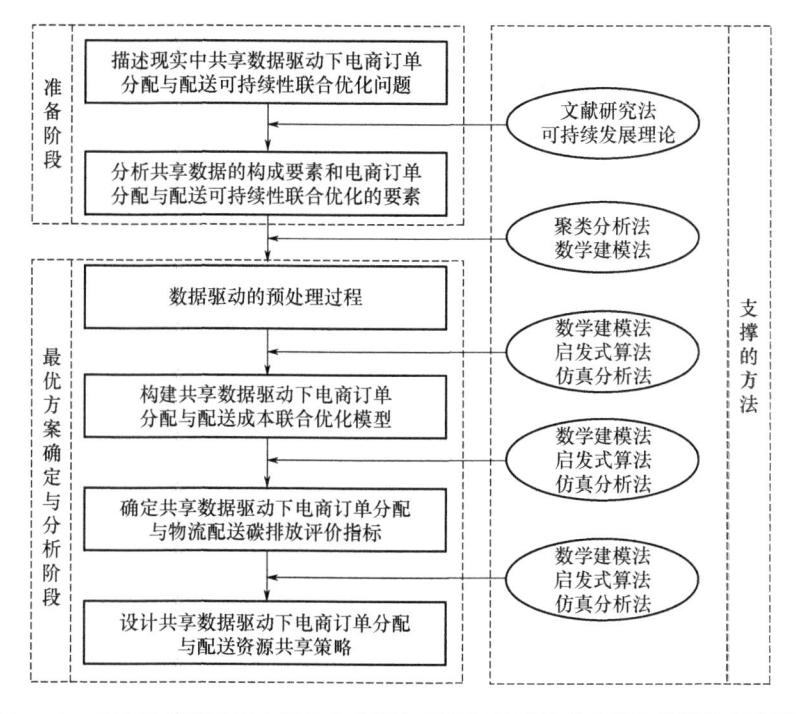

图 3-10 共享数据驱动下电商订单分配与配送可持续性联合优化模型的研究框架

最优方案确定与分析阶段，采用聚类分析法和数学建模法进行数据驱动的预处理过程，进一步采用数学建模法、启发式算法和仿真分析法构建共享数据驱动下电商订单分配与配送服务成本联合优化模型，确定共享数据驱动下电商订单分配与物流配送碳排放评价指标，设计共享数据驱动下电商订单分配与配送资源共享策略。在该框架中，最优方案确定与分析是本书研究的重点。

3.6 本章小结

本章对研究问题所涉及的基础理论进行了梳理和分析，从理论前提，到设计基础，再到目标实现，形成了本书研究内容的基础理论框架。首先，在整体结构上，本章拓展了田口方法的概念和内涵，将田口方法的侧重点聚焦到质量、能力和目标3方面，再结合可持续性理论对优化目标进行凝练，将优化目标的内涵进一步扩展到可持续性层面。其次，本章从服务质量的不确定性因素出发，以电商企业处理的消费者偏好数据作为研究切入点，总结相关的消费者偏好理论的概念内涵和分类特征，并且归纳出服务质量问题的偏好驱动决策框架。再次，本章从服务能力决策的干扰因素出发，考虑决策方案实施过程会导致牛鞭效应，分析供应链管理中牛鞭效应的产生原因和应对机制，以及如何通过控制手段降低订单信息变动带来的风险。最后，本章对可持续发展理论在经济、环境和社会3方面的研究内容进行概括，进一步聚焦电商订单分配与配送联合运作系统的管理层面，总结出以经济目标为主，兼顾环境效益和社会发展的可持续物流服务供应链管理理论，得到物流服务供应链管理的系统性和服务性的双重内涵。值得关注的是，对于环境效益，本章重点挖掘了低碳供应链管理理论，对低碳供应链管理的方式进行归类，得出电商订单分配与配送联合优化在低碳管理层面的理论意义。对于社会效益，本章深入探讨了共享经济发展模式，结合"一带一路"倡议，分析共享平台发展的机遇与挑战。

第4章 收货方偏好数据驱动下电商订单分配与配送质量联合优化模型

本章针对数据驱动下电商订单分配与配送质量联合优化问题，以收货方数据为依据，构建了电商配送服务质量的非线性混合整数规划模型，并对收货方的历史数据进行聚类分析，旨在明确不同收货方质量需求的稳定性，引导电商根据收货方不同的质量敏感性提供相对精准的服务和高效的配送资源规划，提升"最后一公里"配送服务的质量，优化电商配送服务质量的决策。现实情形中，服务质量在企业运营管理过程中都是优化工作的重中之重，是企业品牌和信誉的基础，尤其对于B2C模式的电商企业而言，消费者反馈渠道网络化、多元化，信息扩散速度剧增，消费者对服务质量的反馈更容易形成口碑，影响市场需求的导向，因此，服务质量也是电商企业开展优化运营活动的前提基础。例如，近几年电商企业经历了多次"双十一"网购节考验，大型电商平台的资源投入和智能化水平已基本适应快递包裹数量爆发式增长的需求，物流时效和服务品质日臻完善。但是，针对逐年快速增长的订单运量，个别中小电商企业的物流服务体系并没有做好准备，商品不能及时送达，或者由于选择的第三方物流公司不具备相应运输能力，最终导致用户投诉率高，服务质量反馈较低。本章针对现实中亟待解决的服务质量优化问题，开展数据驱动下电商订单分配与配送质量的联合优化，具有实践意义。

4.1 问题描述

日积月累的购买记录构成庞大的数据集，其中包含着消费者的购买习惯和兴趣偏好。深入探索消费者的数据特征，挖掘潜在价值，有利于B2C模式下电商企业掌握消费者购买行为的规律，从而制定有效的服务策略，实现服务质量的提升[130-131]。数据融合技术的发展促使订单分配数据库与物流配送数据库相关联,增加了电商企业服务优化的维度。电商服务系统的整合优化立足于消费者,更具目标性[258-260]。随着生活质量的提高,消费者需求更具多样性。消费者除了关注商品本身的种类和质量,还关注电商企业提供的服务质量和服务更新程度[42-46]。经典科学化管理方法强调了逐层深入的3个等级范式:规范性、精细性和个性化[45]。如今,通过合理利用大数据资源,探索数据驱动流程,能够满足这3个层级管理的基本要求,尤其满足个性化需求方面将成为可能。个性化通常用于增强客户黏性,以"一对一""点对点"或者"定制化"的形式存在,是更高效满足客户服务质量需求的手段,使交互速度更快、方式更容易,从而提高客户满意度和重复访问的可能性[14,59-66,70]。目前,国外已经出现许多成熟的个性化支持机构,如 Broadvision、ResponseLogic、Autonomy 等,而我国关于这一领域的研究尚处于起步阶段。加大电商企业数据接口的覆盖范围,设计收货方偏好数据的挖掘方法,有效利用收货方偏好数据都是非常必要的举措[44,281-285]。

本章中收货方偏好数据来源于订单分配系统与物流配送系统。其中,订单分配系统存储了从订单生成到订单交付完成的全过程信息,通过订单号关联了消费者账户基本信息、订单需求信息、订单交付时间、订单交付金额等;物流配送系统通过物流资源编号关联了物流配送车辆信息、配送路径信息、仓库地理位置信息等。本章主要侧重于研究收货方偏好数据的分类建模与求解。值得注意的是,在实际决策过程中,收货方的历史数据和实时数据往往被电商企业忽视,主要原因在于数据处理难度较大,市场背后的大量数据资源因此长期处于闲置状态。

本章研究的问题是在消费者偏好理论的基础上依据收货方偏好数据设计模型和算法,实现 B2C 模式下电商订单分配与配送质量的联合优化。具体地,考虑时间长度为 T 的规划周期,电商在规划周期内,需要解决满足配送服务质量需求的资源规划问题,即何时采用何种配送服务资源更容易满足收货方的质量需求。考虑有 n 种不同的配送服务资源,资源的属性为配送方式和服务方式的集成。受马尔可夫过程和指数分布无记忆性的启发,根据质量敏感收货方

第 4 章 收货方偏好数据驱动下电商订单分配与配送质量联合优化模型

完备性集合,通过设计有监督的聚类分析,可分别得到数据集合的分类。进一步对聚类效果进行分类研究,得到 4 种类型的质量需求约束,即"无记忆"型收货方、"记忆"型收货方、收货方总体、"不确定"型收货方,如图 4-1 所示。依据 4 种不同偏好类型的收货方分别进行配送方案的规划,与传统的批量规划方法相比,在一定程度上实现了同偏好类型的收货方与配送方的"一对一"。

图 4-1 描述的历史数据处理框架体现了质量偏好与配送资源之间的关系:收货方与电商交互过程中产生大量历史数据,如运输工具、交付方式、交付时间和满意度等。按照质量偏好的记忆性特征进行聚类分析得到 3 种类型的数据集合,即 A、B 和 $A \cap B$。决策者对通过聚类得到的收货方群体提供个性化配送服务方案,满足收货方的质量偏好需求,优化电商配送服务质量,进而减少传统配送规划带来的成本浪费。

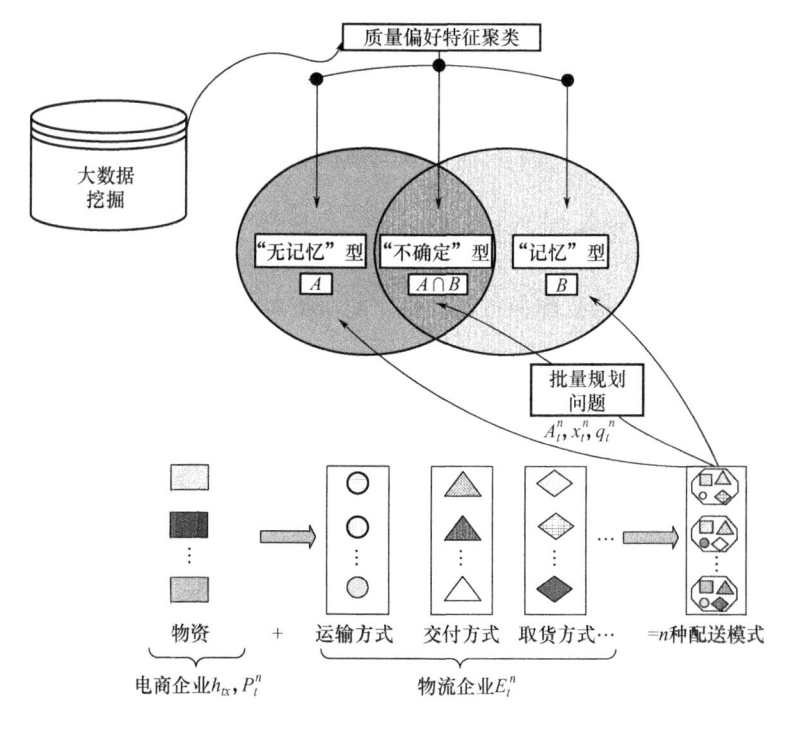

图 4-1 质量偏好与配送资源规划关系

下文建模过程涉及的参数变量如下。

D_t：单位周期 t 内的配送订单需求；

$h_t(t)$：单位周期 t 内电商持有成本；

E_t^n：单位周期 t 内第 n 种配送资源的单位供应成本；

P_t^n：单位周期 t 内选择第 n 种配送资源的单位成本；

K_t^n：单位周期 t 内收货方的第 n 种配送资源的质量感知度；

K_t^{min}：单位周期 t 内收货方对第 n 种配送资源质量最低容忍度；

决策变量如下。

x_t：$t \sim t+1$ 周期的电商库存数量；

A_t^n：值为 1 时，单位周期 t 内使用第 n 种配送模式，值为 0 时不使用；

q_t^n：单位周期 t 内第 n 种配送资源供应量。

4.2 质量敏感聚类过程与数据驱动过程刻画

服务质量的评价体系具有两面性，以消费者视角优化电商订单分配与配送质量体系能够更好地面向需求，从而更准确描绘消费者的服务感知。

4.2.1 质量敏感聚类过程

由于配送服务质量受配送市场价格、配送距离、配送物品属性等多因素影响，因此，接受同等配送服务质量的不同收货方对配送服务质量敏感程度是不同的。本节通过模拟投票结果形成过程得到数据的记忆性特征，即为每一个投票者选择合适的目标簇，而投票者心中可以有若干个不同目标簇，这些簇在投票者心中以概率形式表示。基于投票的聚类融合算法[302]，对数据集合 U 的元素距离测度公式为

$$\min_{\overline{U}} \text{MSE}(\overline{U}; U^1, \cdots, U^b) = \min_{\overline{U}} \min_{v^i(U^i)} \frac{1}{b} \sum_{i=1}^{b} \text{MSE}^i[\overline{U}, v^i(U^i)] \quad (4.1)$$

"确定"簇生成算法如下。

步骤 1：随机选择一个分区 $U^i \in U$ 分配到 U^0。

步骤 2：遍历所有数据分区 $1, \cdots, b$ 得

$$\min_{w^i} = \| \boldsymbol{U}^0 - \boldsymbol{U}^i \boldsymbol{W}^i \|^2 \tag{4.2}$$

$$\text{s. t.} \sum_{l=1}^{k} w_{lq}^i = \sum_{q=1}^{k} w_{lq}^i = 1 \quad w_{lq}^i = 0 \text{ 或 } 1 \tag{4.3}$$

计算得到 $\boldsymbol{W}^i$。

步骤3：$\boldsymbol{V}^i = \boldsymbol{U}^i \boldsymbol{W}^i$。

步骤4：$\boldsymbol{U}^0 = \dfrac{i-1}{i} \boldsymbol{U}^0 + \dfrac{1}{i} \boldsymbol{V}^i$。

步骤5：得到更新的集合 $\boldsymbol{U}^0$。

"不确定"簇生成算法如下。

步骤1：降序排列 $\boldsymbol{U}^i$ 分配到 $\boldsymbol{U}^0$。

步骤2：遍历所有数据分区 $2, \cdots, b$ 计算得

$$\hat{\boldsymbol{V}}^i = \boldsymbol{U}^i \hat{\boldsymbol{W}}^i \tag{4.4}$$

$$\hat{\boldsymbol{W}}^i = (\boldsymbol{U}^{i\mathrm{T}} \boldsymbol{U}^i)^{-1} \boldsymbol{U}^{i\mathrm{T}} \boldsymbol{U}^0 \tag{4.5}$$

计算得到 $\boldsymbol{W}^i$。

步骤3：$\boldsymbol{V}^i = \boldsymbol{U}^i \boldsymbol{W}^i$。

步骤4：$\boldsymbol{U}^0 = \dfrac{i-1}{i} \boldsymbol{U}^0 + \dfrac{1}{i} \boldsymbol{V}^i$。

步骤5：得到更新的集合 $\boldsymbol{U}^0$。

"确定"簇数据确定"无记忆"型和"记忆"型两种类型收货方集合。为求解模型，首先要证明"无记忆"型收货方的质量约束下配送服务资源规划问题能够在多项式时间内求解。引入传统配送服务资源规划问题的时间规模 $O(N^2 T)$，即标准的资源规划组合算法可以解决这一问题。

4.2.2 数据驱动过程

掌握消费者需求情况能够让企业在竞争中处于绝对优势。随着互联网时代数据量的丰富，这种优势在电商竞争中逐渐显现。电商企业有能力搜集到消费者的年龄、性别、职业和收入等自然属性及消费者习惯、行为、情感和偏好等社会属性，进而能够通过技术分析，判断特定消费群体的需求和行为特征。电商的配送服务质量是通过外部和内部因素的共同作用获得的，即数

据驱动力。数据驱动通过调整内部组织结构和决策方案，以满足个性化需求，进而达到服务质量升级的效果。

如图4-2所示，固定时间窗宽度内数据作为分析观测窗口，抽取时间窗内消费者配送系统数据为历史数据；最新时间窗外的后续新增消费者数据形成增量数据。数据预处理过程主要分析数据规律，以及处理异常值与缺失值：搜索数据属性列中的空值、最大值和最小值；清理数据为空或异常数据的记录；将数据转换为适合聚类算法的属性，如稳定性测度（S）=观测时间窗的结束时间-初次收货时间，邻近测度（L）=最后一次收货时间至观测时间窗末端长度，配送里程（K）=观测时间窗内总配送公里数，收货次数（G）=观测时间窗内收货次数，平均折扣系数（C）=平均折扣率。目标属性数据提取后，进行数据标准差标准化，降低数据量纲差异化影响。

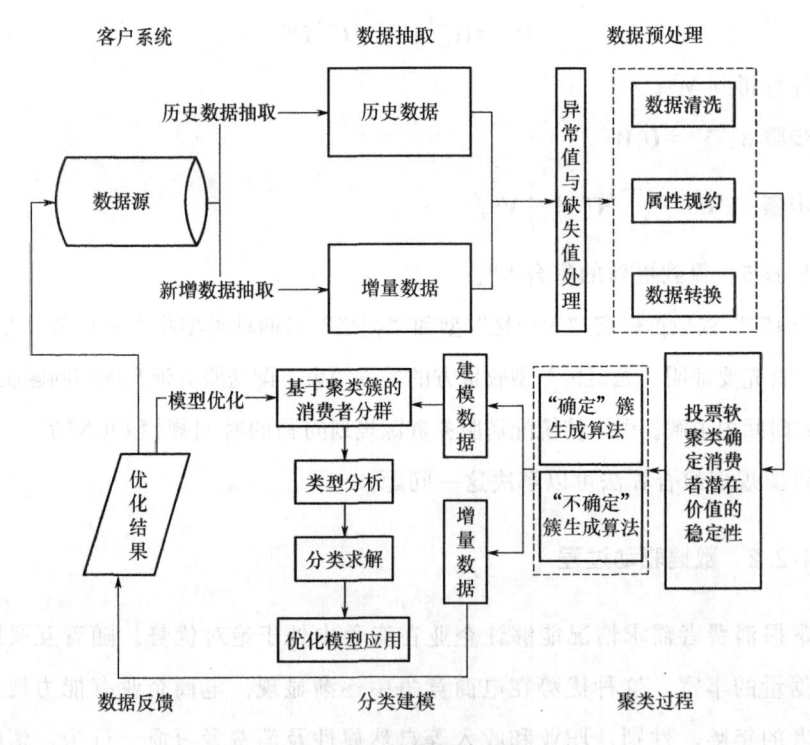

图4-2 数据驱动过程

4.3 模型构建

以电商和物流配送方的成本最低为目标,构建针对配送服务资源的非线性混合整数规划模型,并逐步扩展到质量空间完备约束集。其中,传统配送服务资源规划模型和"无记忆"型收货方模型能够通过动态规划方法进行精确求解,而"记忆"型收货方模型、"不确定"型收货方模型与收货方总体模型具有 NP-hard 属性,需要通过具体案例进行算法设计得到近似最优解。

4.3.1 传统配送服务资源规划模型

传统配送服务资源规划主要从需求和供应过程的角度进行决策:

$$\min \sum_{n=1}^{N} \sum_{t=1}^{T} (E_t^n q_t^n + P_t^n A_t^n) + \sum_{t=1}^{T} h_t(x_t) \quad (4.6)$$

$$\text{s.t.} \quad \sum_{n=1}^{N} q_t^n - x_t + x_{t-1} = D_t \quad (4.7)$$

$$q_t^n \leqslant A_t^n \sum_{t=t'}^{T} D_{t'} \quad (4.8)$$

$$q_t^n \in N \quad A_t^n \in (0,1) \quad x_t^n \in N \quad (4.9)$$

式(4.6)表示 T 周期内 n 种配送资源的固定投入成本、使用成本及持有成本最小化;式(4.7)表示电商供货的持续性;式(4.8)表示如果没有选择第 n 种配送资源则不会提供配送服务(<),如果选择第 n 种配送资源则配送(=);式(4.9)表示决策变量的正则性约束。

4.3.2 收货方的配送服务质量偏好类型

式(4.11)、式(4.12)、式(4.14)和式(4.15)组成配送资源规划模型的约束条件,依据收货方的反馈数据得到配送服务质量的聚类,通过下列集合关系表示收货方完备性质量需求的感知空间。

"无记忆"型收货方(对应集合 A):对配送服务质量没有表现出需求偏好性,t 阶段配送服务的质量不影响该类型收货方在 $t+1$ 阶段对产品的忠诚度。收货方对质量的要求表现出无记忆性的特点,即每个周期内的配送服务质量需求大于收货方对质量需求的最低容忍度：

$$\frac{\sum_{n=1}^{N} K_t^n q_t^n}{\sum_{n=1}^{N} q_t^n} \geqslant K_t^{\min} \quad t=1,2,\cdots,T \quad (4.10)$$

式（4.10）可写成

$$\sum_{n=1}^{N} (K_t^n - K_t^{\min}) q_t^n \geqslant 0 \quad t=1,2,\cdots,T \quad (4.11)$$

式中，$q_t^n \geqslant 0$，因此，$K_t^n - K_t^{\min}$ 可表示为收货方的质量需求盈余。对于任意可行解，如果 $q_t^n > 0$，则至少选择一种资源 n 进行配送。

"记忆"型收货方（对应集合 B）：对配送服务质量有需求，t 阶段配送服务的质量影响该类型收货方在 $t+1$ 阶段的忠诚度，并且一直产生持续性的影响，配送服务的质量在该类收货方心中呈现累积的效应（可正可负）。

$$\sum_{t'=1}^{t} \sum_{n=1}^{N} (K_{t'}^n - K_{t'}^{\min}) q_{t'}^n \geqslant 0 \quad t=1,2,\cdots,T \quad (4.12)$$

在未来周期 t'，收货方对电商的配送服务质量忠诚度为

$$F_t = F_{t-1} - \sum_{n=1}^{N} (K_t^n - K_t^{\min}) q_t^n \quad t=1,2,\cdots,T \quad (4.13)$$

收货方总体（对应集合 $A \cup B$）的约束是由式（4.12）扩展得到的整个规划周期情况，具有松弛性，即

$$\sum_{t'=1}^{T} \sum_{n=1}^{N} (K_t^n - K^{\min}) q_t^n \geqslant 0 \quad t=1,2,\cdots,T \quad (4.14)$$

式中，配送服务质量的单位需求不小于整个周期内收货方对配送资源服务质量的最低容忍度。因此，收货方的配送服务质量最低容忍度 $K_t^{\min}$ 不再与规划周期有关，即 $K_t^{\min} = K^{\min} (t=1,2,\cdots,T)$。然而，式（4.14）求解过程受到规划周期 T 的影响。

"不确定"型收货方（对应集合 $A \cap B$）：对配送资源的服务质量表现出随机"记忆性"，在 t 阶段配送资源服务质量可能影响该类型收货方在 $t+1$ 阶段对电商的忠诚度。

假设仅有 M 个规划周期，该类收货方具有配送服务质量记忆的不确定性，

与 T 无关，即

$$\sum_{t'=t-M+1}^{t} \sum_{n=1}^{N} (K_{t'}^n - K^{\min}) q_{t'}^n \geqslant 0 \quad t = M, \cdots, T \quad (4.15)$$

可见，式（4.11）为式（4.15）中 $M=1$ 的情况；式（4.12）为式（4.15）中 $M=t$ 的情况；式（4.14）为式（4.15）中 $M=T$ 的情况。式（4.13）依然成立。

4.4 具有不同偏好收货方的数据特征

4.4.1 "无记忆"型收货方

"无记忆"型收货方的特征表现为周期性，即这一周期内产品质量体验感受不影响下一阶段对电商的忠诚度。由约束条件式（4.11）得到，规划单位周期 t 内，由订单确定配送资源的服务质量至少满足收货方最低质量需求 $K^{\min}$。令 $\overline{K}_t^n = K^{nt} - K_t^{\min}$，记 $\overline{K}_t^n \geqslant 0$ 为 t 周期内服务质量有效配送资源。对于一个单位周期 t，记 $W_t = \{n \in 1, \cdots, N \mid \overline{K}_t^n \geqslant 0\}$ 为有效配送服务子资源，得到如下性质。

性质 4.1 给定单位周期 t 内两种配送资源 n_1、n_2，如果 $E_t^{n_1} \leqslant E_t^{n_2}$，$K_t^{n_1} \geqslant K_t^{n_2}$，则配送服务资源 n_1 优于 n_2，即 $y_t^{n_1} = 1$，$y_t^{n_2} = 0$，资源 n_1 进行配送的供应量 $q_t^{n_2}$ 和库存 $x_t^{n_2}$ 都由 $q_t^{n_1}$ 及 $x_t^{n_1}$ 取代。

性质 4.2 规划单位阶段 t 内订单中，至少选择一项服务质量有效配送资源，即 $\sum_{n=1}^{t} q_t^n > 0 \Rightarrow \sum_{n \in W_t} q_t^n > 0$。

证明：在给定的阶段 t 内考查一个订单的求解，如果 $q_t^n > 0$ 并且资源中不包含 n'，使得 $K_t^{n'} \geqslant K^{\min}$ 成立，则式（4.7）不可行。

定理 4.1 在单位周期内，至多使用两种配送资源得到规划最优解，即一种为服务质量有效的配送资源，或者增加一种服务质量失效的配送资源。

证明：首先考虑单周期的配送服务规划问题，再考虑多周期的情况。令总周期 T 内 $Q_t = \sum_n q_t^n$，

$$\min Z_t^*(Q_t) = \sum_{n=1}^{N}(E_t^n q_t^n + P_t^n A_t^n) \qquad (4.16)$$

$$\text{s.t.} \quad \sum_{n=1}^{N} q_t^n = Q_t \qquad (4.17)$$

$$\sum_{n=1}^{N} \overline{K}_t^n q_t^n \geqslant 0 \qquad (4.18)$$

$$q_t^n \leqslant Q_t A_t^n \quad n=1,2,\cdots,N \qquad (4.19)$$

$$q_t^n \in \mathbf{R}^+ \quad n=1,2,\cdots,N \qquad (4.20)$$

$$A_t^n \in \{0,1\} \quad n=1,2,\cdots,N \qquad (4.21)$$

由性质 4.2 得到，至少存在一项服务质量有效配送资源，即可行解存在，记最优值为 $Z_t^*(Q_t)$。

不考虑界值的松弛约束 $q_t^n \leqslant Q_t A_t^n$，$n=1,2,\cdots,N$，上述问题转为关于 q_t^n 的线性规划，至少存在两个非零的基本解，且至少存在一种服务质量有效配送资源 n_1。如果基本解中存在配送资源 n_2，则 $\overline{K}_t^{n_1} = \overline{K}_t^{n_2} = 0$，$E_t^{n_1} = E_t^{n_2}$，或者 $\overline{K}_t^{n_1} < 0$，$\overline{K}_t^{n_2} > 0$。

由此拓展到整个周期内的规划问题：

$$\min \sum_{t=1}^{T} Z_t^*(Q_t) + \sum_{t=1}^{T} h_t(q_1) \qquad (4.22)$$

$$\text{s.t.} \sum_{n=1}^{2} Q_t^n - q_t + q_{t-1} = D_t \quad t=1,2,\cdots,T \qquad (4.23)$$

$$Q_t^n \in \mathbf{N} \quad t=1,2,\cdots,T \qquad (4.24)$$

$$K_t = \phi \Rightarrow Q_t^n = 0 \quad t=1,2,\cdots,T \qquad (4.25)$$

令可行解 $\hat{\pi} = (\hat{q}, \hat{A})$，$\hat{N}_t = \{n \mid \hat{A}_t^n = 1\}$ 为单位周期 t 内可行配送资源的子集，根据所选择的配送资源决策最优 q_t^n，固定 $\hat{A}$，则整个规划周期内求解问题转为 $\hat{N}_t$ 子配送资源严格约束下的线性求解，因此，在 q_t^n 基本解中，至少两个变量非零。

由定理 4.1 的性质，"无记忆"型收货方的规划问题对于配送方来说相当于周期性约束，共计 N^2 种配送资源。

定理 4.2 "无记忆"型收货方的配送资源种类为 N^2，且规划的时间规

模为 $O(N^2 T)$。

证明：由定理4.1得到每个周期规划重点集中在至多两种配送资源的选择策略。设单位周期 t 内电商选择两种配送资源分别为 n_1、n_2，令 n_1 为服务质量有效的配送资源，订单总量 $\hat{Q}_t$，订单配送成本为

$$Z_t^*(\hat{Q}_t) = E_t^{n_1} q_t^{n_1} + P_t^{n_1} + E_t^{n_2} q_t^{n_2} + P_t^{n_2} \tag{4.26}$$

由定理4.1得 $\hat{q}$ 为单周期规划的最优解。

$$\min \sum_{n=1}^{2} E_t^n q_t^n \tag{4.27}$$

$$\text{s.t.} \sum_{n=1}^{2} q_t^n = \hat{Q}_t \tag{4.28}$$

$$\sum_{n=1}^{2} \overline{K}_t^n q_t^n \leqslant 0 \tag{4.29}$$

$$q_t^n \in \mathbf{R}^+ \quad n=1,2 \tag{4.30}$$

由式（4.22）~式（4.25）可知，两种配送资源订单比例与总订单量 $\hat{Q}_t$ 是不相关的。为了实现最低成本的订单配送，令 $E_t^{n_1,n_2}$ 代表仅利用服务质量有效的配送资源 n_1 的最优成本。设 $P_t^{n_1,n_2} = P_t^{n_1} + P_t^{n_2}$，令 $E_t^{n_1,n_2} = E_t^{n_1}$，得到

$$Z_t^*(\hat{q}_t) = P_t^{n_1,n_2} + E_t^{n_1,n_2} \hat{q}_t \tag{4.31}$$

根据定理4.1，以上单周期规划问题转化为最优化问题：

$$Z_t^*(\hat{q}_t) = \min\{P_t^{u,v} + E_t^{u,v} \hat{q}_t | u,v = 1,2,\cdots,N, \widetilde{k_t^n} \leqslant 0\} \tag{4.32}$$

在单位周期中，$O(N^2)$ 数量级的配送资源都是可以使用的。每种配送资源 (u,v) 对应着一种配送资源准备成本 $P_t^{u,v}$（即固定成本）和单位配送供应成本 $E_t^{u,v}$。持有成本函数 h 仍然保持不变。最优化问题需要在单位时间规模 $O(N^2)$ 内及时地完成对所有成本 $E_t^{u,v}$ 的计算。当传统配送资源规划资源是 NP 问题时，服务质量约束下的配送资源规划模型才是 NP 问题。约束式（4.7）未增加时间复杂度，但增加了模型运算的空间复杂度，因此增加配送资源供应成本的线性计算时间 N^2。因此，对于"无记忆"型收货方的质量需求约束是多项式可解的。

定理4.3 "无记忆"型收货方的质量需求约束下配送资源规划问题等价

于电商零库存策略最优解问题。

证明：假设持有成本 h_t 是线性的，式（4.2）中 $h_t(x_t)=h_tx_t$。根据定理 4.2，因为"无记忆"型收货方质量需求约束的配送资源规划问题与电商零库存策略追求目标是等价的，即 $\hat{X}_{t-1} \cdot \sum_{n=1}^{N} \hat{q}_t^n = 0 (t=1,2,\cdots,T)$。定理 4.3 得证。

根据已得到的性质和定理，"无记忆"型收货方的质量需求约束下配送资源规划问题动态规划求解过程如下。

1) 在单周期内，每个订单需求都能被完全满足。

2) 在单位周期 t 内，对于每一组配送资源 n_1、n_2，最优解带入 $Q_t^{n_1}+Q_t^{n_2}$ 应满足 $D_{tt'} = \sum_{k=t}^{t'} D_k$。

3) 在单位周期 t 内，每个订单都能至少被分配到一种配送资源，且至多使用两种配送资源。

基于以上分析，运用动态规划方法解决"无记忆"型收货方质量需求约束下电商配送资源问题，得到新的定义及关系式如下。

1) 累积需求量：$D_{tt'} = \sum_{k=t}^{t'} D_k$。

2) 库存量 $x_t = \sum_{t'=1}^{t} \sum_{n=1}^{N} x_{t'}^n - \sum_{t'=1}^{t} D_{t'}$。

3) 单位周期 t 的成本 $G(t)$ $(t=1,2,\cdots,T)$ 为"无记忆"型收货方质量需求约束下电商配送资源问题的一个最优解，$G(T+1)=0$。

4) $H(t,t')$ 为在单位阶段 t 内服务 $D_{tt'}$ 的总成本（固定成本和可变成本）的函数。根据定理 4.1，在单位周期 t 内至少分配到一种配送资源，且至多使用两种配送资源满足需求 $D_{tt'}$。

5) 目标函数化为如下形式

$$\sum_{n=1}^{N}\sum_{t=1}^{T}\left[\left(E_t^n+\sum_{t'=1}^{t}h_{t'}\right)q_t^n+P_t^nA_t^n\right]+\sum_{t=1}^{T}h_t\sum_{t'=1}^{t}D_t \qquad (4.33)$$

令配送资源总成本 $C_t^n = E_t^n + \sum_{t'=1}^{t} h_{t'}$，可得到如下动态规划递推公式：

$$C(t)\begin{cases} \min\{C(t+1), \min_{t<t'\leqslant T+1}\{C(t')+H(t,t'-1)\}\} & D_t=0 \\ \min_{t<t'\leqslant T+1}\{C(t')+H(t,t'-1)\} & D_t=0 \end{cases} \qquad (4.34)$$

初始值为 $C(1)$。

令 l 为任意一个服务质量有效配送资源或两种配送资源的组合，令 $a_l + b_l Q$ 为与 l 相关的成本函数。其中参数 a_l 与 $P_t^{u,v}$ 相关，参数 b_l 与 C_t^u、C_t^v、$\overline{K}_t^u$、$\overline{K}_t^v$ 相关。令 $Z_t^*(Q)$ 表示在时期 t 配送订单数量为 Q 时的最优值，由定理 4.2 得，函数 $Z_t^*(Q)$ 是分段线性的凹函数，且比成本函数低，因此，Z_t^* 可通过一系列的断点来定义，并且其斜率能够与配送资源联系起来。由于至少有 N^2 种可能的组合，故至少有 N^2-1 个断点。

如果上述断点和斜率是已知的，且是有限的，则固定阶段 t 内，计算所有分段线性凹函数 $H(t,t')$ 的值是能在时间复杂度 $O(N^2+T)$ 内完成的。用订单量 Q 估计 $Z_t^*(Q)$，足以找到一个区间内两个连续的断点。对于一个给定的时间 t，可以估计周期 T 内 Q 的成本 $Z_t^*(Q)$，即

$$Q_t = \{d_{t,t}, d_{t,t+1}, \cdots, d_{t,T}\} \tag{4.35}$$

由于 Q_t 的值和断点都是有限且确定的，故仅设置一次断点，计算与断点相对应的 $Z_t^*(d_{tt'})$，并对这些值进行分析。随着不断增加的时间复杂度，由于持有成本 h 是线性的，能通过累加的方法去计算持有成本。

预处理过程可通过不等式 $Y \leqslant a_l + b_l Q$ 来确定二元多项式的极值点、每个时期 t 的断点和斜率、时间复杂度 $O(N\log N)$。因此，对于每个单位周期 t，都能在时间 $O(N^2 \log N)$ 内找到所有的断点，以及 $H(t,t')$，$t \leqslant t' \leqslant T$ 的最优值，并且计算过程的时间复杂度

$$O(TN^2 \log N + T^2) < O(TN^2 \log N + T^2 + TN^2) \tag{4.36}$$

动态规划方法的时间复杂度计算分成两部分。$H(t,t')$ 的值是可计算的，$C(t)$ 的值在每个单位周期 t 内求得，即时间复杂度为 $O(T)$，故能在时间 $O(T^2)$ 确定 $C(1)$ 的值。动态规划方法的总时间复杂度小于 $O(TN^2 \log N + T^2)$。

4.4.2 "记忆"型收货方

"记忆"型收货方约束的配送资源规划问题：单位阶段 t 内使用第 n 种配送资源的服务质量不低于收货方的质量需求最低容忍度 $K_t^{\min}$。与质量需求"无记忆"型收货方约束相似，该类型收货方单位规划周期至多使用两种配送资源。

定理 4.4 "记忆"型收货方约束的配送资源规划问题在每个周期内至多使用两种最优配送资源：一种服务质量有效的配送资源，一种服务质量失效的配送资源。

证明：同定理 4.1。考虑变量 $\hat{Q}_t = \sum_n q_t^n$，并引进变量 $\bar{K}_t \sum_n \bar{k}_t^n q_t^n$，用来表示每个周期的质量影响度。"记忆"型收货方模型分解为单周期和多周期求解。单周期内目标以最低的成本供应 Q_t，并保证收货方的质量感知度不低于 $\bar{K}_t$，当 $\bar{K}_t = 0$ 时是个特例。

显然，在某些情形下"记忆"型收货方模型与"无记忆"型收货方是非常相似的。但是，"记忆"型收货方的问题比"无记忆"型收货方的问题更难解决。与定理 4.3 对比发现，零库存目标性质并不适用于"记忆"型收货方问题。对于"记忆"型收货方问题，最优的零库存策略的成本可能远高于最优策略的成本。

基于以上结论，得到"记忆"型收货方的是 NP-hard 问题。将该问题归纳为一种问题，即对所选集合大小存在势约束。有 n 份订单的收货方对电商提供商品的质量"记忆"，每份订单都有一个质量比重 w_i，其和为 w。在一个周期内，对"记忆"型收货方进行 k 次配送服务，对每次购物的配送服务质量存在容忍度累积，每次配送提供的质量权重使总比重刚好达到 w。换言之，有一个 n 维整数列 $(a_1, \cdots, a_n)$，$\sum_i^N w_i a_i = w$ 且 $\sum_i^N a_i = k$。不存在 k 的基数约束，则这个问题就是一个 NP-hard 的完全背包问题。完全背包问题中物品是无限的，其求解复杂度可以转为 0-1 背包问题，此时 k 是确定的有限值。接下来证明 0-1 背包问题是一个非确定性多项式 NP 问题（NP-complete）。

引理 4.1 完全背包问题复杂度相当于 0-1 背包问题，是非确定性多项式 NP 问题（NP-complete）。

证明：对于完全背包问题，令 $K \geqslant \dfrac{W}{\min_i w_i}$，基数约束在至多选择 k 个目标值时是一个松弛约束。考虑完全背包问题的一种情况：有权重为 w_i 的 n 个物品、1 个容量价值参数 W 和 1 个整数参数 k。将完全背包问题转换为 0-1 背包问题：考虑 $n+k$ 个物品，其中已存在的 n 个物品的权重为 $W'_i = k w_i + 1$，

第 4 章　收货方偏好数据驱动下电商订单分配与配送质量联合优化模型

后装入的 k 个物品的权重为单位权重。

这个问题转换为是否存在 k 个目标之和使得等式 $W'=k(W+1)$ 存在。

当且仅当 0-1 背包问题出现一个解时，完全背包问题会出现一个解。当且仅当出现 $(a^i)_{1,n}$ 满足 $\sum_{i=1}^{n+k} a'_i \leqslant k$ 和 $\sum_{i=1}^{n} w_i a_i = W$ 时，完全背包问题有正解。令 $k' = \sum_{i=1}^{n} a_i$，能通过设置 $k-k'$ 个虚拟物品如 $\sum_{i=1}^{n+k} a'_i = k$ 将 $\boldsymbol{\alpha}$ 拓展为一个 $n+k$ 维的矢量 $\boldsymbol{\alpha}'$。类似地，用 k 个 $n+k$ 维矢量 $\boldsymbol{\alpha}'$ 定义一个 n 维的矢量 $\boldsymbol{\alpha}$ 来保证初始的 n 个物品，则此时有

$$\sum_{i=1}^{n} w_i a_i = W \Leftrightarrow k \sum_{i=1}^{n} w_j a_i + k' = kW + k' \Leftrightarrow \sum_{i=1}^{n}(kw_i+1)a_i = kW + k' \Leftrightarrow$$
$$\sum_{i=1}^{n} w'_i a'_i + \sum_{i=n+1}^{n+k} a'_i = kW + K' + (k-k') \Leftrightarrow \sum_{i=1}^{n+k} w'_i a'_i = W' \qquad (4.37)$$

即完全背包问题的复杂度相当于 0-1 背包问题。

0-1 背包问题是 NP 完全问题，故完全背包问题也是完全 NP 问题。证毕。

定理 4.5　"记忆"型收货方的问题是 NP 困难问题（NP-hard）。

证明：使用引理 4.1 的结果。这里限定 $k \geqslant 2$，并假定所有的配送订单的质量权重 $W > w_i$。不失一般性，假定所有配送订单质量权重 $w_i \geqslant 1$。可将 0-1 背包问题转换为"记忆"型收货方的问题。

(1) 有 $N=n+1$ 种不同的资源，资源 $1 \sim n$ 与 0-1 背包问题中的物品相关，相关数值等价关系为 $\widetilde{K}^i = W - w_i$ 和 $P^i = w_i$。资源 N 是唯一的生态资源，其参数相应为 $\widetilde{K}^N = -(k-1)W$ 和 $P^N = W+1$。

(2) 有 $T=k+1$ 个阶段，每个阶段都有单位需求等待满足。

(3) 对所有资源来说，持有成本设定为 $h=kW$。

(4) 要求一个解的权重至多为 $2W+1$。证毕。

假定完全背包问题有一个正解：$S=(i_1, i_2, \cdots, i_k)$ 是一组有效的配送资源。阶段 1 使用资源 N 配送一单位，单位周期 t 存在一个有效的解，使用资源 i_{t-1} 给"无记忆"型收货方配送。由于 $\sum_{i \in S} \widetilde{K}^i = kW - W = \widetilde{K}^N$，则解的权重是

$(W+1)+W(s)=1+2W$,其中 $W(s)$ 是在 s 中已配送的质量权重。

相反地,假定所有的质量需求都能够以至多 $2W+1$ 的权重得到满足。首先,在 $t=1$ 时,初始阶段有必要使用资源 N 去满足质量需求约束。由于总权重不能超过 $2W+1$,有效的配送策略为正好使用一次资源 N。其次,令持有成本的值为 $\varepsilon=\sum_t s_t$ 且 $1/k<1$,即有效配送策略必须在每个周期进行配送以满足单位需求。因此,只有资源 N 是有效时,在每个阶段恰好使用一个资源。令 s 为从阶段 2 到阶段 $T=k+1$ 的所配送资源的集合,可以称 s 为完全背包问题的一个有效解。从之前的讨论可以得到,s 正好含有 k 个元素,其总权重等于从阶段 2 开始,直到阶段 T 的总配送资源准备成本,故可以得到

$$P^N+h\varepsilon+w(s) \leqslant 2W+1 \tag{4.38}$$

$$w(s) \leqslant W-h\varepsilon=W(1-k\varepsilon) \tag{4.39}$$

最后,给出一个不留任何库存 $\varepsilon=0$ 的有效策略,即 $w(S)=W$。通过参数等价变换,发现这比从阶段 1 转移一定量 ε 的配送库存到阶段 2 更有利。如果 q_t 是每个周期资源配送的数量,则有

$$q_1=1+\varepsilon \tag{4.40}$$

且

$$\sum_2^T q_t = k-\varepsilon \tag{4.41}$$

得到结论如下:

$$W(s)=\sum_{t=2}^T w_{i_t}=\sum_{t=2}^T w_{i_t}x_t+\sum_{t=2}^T w_{i_t}(1-x_t) \geqslant$$

$$\sum_{t=2}^T w_{i_t}x_t+\sum_{t=2}^T (1-x_t) \geqslant \sum_{t=2}^T w_{i_t}x_t+\varepsilon \tag{4.42}$$

在周期 T 满足质量约束意味着

$$\sum_{t=2}^T q_t \widetilde{K}_{i_t}-(1+\varepsilon)(k-1) \leqslant 0 \tag{4.43}$$

用值 $W-w_{i_t}$ 去替换 $\widetilde{K}_{i_t}$,得到不等式

$$\sum_{t=2}^T w_{i_t}x_t \geqslant \sum_{t=2}^T Wx_t-(1+\varepsilon)(k-1) \tag{4.44}$$

由于

$$\sum_{t=2}^{T} x_t = k - \varepsilon \tag{4.45}$$

于是有

$$W(s) \geqslant \sum_{t=2}^{T} w_{i_t} x_t + \varepsilon \geqslant [(k-\varepsilon) - (1+\varepsilon)(k-1)]W + \varepsilon$$
$$\geqslant (1-k\varepsilon)W + \varepsilon \tag{4.46}$$

由 $\varepsilon = 0$，有 $W(s) \leqslant W(1-\varepsilon)$，即有效的策略会在每个周期配送一单位产品。这说明了 $W(s) = W$。

4.4.3 "不确定"型收货方与收货方总体

收货方总体质量约束下电商配送资源规划问题比"记忆"型收货方的问题约束更松弛。收货方总体有 $T-1$ 个约束经过转移，仅式（4.10）起作用。收货方总体仍然是一个 NP-hard 问题。证明同定理 4.5。

式（4.11）的约束条件中，在 R 个连续周期的区间内，每个周期给定了一个最低的收货方的质量容忍度 $K_t^{\min}$，仍然是在每个阶段至多使用两种资源进行分解之后，单位阶段约束没有变化。进而可得到"不确定"型收货方约束下的电商配送资源规划问题的特例——$R=1$ 时为"无记忆"型收货方的多项式问题。然而，在"不确定"型收货方的问题中，当 $R=T$ 时就是收货方总体的问题。因此，"不确定"型收货方的问题仍然是 NP-hard 问题。同理可证，收货方总体也为 NP-hard 问题。

4.5 数值与算例分析

由于数据搜集和处理过程复杂，以某超市 10 家门店建立的便民生鲜 O2O 平台为例，抽取 2014 年 1 月 31 日 10 家门店 8200 条生鲜配送历史记录数据用于验证模型的有效性，包括收货方标签、收货时间、订单级别、配送地点和配送成本等 35 个属性，预处理结果如图 4-3 和表 4-1 所示。

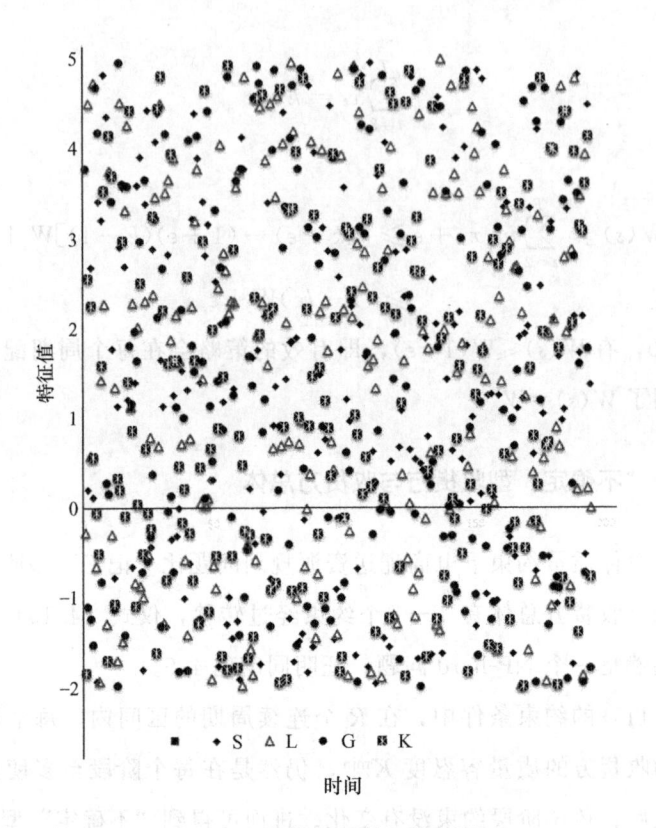

图 4-3 标准化属性规约数据

表 4-1 数据清理结果　　　　　　　　　　　　（单位：个）

属性编号	tag-1	tag-2	tag-3	tag-4	tag-5	……	tag-34	tag-35
空值个数	325	120	31	663	138	……	0	0
最大值	28901	1300	21650	32583	234166	……	1000	2
最小值	0	0	0	0	0	……	1	0

为得到"不确定"型收货方的集合，考虑聚类形成的软化过程。例如，收货方的质量偏好隶属度是（0.3, 0.7），即该收货方属于"记忆"型的概率是0.3，"无记忆"型的概率是0.7。聚类硬化过程将收货方归属于"无记忆"簇，即隶属度矩阵变成（0, 1），在某种程度上造成偏好信息丢失。10家门店提供的基本服务情况如表4-2所示。

第4章 收货方偏好数据驱动下电商订单分配与配送质量联合优化模型

表4-2 10家门店服务提供的基本服务情况

收货方编号	需求量/t·d^{-1}	服务时间窗	惩罚系数	保鲜时间要求
A	1.5~2.0	6:00—8:00	20	长
B	1.5~2.0	7:00—9:00	10	长
C	1.0~1.5	5:00—8:00	30	长
D	1.5~2.0	5:00—7:00	25	中
E	1.0~1.5	6:00—8:30	30	中
F	1.0~1.5	5:00—8:00	30	中
G	1.0~1.5	5:30—7:00	20	短
H	1.0~2.5	5:00—8:00	15	短
I	1.0~2.5	5:00—8:00	15	短
J	0.5~1.0	6:30—7:30	10	短

分别将软聚类投票法（Vote-soft）与经典的 K-medoids、K-means 和 Clarans 聚类法的聚类效果进行对比实验，结果表明误差和运行时间显示出较好的优越性（见表4-3）。主要因为 Vote-soft 算法设计思路与本书模型的形成逻辑相似度更高，所以适用性更强。

表4-3 4种聚类方法对比结果

Vote-soft		K-medoids		K-means		Clarans	
误差/%	运行时间/s	误差/%	运行时间/s	误差/%	运行时间/s	误差/%	运行时间/s
3.25	271.16	6.55	390.19	5.04	363.21	8.43	381.37
3.33	283.54	3.00	317.85	5.60	371.63	8.12	390.21
3.87	290.39	4.92	348.47	4.34	383.31	8.64	402.48
3.97	265.88	4.98	324.26	5.39	345.68	8.67	362.97
3.61	277.56	5.37	305.47	5.69	369.02	8.88	387.47
3.26	283.17	6.56	346.20	5.04	369.82	8.43	388.32
3.55	278.62	5.73	373.74	5.18	367.11	8.53	385.47

图4-4（a）表示经过3次迭代训练达到中止，中止过程均方误差的最佳性能参数为0.168。图4-4（b）显示，三次迭代中止时，随着梯度下降，学习率降低，当梯度达到 2.4825×10^{-8} 时，结束训练；变量 MU 值确定学习过程根据牛顿法还是梯度法来完成，MU 随着迭代逐渐降低说明学习过程主要根据梯度下降法，当 MU 下降到 1×10^{-6} 时学习过程停止；错误次数一直稳定在0附近。图4-4（c）中 R 值为相关系数，横坐标为训练的目标值（target），纵坐标为输出值（output），随着训练错误率降低时各门店的聚类回归过程，

将数据划分成3份：训练（training）、验证（validation）、测试（test），其中training数据参加训练，validation和test数据不参加训练，仅用于检验。刚开始时，validation和target数据之间的误差也会变小，随着训练的增加，test数据的误差继续变小，validation数据的误差反而会有所上升；训练进行时，target和test数据目标之间的误差会越来越小；当validation数据的误差连续上升3次时训练就停止了，防止聚集过程的拟合过度。经过训练后得到的聚类结果如图4-4（d）所示，门店C、D、E、F、G样本属于"无记忆"型簇，即动态规划求解；门店A、H、I属于"记忆"型收货方；门店B、J属于"不确定"型收货方。表4-2中的收货门店可选配送资源见表4-4。

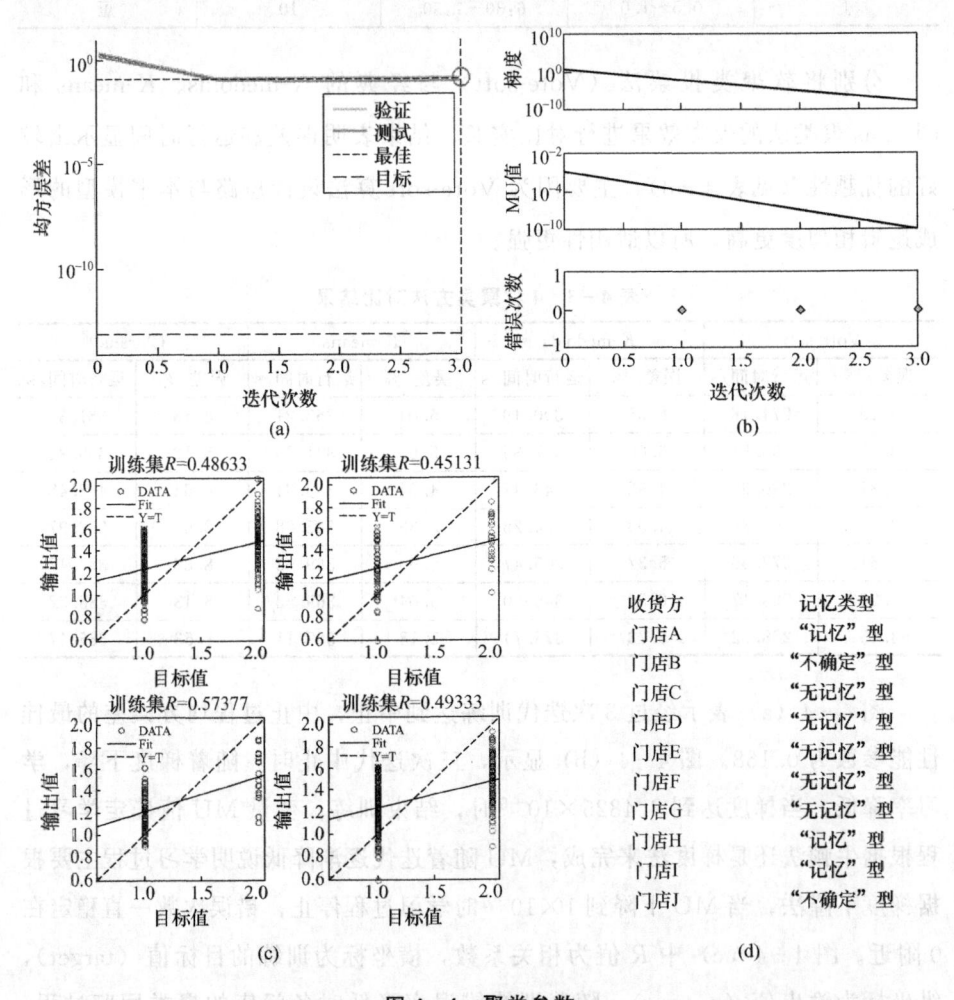

图 4-4 聚类参数

第4章 收货方偏好数据驱动下电商订单分配与配送质量联合优化模型

表4-4 可选配送资源

资源编号	温度范围/℃	储存类别
1	0～7	冷藏食品
2	−2～2	冰温食品
3	−18以下	冷冻食品
4	−50以下	超冷冻食品

对于"记忆"型、"不确定"型和收货方总体的配送资源规划问题,采用改进粒子群算法(Particle Swarm Optimization,PSO)近似求解。如图4-5所示,3次残差拟合以后的情况较光滑,故对样本数据处理均进行3次拟合,得到 $C(t) = 26.41(t^3 + 6t^2 - 106t + 750)/25$。

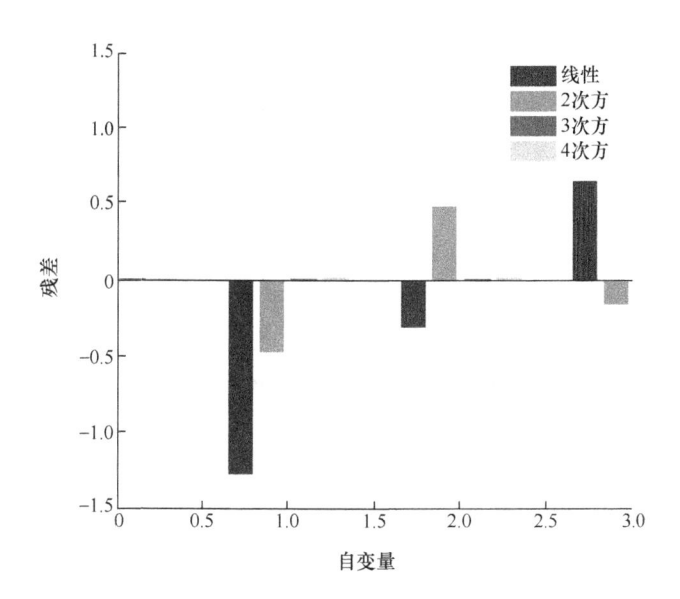

图4-5 拟合情况

改进粒子群求解算法步骤设计如下。

步骤1:设定种群规模,$\forall i, s$ 在 $[-x_{\max}, x_{\max}]$ 及 $[-v_{\max}, v_{\max}]$ 内服从均匀分布,产生 x_{is} 和 v_{is}。

步骤2:计算每个粒子的适应值。

步骤3:对每个粒子,将其适应值和其经历过的最佳位置 p_{is} 的适应值进行比较,若较好,则作为最佳位置。

步骤 4：对每个粒子，将其适应值和全局经历过的最佳位置 p_{is} 的适应值进行比较，若较好，则作为全局最佳位置。

步骤 5：更新粒子速度和位置。

步骤 6：满足终止条件则输出解，否则返回步骤 2。

应用 lingo6.0 软件处理已有 10 个门店的历史数据，并将式（4.6）~式（4.8）的传统规划模型与考虑质量约束的规划模型进行数值对比分析其结果，如图 4-6 所示。

图 4-6 与图 4-7 分别为不同的实时更新条件下成本变化量与收货方需求

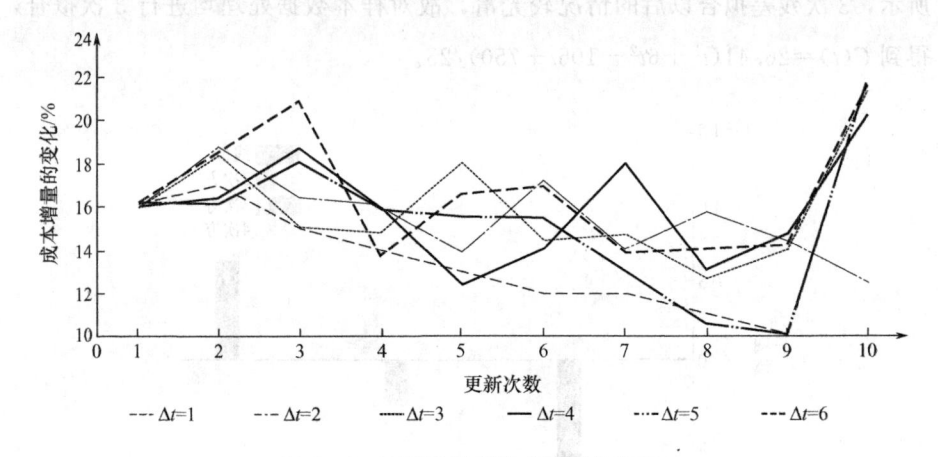

图 4-6 实时采样与成本增量的变化

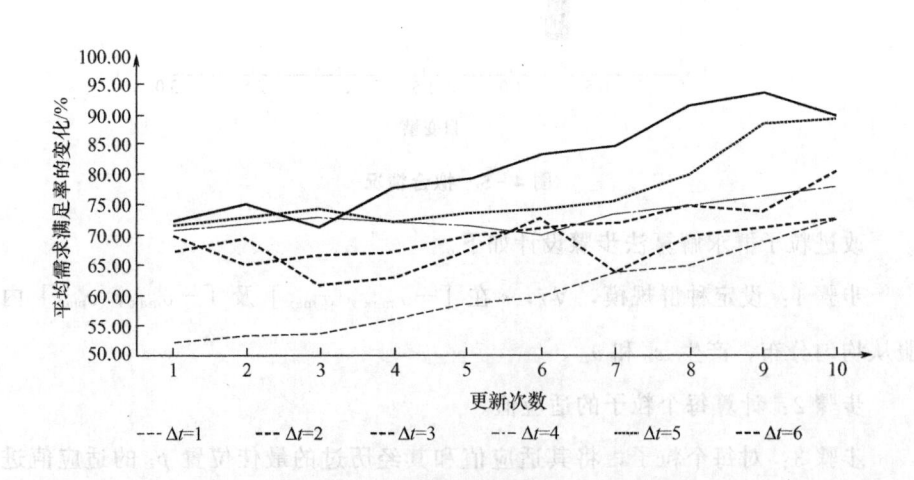

图 4-7 实时采样与平均需求满足率的变化

第4章 收货方偏好数据驱动下电商订单分配与配送质量联合优化模型

满足率的变化。从传统优化到数据驱动决策优化的进程中,实时更新的间隔长度发生较为明显的变化,能够动态地展现成本变化量和收货方需求率的关系,而传统的优化条件存在较长的时间区域。由图4-6可以看出,时间采样点越密集,得到的成本变化量越稳定,反之,波动性越大。由图4-7可知,时间采样点密集时,收货方需求满足率在实时环境下增速放缓,而时间点采样较为稀疏时,收货方需求满足率较高,因为时间间隔较长,收货方需求能够得到配送方的补给。

由图4-8知,传统整数规划方法从成本角度出发,尽可能选择配送成本低的配送服务资源,虽然表面减少了成本,但是忽略收货方的服务感知会影响收货方再次购买的需求,故在 $t=3$ 之前,传统规划方法统一配送,成本一直处于上升趋势。而非线性混合整数规划得到的平均成本在最初阶段高于传统方法,因为配送资源的准备需要一定的成本投入,但是 $t=3$ 之后,非线性混合整数规划成本出现下降,优于传统整数规划。在资源利用率方面,非线性混合整数规划使得配送资源也同样在 $t=5$ 之后得到充分利用,资源利用率基本稳定在0.65%,而传统规划方法由于缺乏一定的灵活性,资源利用率基本为0.2%。通过对比可以看出,对消费者进行聚类分析后,有利于成本节约和资源利用率提升。

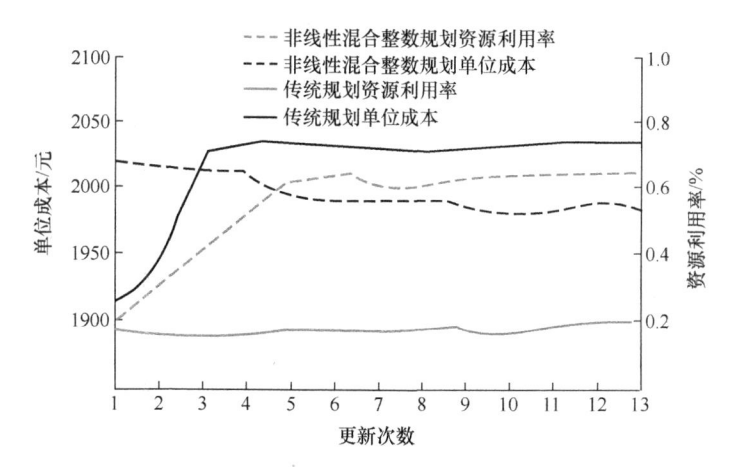

图4-8 实验对比结果

4.6 管理启示

为进一步明确收货方偏好数据驱动下电商订单分配与配送质量联合优化结果对 B2C 模式下电商企业管理实践的指导和借鉴作用，下面依据本章提出的性质、引理和定理，给出本章研究的管理启示，主要体现在以下 4 方面。

1) 在电商企业管理过程中，服务质量是前提基础。以收货方偏好数据为驱动源，进行数据驱动质量优化的决策管理模式，是实现"个性化""一对一"管理理念的有效方式。"无记忆"型收货方和"记忆"型收货方都至多使用两种配送资源得到规划最优解。"无记忆"型收货方在质量需求约束下，配送资源规划问题等价于电商零库存策略。

2) 详细分析求解 4 种分类模型的时间复杂度及 NP 属性，为制定相对精准的配送服务质量解决方案提供合理的数据支撑。收货方数据的日益丰富虽然为电商提供了更多维度的市场数据，但是增加了挖掘方法的设计难度，需要管理者注重提高数据处理的技术水平。

3) 在具体的解决方案中，决策者通过优化设计数据处理流程，抽取收货方产生的历史数据，进行聚类分析能够得到服务质量敏感性相关的特征属性，管理者加强数据预处理环节的优化设计，能够提升电商企业对配送资源规划的精准度。

4) 求解过程发现，大规模 NP-hard 问题通过模型分类后，能够缩减 NP-hard 规模，进而增加解决方案的灵活性，提升大规模问题的求解精确度。粒子群算法作为传统的启发式算法具有收敛速度快的优点，能够在大规模数据求解中发挥作用。

4.7 本章小结

本章先以收货方数据为驱动源构建了电商配送服务质量的非线性混合整数规划模型，对收货方的历史数据进行聚类分析，通过模拟投票结果形成过程，设计得到消费者数据的记忆性特征，然后挖掘不同收货方的质量需求稳定性，

第 4 章　收货方偏好数据驱动下电商订单分配与配送质量联合优化模型

确定配送方案前，先根据聚类效果对收货方的质量敏感性集群进行分类，为电商决策者提供明确的决策支持，根据收货方不同质量敏感性提供相对精准服务，更高效地进行配送资源规划。与传统的统一配送模式相比，数据驱动的分配方案能够对消费者需求实现细分，更能够掌握消费者的服务质量感知情况，满足个性化配送服务的要求，进而提升"最后一公里"配送服务的质量，达到优化电商订单分配与配送质量的目的。

第 5 章　撤单数据驱动下电商订单分配与配送能力联合优化模型

本章以第 4 章服务质量优化为前提和基础，研究如何提升配送服务能力以及如何提高电商物流配送效率。现实情形中，随着 B2C 模式下的电商企业发展日益成熟，物流成为各大电商企业的竞争筹码，物流配送能力和服务效率也成为衡量企业实力的重要指标[133-140]。很多电商企业打破传统快递的牢笼，选择自建物流体系为服务系统构建护城河。尤其在外部物流市场成本发生变动时，电商企业还要应对随时变化的消费者随机需求，自建物流体系能够发挥确保服务质量稳定的作用。例如，京东物流已经在 100 多个城市实现了当日达，并提供京准达、211 限时达、极速达、夜间配等多项个性化服务。在电商购物节期间，即使订单量发生井喷式增长，物流系统以物流服务能力作为保障，为消费者提供的服务质量并没有出现下降的情况。然而，自建物流体系从成本到管理都存在着巨大压力，电商企业需要根据情况决定服务能力的自建与外包决策。因此，本章针对 B2C 模式下电商企业在现实中亟待解决的服务能力优化问题，开展数据驱动下电商订单分配与配送能力的联合优化，更具有实践意义。

5.1　问题描述

考虑 B2C 模式下消费者购买行为具有随机性，产品供应商和具备物流能力的电商平台都面临自建与外包服务能力的决策问题[23-41]。在一个销售周期内，电商通过采取促销活动如京东"618 购物节"、苏宁易购"818 购物节"等引爆平台流量，获得竞争优势，以各种折扣形式吸引消费者。其中，京东 2017 年"618 购物节"的第一小时销售额同比增长近 250%，截至 15 时累计

第 5 章 撤单数据驱动下电商订单分配与配送能力联合优化模型

下单金额超 1100 亿元；天猫购物节 26 分钟卖出口红 1000 万支，10 小时内 4500 万片面膜一售而空，发货量达上一年同期的 3 倍。订单量井喷时，仅仅依靠电商平台的自营物流和快递公司显然无法满足巨大的运力需求[8-11]。电商企业的配送服务与传统企业的物流配送服务相比，具有消费者群体的区域性、接收订单的不确定性、处理订单的波动性，这就要求电商的配送服务比传统配送服务更具灵活性[85-87]。本章将撤单数据有效信息融入服务能力决策模型，制定博弈最优方案，降低外部市场牛鞭效应的影响[286-291]。

在本章中，撤单数据来源于订单分配系统与物流配送系统。其中，订单分配系统中，通过订单号关联了订单消费者账户基本信息、订单撤销时间、订单成交状况、订单终止相关信息等；物流配送系统中，通过物流资源编号关联了物流配送车辆及其预处理订单信息、配送路径及其预处理订单信息、仓库地理位置及其预处理订单信息等。本章主要侧重于面对不同外部服务市场，将消费者撤单行为融入电商的服务能力决策模型，得到订单分配与配送联合优化的最优服务能力决策方案。值得注意的是，在实际决策过程中，消费者的不确定性一直是影响电商企业配送服务能力决策的关键因素，主要原因在于消费者不确定性的影响要素较多，标准选取较为困难，方法设计较为复杂。

本章研究的问题是在牛鞭效应理论的基础上依据撤单数据设计模型和算法，实现 B2C 模式下电商订单分配与配送能力的联合优化。具体地，针对消费者需求的大规模数据集，通过设计两阶段法选取数据特征，根据选取的特征，学习错误分类代价最小化判别函数，确保总错误代价最小，降低牛鞭效应的影响。通过误差扰动控制，得到相对有效的决策参数数据集合。消费者通过电商平台的在线购买行为及线下配送服务过程可描述为 M/M/1 排队系统。同时，考虑到消费者购物心理变化时刻影响其网上操作行为，提交的订单信息直接对虚拟库存系统产生更新操作，虚拟库存再与订单后续处理系统相协调，对电商的运营成本产生影响。虚拟订单被撤销的过程描述了消费者撤单行为。在此基础上进一步考虑外包市场的变化，将撤单率引入不同情形下的博弈均衡，制定配送服务能力规划模型，实现相对灵活的决策。最后，针对撤单数据驱动下电商订单分配与配送能力联合优化方案进行决策效果测试。

5.2 误差驱动的数据预处理

面对大规模散乱数据集,首先要解决数据特征选取问题,即从训练数据样本中选取相关特征,确保整个决策流程内数据信息分类的总错误代价最小,以此降低牛鞭效应。

5.2.1 数据特征选取问题

为提高数据特征选取的准确度,本节设计一种解决最小化分类错误代价的两阶段特征并选取解决方法作为后续决策的预处理阶段。进一步地,提出了一个最大化分类边界遗传算法(Maximize the Classification Boundaries-GA,MaxCB-GA),对所有的样本分类边界进行最大化处理。与传统支持向量机的最大化分离边界方法相比,MaxCB-GA使得类别之间的差异化特征显著性更高。

特征选取方法的实验设计基本框架为:第一阶段,采用传统的穷举法和启发式模拟退火方法。第二阶段,使用传统的错误代价敏感的支持向量机(SVM)和最大化分类边界遗传算法进行代价敏感的分类。该框架通过不同的错误分类代价矩阵,测试解决错误代价最小问题的两阶段方法,对两个阶段内的子算法进行优化组合。结果表明,特征选取在错误分类代价非对称性增加时能够发挥重要作用,并且MaxCB-GA与传统SVM分类法相比,表现出更好的性能。

对含有多维决策属性的数据集进行特征选取具有一定的技术难度,且往往是计算密集型,增加了方法设计的难度。特征选取问题相当于对数据进行降维,在统计学、模式识别和机器学习领域已经得到广泛关注。其主要可以分为两大类:过滤器和封装器。过滤器和封装器的主要区别在于过滤器方法使用统计或信息理论措施来降低维度,输入决策属性独立于学习算法进行特征选取;封装器则基于搜索的方法来选取输入决策属性,使得输入决策属性与学习算法相关联进行特征选取。降低决策属性的输入基数可以降低组织信息获取代价,并提高分类器的普适性。特征选取问题的研究假设主要是对称的误分类错误代价，而在非对称误分类错误代价下的特征选取问题研究还很鲜见。

将错误分类代价最小化特征选取问题划分为两个子问题——特征选取问题和错误分类代价最小化问题，进而划分出两个不同阶段分别解决。在第一阶段，选取决策属性的特征；在第二阶段，根据第一阶段选取的特征，学习错误分类代价最小化判别函数。此外，用搜索方法来解决第一阶段的特征选取问题。第一个特征选取方法使用穷举回溯搜索，并假设所有可能的基数特征大于或等于两个决策属性。回溯搜索增加了计算空间，输入的决策属性很多是无效的。因此，改进设计得到基于模拟退火（SA）启发式特征选取法，识别相对显著的特征。

5.2.2 两阶段法特征选取

设分类器的输入 $\boldsymbol{X}=[x_1,x_2,\cdots,x_n]^\mathrm{T}$ 是含有 $n>2$ 个属性的向量。令 $\boldsymbol{u}=[u_1,u_2,\cdots,u_n]^\mathrm{T}$，其中，$u_i\in\{0,1\}$，$\forall i\in\{1,\cdots,n\}$ 是 n 维二进制向量。当 $u_i=1$ 时，表示接受输入属性，当 $u_i=0$ 时，该属性被舍弃。假定一个向量 $z=\{x_i\mid u_i\neq 0\}$，如果 $A=\{a\mid 0,1\}$ 是输出属性，则错误分类代价最小化特征选取问题可以表示为 $f(z)=A$。错误分类代价最小化特征选取问题包括确定分类函数 $f(\cdot)$ 和向量 z，使得 $f(z)$ 在向量 z 的所有可行域具有最小的误分类代价。由于 z 取决于向量 u，其中，向量 z 共有 2^n-1 个非空值。

为避免出现仅有一个输入属性的解决方案，构建一个具有多变量的分类器，即增加约束 $|z|>1$，$|z|\leqslant n$ 表示向量 z 的基数，即通过含 $2^n-(n+1)$ 种可行解决方案的搜索空间确定一组输入属性，从而降低错误分类代价。由二项式定理可知，$2^n=\sum_{g=0}^{n}\binom{n}{g}$，错误分类代价最小化特征选取的搜索空间复杂度为指数型。

所设计的两阶段法用来解决分类边界最大化问题。首先识别向量 $\boldsymbol{u}$ 的值，通过两种不同的错误分类代价最小化算法构建学习函数 $f(z)$，并在训练数据样本中选取具有最低错误分类代价的解向量为最优解决方案 $\boldsymbol{u}^*$。值得注意的是，搜索空间的复杂性是指数级，对于较小的 n 值，可以计算得到 $\boldsymbol{u}$ 的 $f(z)$

值。然而，对于较大的 n 值，会造成存储器空间溢出，无法计算 u 的 $f(z)$ 值。因此，设计模拟退火启发式方法用于求解 n 值较大的情况，在合理时间范围内获得错误分类代价最小化特征选取问题的近似最优解决方案。

图 5-1 为错误分类代价最小化特征选取问题的两阶段框架。第一阶段，使用穷举搜索或启发式技术识别 u 和相关 z 值。第二个阶段，使用第一阶段识别的属性解决分类问题，实现错误分类代价最小化。顺序迭代直到 u 和相关 z 的所有值在穷举搜索中被识别，或者直到启发式搜索满足某个终止标准，得到最佳或者近似最优的解决方案作为运行结束时的输出返回值。

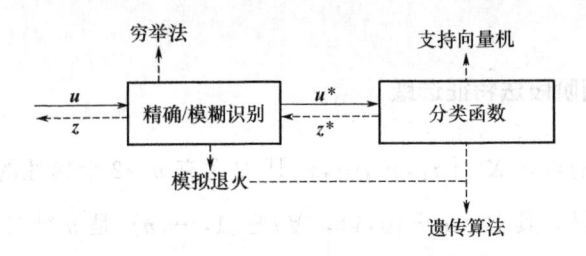

图 5-1 特征提取问题的两阶段框架

（1）支持向量机

基于贝叶斯的错误分类代价最小化支持向量机实现了传统的特征提取两阶段算法。以此为基准，可测试改进遗传算法的有效性和优越性。设两个算法的输入数据集 $D=\{(X^1,a^1),\cdots,(X^M,a^M)\}$，其中 $a \in A=\{0,1\}$，且 $X=[x_1, x_2,\cdots,x_n]^T$。同时，$C(1|0)$ 为错误分类记为 1、正确记为 0 时的错误分类代价，$C(1|0)$ 同理。支持向量机的判别函数系数构成 n 维向量 $w=[w_1,\cdots, w_n]^T$，w_0 表示截距，G_0 和 G_1 是二进制类集合，贝叶斯错误代价风险最小的支持向量机表达式如下：

$$\min\left\{\frac{1}{2}\|W\|^2 + Q\left[C(1|0)\sum_{i \in G_0}\xi_i + (2C(0|1)-1)\sum_{i \in G_1}\xi_i\right]\right\} \quad (5.1)$$

$$\text{s.t.} \quad W^T X_i + w_0 \geq 1-\xi_i \quad \forall i \in G_0 \quad (5.2)$$

$$W^T X_i + w_0 \leq \xi_i - \theta \quad \forall i \in G_1 \quad (5.3)$$

$$\theta = \frac{1}{2C(0|1)-1} \quad (5.4)$$

$$\xi_i > 0, \forall i \in \{1,K,\cdots,M\} \quad (5.5)$$

由式(5.1)～式(5.5)，设 $C(1|0) \geqslant [2 \times C(0|1) - 1]$。如果 $C(1|0) < [2 \times C(0|1) - 1]$，则训练样本数据预处理可以通过 G_0 和 G_1 标签交换进行，同理得到 $C(1|0)$ 和 $C(0|1)$，使得样本集满足式(5.1)～式(5.5)。目标函数中的参数 Q 称为支持向量机的正则化参数，而支持向量机的性能受到正则化参数的影响。根据搜索空间的二进制特性和指数性，Q 的最优值从集合 $\{2^{-3}, 2^{-2}, 2^{-1}, 2^0, 2^1, 2^2, 2^3\}$ 中选取，确保训练数据的错误分类代价是最小的。

（2）分类边界最大化遗传算法

在众多分类优化算法研究中，遗传算法在计算总体错误分类代价时最具准确性和灵活性。算法流程为：首先进行线性分类使错误分类代价最小化，再将错误分类样本与决策平面之间的距离最小化。

当遗传算法用于解决二元分类问题时，每个成员都是潜在的解决方案。学习线性判别函数系数的种群 P 由系数向量 w 和截距 w_0 组成。系数向量和截距在一个种群成员中表示为 $\{w_1, w_2, \cdots, w_n, w_0\}$。每个种群成员代表一个判别函数 $\boldsymbol{W}^T X + w_0 = 0$。分类启发式可表示如下：

如果 $\boldsymbol{W}^T X + w_0 \geqslant 0$ 则 Type=G_1；

否则 Type=G_0。

向量 $\boldsymbol{W}$ 和 w_0 的单个元素被称为给定种群成员 P 的基因，即系数和截距。由于遗传算法以最优生存策略来演化其种群，所以遗传算法的关键设计问题是设计一个适应度函数。为最小化误分类代价，得到演变更高适应性的种群，适应度函数为

$$f = \frac{K \times 正确分类样本}{1 + C(0|1) \times \text{I}型总数 + C(1|0) \times \text{II}型总数} \quad (5.6)$$

其中，I 型表示误将类型 1 的样本分到类型 0，II 型表示误将类型 0 的样本分到类型 1。适应度函数是非负数，且当误差代价为正时，适应度函数的分母不为零。常数 K 等于训练数据集中样本的总数。通过增加正确分类总量、减少总分类代价，能够提升种群成员的适应度。

对于 MaxCB-GA 算法，除了最大限度地减少总的错误分类代价之外，分类决策平面和错误分类的个体之间的距离也进行了最小化。为描述这一过程，假设一个二维空间的分类决策线如图 5-2 所示。可以看出，只有两个成员的

分类是错误的，分类决策线与这两个错误分类的成员距离分别是 S_1 和 S_2。可以计算出 S_1 的值为

$$S_1 = \frac{|w_1 x_1 + w_2 x_2 + w_0|}{\sqrt{w_1^2 + w_2^2}} \tag{5.7}$$

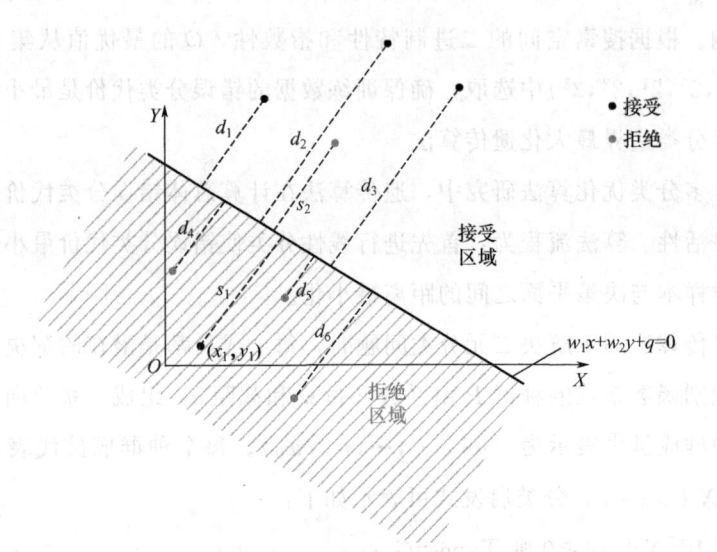

图 5-2　线性分类决策过程

同理，计算 S_2 的值。为使遗传算法的适应度函数能够描述错误分类成员的距离，将错误分类成员距离的绝对值之和与正确分类成员距离的绝对值之和进行归一化。根据图 5-2，定义分类平面的错误分类归一化总距离 η，即

$$\eta = \frac{\sum\limits_{i=1}^{2} |s_i|}{\sum\limits_{j=1}^{6} |d_j|} \quad \eta < 1 \tag{5.8}$$

通过 MaxCB-GA 的适应度函数，首先将总分类错误代价最小化，然后将分类决策面中错误分类样本的距离最小化，适应度函数表达式为

$$\frac{K \times (正确分类标本)}{1 + C(2|1) \times \text{I 型总数} + C(1|2) \times \text{II 型总数} + \eta} \tag{5.9}$$

η 的值越小，则最小化错误分类代价的优先级越高。

（3）模拟退火算法

在图 5-1 中，第一阶段的特征选取与第二阶段的错误分类代价最小化方法承上启下，相互作用。因此，两个阶段组合的紧密度越高，算法整体性能越强。分类边界最大化遗传算法即为错误分类代价最小化特征选取问题的整体解决方案。

下面对两种组合方案进行测试：第一个解决方案为混合回溯穷举搜索算法和 MaxCB-GA；第二个解决方案使用模拟退火和 MaxCB-GA 的启发式搜索算法。

使用回溯穷举搜索，遍历生成全部的可行解向量数量共计 2^n 个。修剪解决方案向量以获得向量集合 U 的元素，其中决策属性总和保留个数为 1 或 0。对于 U 的每组非修剪解集计算 Z 值，并在第二阶段使用 MaxCB-GA 解决分类问题。图 5-3 描述了 $n=4$ 时保留和修剪特征元素的具体搜索过程。对于少于两个决策属性的节点，以及分支被修剪的情形，由于简化过度，则该解决方案在第二阶段不予考虑。

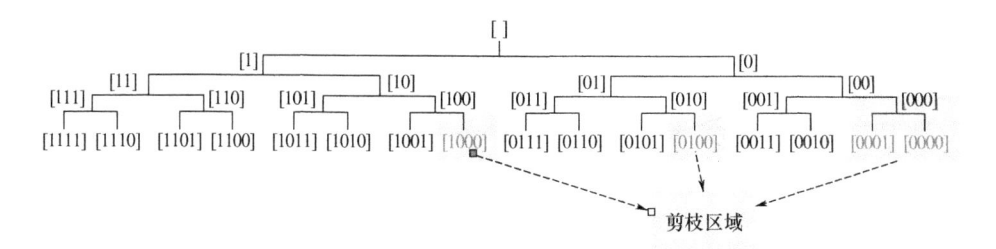

图 5-3　特征选择的搜索过程

基于模拟退火算法特征选取的基本思想为：选取随机可行解，从搜索空间的随机解开始，在初始解的邻域内进行随机移动。如果得到更好的解决方案，则接受该方案；如果得到更糟糕的解决方案，那么随着时间推移，该方案被接受的概率会越来越低。

将 U 定义为一个二元向量 $k=\{k_1,\cdots,k_n\}$。向量 U 在 K 的邻域内满足以下条件：$N(k)=\{u\in\{0,1\}^n: \| k,u \| =1\}$。即 K 的邻域由二元 n 维元素组成。

那么，向量 U 中的元素可通过随机生成的整数 j（$1\leqslant j\leqslant n$）定义：

$$u_j=\begin{cases} k_i & i\neq j \\ 1-k_i & i=j \end{cases} \tag{5.10}$$

图 5-4 为模拟退火算法流程，用来识别 U 的可行解。T_0、z_{max} 和 α 分别为初始温度、最大迭代数和步长值。调用函数 MaxCB_GA()，返回与 U 输入参数向量相关的数据向量 Z，即最佳的错误分类代价最小化分类。

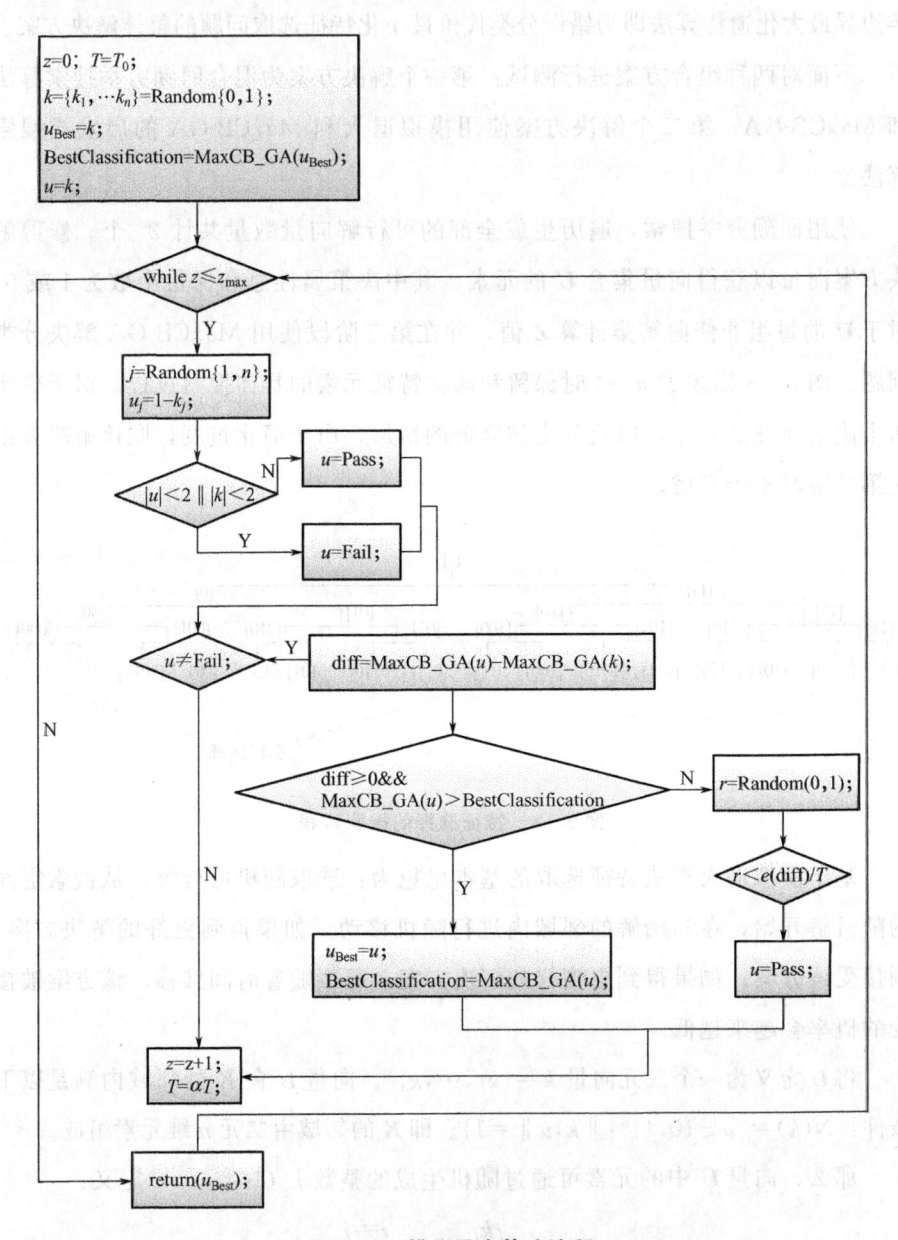

图 5-4　模拟退火算法流程

第5章 撤单数据驱动下电商订单分配与配送能力联合优化模型

为了确保算法的准确性,对数据预处理系统的两种混合算法 BT-MaxCB-GA 和 SA-MaxCB-GA 进行测试,确保算法准确性和性能优势。实验确定了 GA 参数的种群大小、交叉率、变异和迭代次数,其中,当群体大小为 100、交叉率为 0.3、突变率为 0.1、终止迭代为 500 时效果最优。通过 SA 测试,得到 $Z_{max}=15$、$T_0=1200$、$α=0.625$。

为了测试算法的性能,分别使用正态分布、指数分布和均匀分布 3 种不同的数据分布生成 20 个随机数据样本。测试实验比较了 BT-Max CB-GA、SVM、BT-SVM 和 SA-MaxCB-GA 的性能,评估 4 种方法的稳健性。每种数据分布的 20 个随机数据样本中,每个样本都包含关于 10 个独立属性 $(x_1, x_2, \cdots, x_{10})$ 的 300 个实例,每组之间样本平均分配。初始状态下,组 0 的平均值近似为 0,组 1 的平均值近似为 0.5。所有属性的标准偏差近似等于 1,偏度设置为 0。

为测试错误分类代价非对称的敏感性,设计 3 种不同的代价矩阵进行实验。这 3 种不同的矩阵分别表示对称的错误分类代价(1:1)、轻度非对称的错误分类代价(2:1)和高度非对称的错误分类代价(4:1)。表 5-1(a)为对称分类成本矩阵,表 5-1(b)为轻度非对称误分类成本矩阵,表 5-1(c)为高度非对称误分类成本矩阵。通过 20 个数据集和 3 个错误分类代价矩阵,我们测试 BT-MaxCB-GA、SVM、BT-SVM 和 SA-MaxCB-GA 4 种不同算法,共进行 60 次实验,其中每个错误分类代价矩阵在 3 种不同的数据分布下分别各做 20 次实验。表 5-2~表 5-4 为 3 种不同分类错误代价矩阵保留样本结果的描述性统计,其中全样本列为总体样本 20 次实验的错误分类代价平均值和标准差。对于包含特征选取的 3 种算法 BT-MaxCB-GA、BT-SVM 和 SA-MaxCB-GA,子样本列为根据分类器训练数据集保留的决策属性数量得到的平均值和标准差。SVM 使用了全部的 10 个决策属性,没有任何特征被舍弃。

表5-1　3种对称程度分类成本矩阵

(a)

预测值	实际值	
	0	1
0	0	1
1	1	0

(b)

预测值	实际值	
	0	1
0	0	2
1	1	0

(c)

预测值	实际值	
	0	1
0	0	4
1	1	0

表5-2　对称的错误分类成本矩阵的描述性统计

样本处理方式	BT-MaxCB-GA 全样本 MSE	STD	子样本 MSE	STD	BT-SVM 全样本 MSE	STD	子样本 MSE	STD	SA-MaxCB-GA 全样本 MSE	STD	子样本 MSE	STD	SVM 全样本 MSE	STD
N	84.31	11.74	9.50	2.16	82.29	12.45	9.36	2.18	88.23	9.51	7.50	2.00	77.20	9.90
E	84.89	7.85	9.71	2.16	83.25	7.97	9.76	1.99	90.76	8.96	7.95	1.72	78.50	8.52
U	87.30	20.28	9.56	2.21	87.26	20.87	9.28	2.34	89.21	20.58	7.95	1.87	80.50	18.63

表5-3　轻度非对称的错误分类成本矩阵的描述性统计

样本处理方式	BT-MaxCB-GA 全样本 MSE	STD	子样本 MSE	STD	BT-SVM 全样本 MSE	STD	子样本 MSE	STD	SA-MaxCB-GA 全样本 MSE	STD	子样本 MSE	STD	SVM 全样本 MSE	STD
N	101.17	14.09	8.55	1.94	74.06	11.21	8.42	1.96	79.41	8.56	6.75	1.80	69.48	8.91
E	101.87	9.42	8.74	1.94	74.93	7.17	8.78	1.79	81.68	8.06	7.16	1.55	70.65	7.67
U	104.76	24.34	8.60	1.99	78.53	18.78	8.35	2.11	80.29	18.52	7.16	1.68	72.45	16.77

第5章 撤单数据驱动下电商订单分配与配送能力联合优化模型

表 5-4 高度非对称的错误分类成本矩阵的描述性统计

样本处理方法	BT-MaxCB-GA 全样本 MSE	BT-MaxCB-GA 全样本 STD	BT-MaxCB-GA 子样本 MSE	BT-MaxCB-GA 子样本 STD	BT-SVM 全样本 MSE	BT-SVM 全样本 STD	BT-SVM 子样本 MSE	BT-SVM 子样本 STD	SA-MaxCB-GA 全样本 MSE	SA-MaxCB-GA 全样本 STD	SA-MaxCB-GA 子样本 MSE	SA-MaxCB-GA 子样本 STD	SVM 全样本 MSE	SVM 全样本 STD
N	121.41	10.57	11.40	1.75	66.65	10.08	7.58	1.77	71.47	7.70	6.08	1.62	62.53	8.02
E	122.24	7.07	11.65	1.75	66.65	10.08	7.58	1.77	71.47	7.70	6.08	1.62	62.53	8.02
U	125.71	18.25	11.47	1.75	67.43	6.46	7.91	1.61	73.52	7.26	6.44	1.39	63.59	6.90

图 5-5～图 5-7 为针对 3 种不同数据分布的不同规模样本测试结果。研究表明，随着错误分类代价非对称增加，增加特征选取环节的数据预处理优势增加。因为使用特征选取技术 BT-MaxCB-GA、SA-MaxCB-GA 和 BT-SVM 的错误分类代价与不使用特征选取技术的 SVM 相比，SVM 随着错误分类非对称性增加，错误分类代价增加显著。错误分类代价对称时，不使用特征选取技术的 SVM 表现更好。

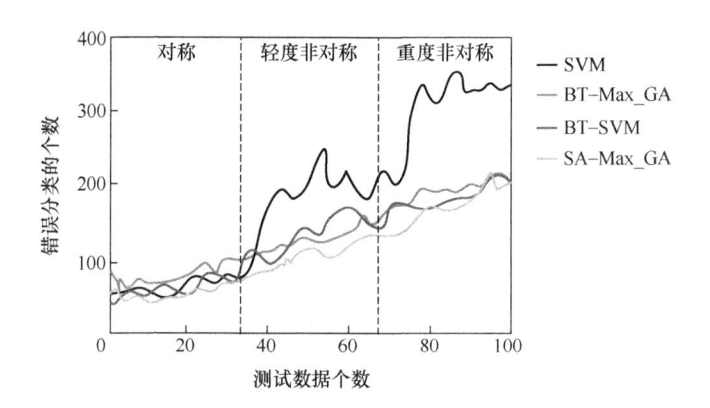

图 5-5 正态分布的样本结果

对于常见的数据分布而言，错误分类代价对称时，SVM 执行效果最好，采用特征选取降低了样本性能。然而，当分类代价偏低和高度非对称时，SVM 表现最差。在 3 种误分类代价矩阵中，BT-MaxCB-GA 和 BT-SVM 之间的平均性能差异不明显。对于指数分布数据集，错误分类代价对称时，SVM 优于所有其他技术，而错误分类代价非对称时，SVM 表

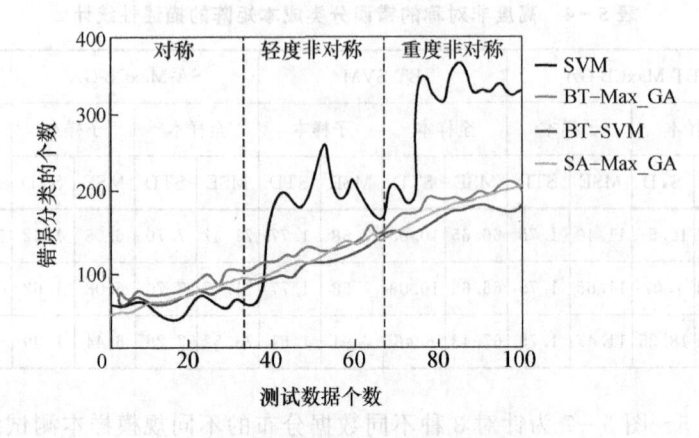

图 5-6　均匀分布的样本结果

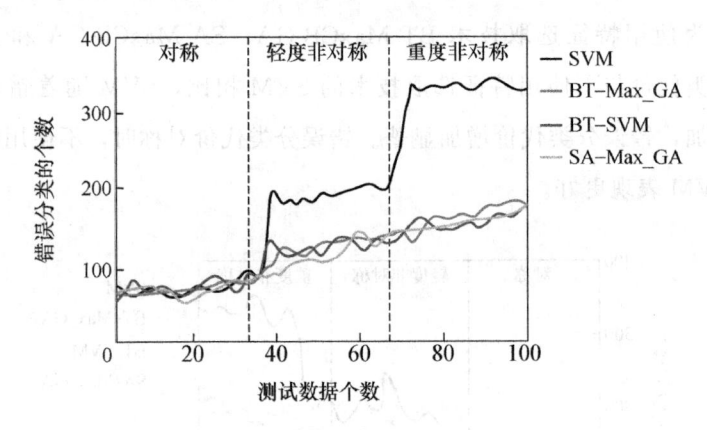

图 5-7　指数分布的样本结果

现最差。当分类代价非对称时，BT-MaxCB-GA 和 SA-MaxCB-GA 优于 BT-SVM。对于高度非对称的错误分类代价，BT-MaxCB-GA 和 SA-MaxCB-GA 的性能具有相似性。对于均匀分布的数据集，SVM 结果与正态分布和指数分布观察到的结果类似，BT-MaxCB-GA 和 BT-SVM 在性能上没有明显差异。

数据分布的研究结果表明，没有特征选取的 SVM 是错误分类代价对称情形的最佳方法。然而，错误分类代价非对称时，特征选取发挥重要作用，其中 BT-MaxCB-GA 与 BT-SVM、SA-MaxCB-GA 相比，总体表现更优。

5.3 撤单率驱动的电商配送服务能力博弈均衡模型

5.2节根据问题描述，通过误差扰动控制，得到相对有效的决策参数数据集合。本节通过撤单数据驱动的模型描述，数据驱动下撤单率的度量，得到不同情形下的博弈均衡模型。

5.3.1 撤单数据驱动的模型描述

消费者以价格 p 或折扣价格 p' 在线购买产品，产品供应商首先以批发价格 w 为电商供应产品，电商根据其自建配送服务系统所需的单位成本 c_{in} 和委托外包配送服务的单位成本 c_{out} 为消费者提供产品及其配送服务的组合，并在消费者订单到达前决定采取哪种方式。消费者通过电商平台在线购买产品及线下配送服务过程描述为 M/M/1 排队系统，如图 5-8 所示。

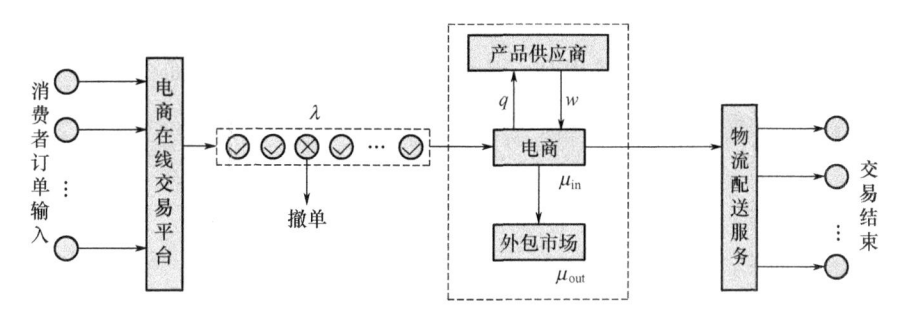

图 5-8 在线产品服务排队系统

如图 5-8 所示，电商通常依据与产品供应商签订的批量购买契约来保证订单的执行，批量购买量记为 q。配送订单到达率 λ 服从泊松分布，电商的配送服务能力为 μ，分为自建配送服务能力 μ_{in} 和外包配送服务能力 μ_{out} 两个部分，预计的单位配送服务能力成本分别为 c_{in} 和 c_{out}，且 $\mu = \mu_{in} + \mu_{out}$。为描述在线冷静期内消费者随机需求导致订单终止的撤单行为，引入撤单率 κ，即 $0 < \kappa \leqslant 1$。

为明确问题的研究范围，假设条件如下。

1) 电商对消费者总需求量 D 是未知的，D 受电商提供给消费者的配送时间 T 的影响，消费者能接受的最长配送时间 T_0 由市场竞争环境客观决定。

$D=X+\theta(T_0-T)$，$X \sim F(x)$ 表示市场随机需求分布函数且存在二阶微分，密度函数为 $f(x)$，$x \in \mathbf{R}^+$，θ 表示电商对消费者承诺的响应能力。设服务水平与配送时间成反比，电商提供的配送服务水平表示为 $1/T$，即电商提供的配送期间越长，其提供的服务水平越低，反之，服务水平越高。

2) 令实际的配送服务到达率为 $\lambda=(1-\kappa) \cdot \min(D,q)$。消费者订单在排队系统中的平均等待时间为 $\dfrac{1}{\mu-(1-\kappa) \cdot \min(D,q)}$，即电商承诺的配送时间只有在满足 $T \geqslant \dfrac{1}{\mu-(1-\kappa) \cdot \min(D,q)}$ 时，才能实现订单准时送达。

3) 不考虑产品供应商对电商的供货过程。销售周期内未卖出的产品残值为零，未满足的需求无惩罚成本。

4) 产品供应商的风险态度是中立的。消费者撤单行为产生电商的额外成本等价于电商配送服务能力损耗。

确定决策变量为 μ_{in}、q 和 T。从电商决策者的角度出发，根据图 5-8 所示的在线产品服务排队系统得到 Stackelberg 动态博弈过程，如图 5-9 所示，其中，参与人集合为产品供应商（A）、电商（B）和消费者（C）。

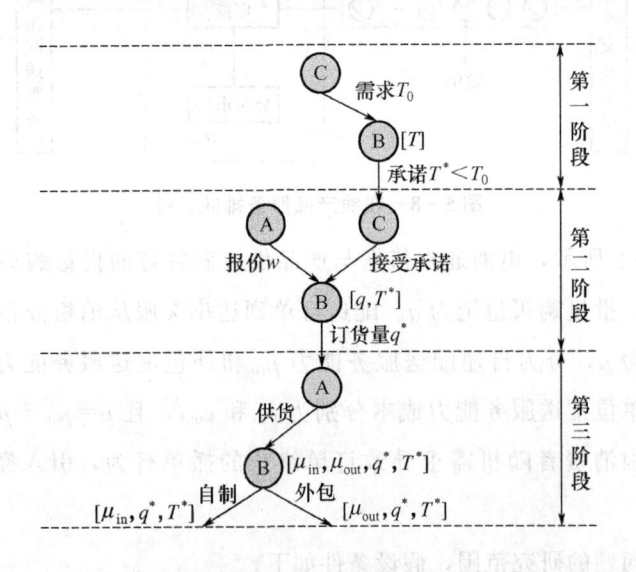

图 5-9　基于 Stackelberg 模型的三阶段动态博弈树

步骤1：电商结合市场需求情况及消费者对最短配送服务时间预估，向消费者承诺配送服务时间 T。

步骤2：产品供应商作为博弈主导方给出的批发价格 w，根据第一阶段得到的 T^*，电商确定订货量 q。

步骤3：电商自建配送服务能力 μ_{in} 满足消费者需求，否则，电商需从外包市场购买配送服务能力，记为 μ_{out}。

依据图 5-9 对博弈求解阶段的划分，对 3 种情形的电商的决策变量分别采用逆向递归法，可得到子博弈完美均衡解，并提出 3 种情形下的应对决策方案。

情形1：产品供应商和电商进行合作，即博弈过程两方参与人组成子系统 A+B 与消费者 C 进行完全信息动态博弈。该情形对电商决策者而言是最理想的，即电商的决策目标为 A 与 B 完全信息共享情况下的总支付函数值最小，记为完全合作博弈。

情形2：在竞争激烈的市场环境下，所有参与方都强调自主决策，即电商与其他参与方进行动态非合作博弈时，仅考虑 B 的收益函数值最大，记为非合作博弈。

情形3：考虑到实际决策过程的复杂性，各参与方之间存在有限合作的关系，即电商的决策行为对 A 和 C 的收益函数均造成影响，电商与参与方之间往往存在一定程度的合作，记为不完全非合作博弈。

5.3.2 数据驱动下撤单率的度量

不论计划性还是非计划性购物，消费者都会产生一定程度的犹豫心理，而造成这种不确定性的原因即为需求抑制因素，对消费者的潜在需求产生负向作用。目前，对于在线冷静期内的消费者撤单行为一直没有统一的定义。在线撤单行为是指消费者在没有绝对购买意愿的情形下进行了网购，导致订单没有完成交易流程的行为。在线撤单行为的时间维度界定在消费者将商品放入购物车，直到付款完成。由图 5-9 分析可知，撤单行为发生在动态博弈的第一阶段，这必然对电商后续博弈阶段产生扰动。

网络购物客户端与电商服务系统通过数据库交互连接，协调订单生成、虚拟库存量及物流配送计划，实现订单量变化的实时统计。消费者提交的订单信息直接对虚拟库存系统产生更新操作，虚拟库存再与订单后续处理系统相协调，对电商的运营成本产生影响。由于消费者购物心理变化时刻影响其网上操作行为，因此，为刻画撤单行为的生成过程，对消费者的操作进行阶段划分，再参考网络购物平台的架构设计，给出电商订单处理过程的一般时序流程和消费者撤单产生的时序节点，如图 5-10 所示。

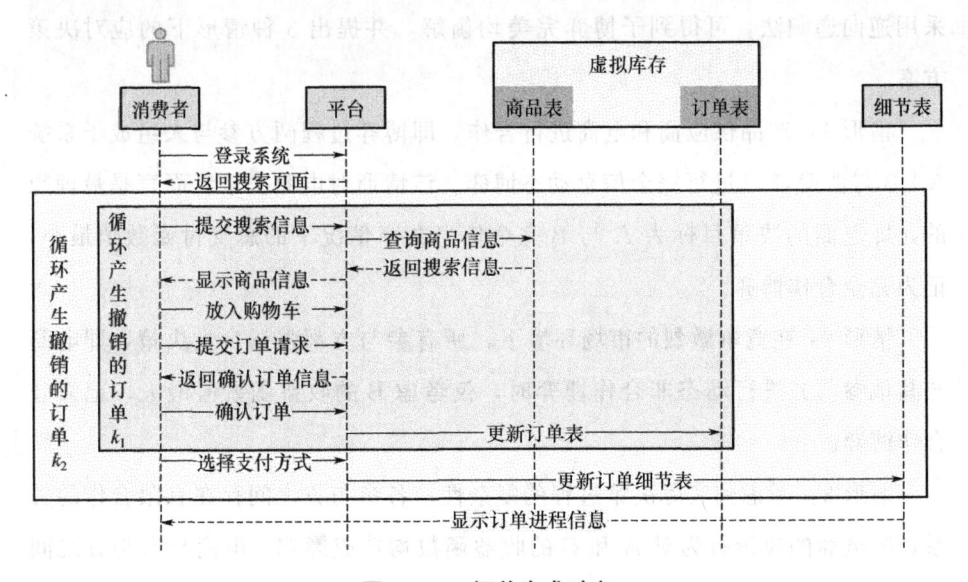

图 5-10 订单生成时序

如图 5-10 所示，消费者搜索到心仪商品，放入购物车进行储存，再进行订单确认。这一过程给消费者网络购物过程提供了第一阶段的在线缓冲冷静期，具有撤单的可能性；消费者度过第一个在线冷静期才会对所购商品进行在线支付或者选择货到付款，数据平台确认交付方式后会继续更新虚拟库存，并进一步生成订单处理细节，直至订单交付前，这一过程是提供给消费者的第二阶段的在线冷静期；订单交付后，消费者再进行订单撤销操作则属于售后服务和退换货范畴。据此，本章描述的撤单率在时间维度上属于这两个阶段的在线冷静期。

1) 消费者对已经选择放入购物车的商品确认后再撤销订单，记为 k_1。

2) 消费者提交订单支付方式而没有完成订单支付,记为 k_2。

这两个阶段的统计量均以虚拟库存的更新为标记,因为虚拟库存协同消费者需求与物流配送系统将对电商的运营成本产生直接影响,同时,虚拟库存统计出的撤单数据是对消费者潜在不确定需求的初步挖掘。

订单系统最终完成订单交付的订单量记为 k_3,得到消费者网络购物过程中产生的总订单总量为 $k_1+k_2+k_3$。在两个阶段的在线冷静期内产生的撤销订单量为 k_1+k_2,在线产品服务排队系统的总撤单率为 $\kappa=\dfrac{k_1+k_2}{k_1+k_2+k_3}$。基于此,给出如下两个相关联的定义。

定义 5.1 在线冷静期。以购物车订单提交为起始时间,直到订单交付为止的时间段内,消费者随时可以操作在线平台允许的消费者权限,进行订单修改,这个阶段称为在线冷静期。现实中,为营造积极的网络交易环境,在线冷静期能够在一定程度上减少冲动决策和非理性行为带来的商业纠纷和潜在损失,为博弈双方提供一个缓冲阶段。例如,2011 年 4 月 12 日商务部发布的《第三方电子商务交易平台服务规范》鼓励平台经营者设立"冷静期"制度,允许消费者在冷静期内无理由取消订单,但是冷鲜产品、食品、化妆品及药品等除外。

定义 5.2 撤单行为。内部和外部因素的影响下,在线冷静期内的消费者对冲动提交的订单可以履行撤销的权利。事实上,电商平台在进行支付前都提供了消费者撤单行为的权限,其中,部分平台为了提高服务质量,消费者在支付完成后依然可以发出撤单指令,如京东、当当等。

5.3.3　3 种情形的均衡模型

(1) 情形 1:完全合作博弈均衡

在没有外包市场的情况下,产品供应商和电商进行合作,作为一个整体寻求利润最大化。这种情形尤其体现在纵向一体化的大型电商企业。电商需要在消费者做出购买决定之前组建自己的配送服务部门。

命题 5.1 完全合作博弈情况下电商的完全自建配送服务能力决策模型为

$$\max \pi = p \cdot \min(q,D) + p'(q-D)^+ - c_s q - c_{in}\mu_{in} \quad (5.11)$$

$$\text{s. t.} \quad \frac{1}{\mu_{in} - (1-\kappa) \cdot \min(q,D)} \leqslant T \quad (5.12)$$

式中，$(1-\kappa) \cdot \min(q, D)$ 为撤单行为影响下有效订单的配送服务需求。完全合作情况下电商的完全自建配送服务能力决策博弈均衡为

$$\mu_{in}^* = \frac{1}{T} + (1-\kappa)q, \quad q^* = F^{-1}\left[\frac{(1-\kappa)c_{in} + c_s - p}{p - p'}\right] + \theta(T_0 - T), \quad T^*$$

$$= \sqrt{\frac{c_{in}}{\theta[p - c_s - (1-\kappa)c_{in}]}} \quad (5.13)$$

证明：

1) 第 3 阶段求解。系统总利润 π 是关于决策变量 μ_{in} 的减函数，则根据式 (5.7) 得 $\mu_{in}^* = \frac{1}{T} + (1-\kappa)q$。

2) 第 2 阶段最优解。由总需求量 $D = X + \theta(T_0 - T)$ 的形式，设市场影响下的总订货量 $q = q_x + \theta(T_0 - T)$，得

$$(q-D)^+ = \begin{cases} [q_x + \theta(T_0 - T)] - [x + \theta(T_0 - T)] & q < D \\ 0 & q \geqslant D \end{cases} \quad (5.14)$$

$$E(q-D)^+ = \int_0^{q_x}(q_x - x)f(x)dx + \int_{q_x}^{+\infty} 0 f(x) = \int_0^{q_x} F(x)dx \quad (5.15)$$

可得博弈系统整体期望利润为

$$E(\pi) = p[q - E(q-D)^+] + p'E(q-D)^+ - c_s q - c_{in}\left[\frac{1}{T} + (1-\kappa)q\right]$$

$$= [p - c_s - (1-\kappa)c_{in}]q - \frac{c_{in}}{T} - (p - p')\int_0^{q_x} F(x)dx \quad (5.16)$$

得到二阶导数 $\frac{\partial^2 E(\pi)}{\partial q^2} = f(q_x)(p' - p) < 0$，$\frac{\partial E(\pi)}{\partial q} = F(q_x)(p' - p) + p - c_s - (1-\kappa)c_{in} = 0$

得最优订货量为

$$q^* = F^{-1}\left[\frac{(1-\kappa)c_{in} + c_s - p}{p - p'}\right] + \theta(T_0 - T) \quad (5.17)$$

3) 第 1 阶段最优解。

同理，可得

$$T^* = \sqrt{\frac{c_{in}}{\theta\left[p-c_s-(1-\kappa)c_{in}\right]}} \tag{5.18}$$

证毕。

以上均衡解集说明,对于撤单率较大的商品,电商企业应缩小自建配送服务能力的划分,降低订单量,并缩短承诺的配送服务时间。根据对偶理论,配送服务外包市场存在时,电商通过配送服务总成本最小化来实现其利润最大化。配送服务外包市场的成本由市场给定,考虑到需求估计以及自建配送服务成本与外包配送服务成本之间的预期,电商需要在消费者需求实现以前对配送服务能力做出决策。

命题 5.2 完全合作博弈情形下,电商在配送服务外包市场存在时的部分自建配送服务能力的决策模型为

$$\min C = c_{in}\mu_{in} + c_{out}\mu_{out} \tag{5.19}$$

$$\text{s. t.} \quad \frac{1}{\mu_{in}+\mu_{out}-(1-\kappa)\min(q,D)} \leqslant T \tag{5.20}$$

配送服务外包市场存在时,考虑消费者撤单行为的最优博弈均衡决策为

$$\mu_{in}^* = \begin{cases} 0 & c_{out} \leqslant c_{in} \\ (1-\kappa)F^{-1}\left(\frac{c_{out}-c_{in}}{c_{out}}\right) + \sqrt{\frac{\theta[p-c_s-(1-\kappa)c_{in}]}{c_{in}}} + (1-\kappa) \\ \theta\left\{T_0 - \sqrt{\frac{c_{in}}{\theta[p-c_s-(1-\kappa)c_{in}]}}\right\} & c_{in} < c_{out} < \frac{c_{in}(p-p')}{c_s+(1-\kappa)c_{in}-p'} \\ \frac{1}{T}+(1-\kappa)q & c_{out} \geqslant \frac{c_{in}(p-p')}{c_s+(1-\kappa)c_{in}-p'} \end{cases} \tag{5.21}$$

$$q^* = \begin{cases} F^{-1}\left[\frac{(1-\kappa)c_{out}-p+c_s}{(1-\kappa)c_{out}-p+p'}\right]+\theta(T_0-T) & c_{out} < \frac{c_{in}(p-p')}{c_s+\theta c_{in}-p'} \\ F^{-1}\left[\frac{(1-\kappa)c_{out}-p+c_s}{p'-p}\right]+\theta(T_0-T) & c_{out} \geqslant \frac{c_{in}(p-p')}{c_s+\theta c_{in}-p'} \end{cases} \tag{5.22}$$

$$T^* = \begin{cases} \sqrt{\frac{c_{out}}{\theta[p-c_s-(1-\kappa)c_{out}]}} & c_{in} \geqslant c_{out} \\ \sqrt{\frac{c_{in}}{\theta[p-c_s-(1-\kappa)c_{in}]}} & c_{out} > c_{in} \end{cases} \tag{5.23}$$

证明：

第 3 阶段最优解。根据配送服务能力与承诺时间之间的关系，由式(5.7)，记 $\bar{q} = \dfrac{T\mu_{in}-1}{T(1-\kappa)} - \theta(T_0-T)$，得到市场总需求的划分及对应的成本。

1) $D \leqslant q$，$\bar{q} \leqslant q_x$：

① $\dfrac{1}{\mu_{in} - (1-\kappa) \cdot D} \leqslant T$，此时预期的订货数量可以满足需求数量，自建配送服务能力也可以满足承诺配送服务契约的水平，得到 $D \leqslant \dfrac{T\mu_{in}-1}{T(1-\kappa)}$，$C = c_{in}\mu_{in}$。

② $\dfrac{1}{\mu_{in} - (1-\kappa) \cdot D} > T$，此时自建配送服务能力不能满足承诺配送服务契约水平，配送服务需要外包服务市场 $\dfrac{T\mu_{in}-1}{T(1-\kappa)} < D \leqslant q$，$C = c_{in}\mu_{in} + c_{out}\left[\dfrac{1}{T} + (1-\kappa)D - \mu_{in}\right]$。

2) $D > q$，$\bar{q} > q_x$：

$\dfrac{1}{\mu_{in} - (1-\kappa) \cdot q} \leqslant T$ 时，还会产生一部分超出预期的不确定市场需求，需要进行配送服务能力的外包，则 $C = c_{in}\mu_{in} + c_{out}\left[\dfrac{1}{T} + (1-\kappa)D - \mu_{in}\right]$。

由需求的划分得到提前准备的配送服务总预期成本为

$$E(C) = \int_0^{\bar{q}} c_{in}\mu_{in} f(x)\mathrm{d}x + \int_{\bar{q}}^{q_x} \left\{c_{in}\mu_{in} + c_1\left[\dfrac{1}{T} + (1-\kappa)x + \theta(1-\kappa)(T_0-T) - \mu_0\right]\right\} f(x)\mathrm{d}x + \int_{q_x}^{+\infty}\left\{c_{in}\mu_{in} + c_{out}\left[\dfrac{1}{T} + (1-\kappa)q - \mu_0\right]\right\} f(x)\mathrm{d}x =$$

$$c_{in}\mu_{in} + \int_{\bar{q}}^{q_x} c_{out}(1-\kappa)(x-\bar{q})f(x)\mathrm{d}x + \int_{q_x}^{+\infty} c_{in}(1-\kappa)(q_x-\bar{q})f(x)\mathrm{d}x \quad (5.24)$$

$$\dfrac{\partial E(C)}{\partial \mu_{in}} = c_{in} - c_{out}[1 - F(\bar{q})] \quad (5.25)$$

$\dfrac{\partial^2 E(C)}{\partial \mu_{in}^2} = \dfrac{c_{out}}{1-\kappa} f(\bar{q}) > 0$，所以 $E(C)$ 是关于 μ_{in} 的凹函数。由此得到存在外包市场时的自建配送服务能力决策模型。

1) $c_{in} < c_{out}$：由 $\frac{\partial E(C)}{\partial \mu_{in}} = 0$ 得到电商最优的自建配送服务能力为

$$\mu_{in}^* = (1-\kappa)F^{-1}\left(\frac{c_{out}-c_{in}}{c_{out}}\right) + \frac{1}{T} + (1-\kappa)\theta(T_0 - T) \tag{5.26}$$

① $\bar{q} \leqslant q_x$，即

$$c_{in} < c_{out} \leqslant \frac{c_{in}(p-p')}{c_s + (1-\kappa)c_{in} - p'} : \mu_{in}^* = (1-\kappa)F^{-1}\left(\frac{c_{out}-c_{in}}{c_{out}}\right) +$$

$$\frac{1}{T} + (1-\kappa)\theta(T_0 - T) \tag{5.27}$$

② $\bar{q} > q_x$，即

$$c_{in} > \frac{c_{in}(p-p')}{c_s + (1-\kappa)c_{in} - p'} : \mu_{in}^* = \frac{1}{T} + (1-\kappa)q \tag{5.28}$$

2) $c_{in} \geqslant c_{out}$，则

$$\mu_{in}^* = 0 \tag{5.29}$$

同理，求第 2、3 阶段最优解，证毕。

命题 5.3 产品供应商与电商合作情况下，平均等待时间是关于配送服务成本的增函数，订货数量和自建配送服务是关于配送服务成本的减函数。

证明：当产品供应商和电商同为一体时，电商会选择更经济的配送服务方式。当配送服务外包市场有成本边际时 $c_{in} \geqslant c_{out}$，电商会选择购买所需的配送服务能力，此时电商支付的配送成本是购买成本 c_{out}，且 $\partial T^*/\partial c_{out} \geqslant 0$。否则，$c_{in} \geqslant c_{out}$ 时，电商的配送服务能力自建成本为 c_{in}，且 $\partial T^*/\partial c_{in} > 0$，即不论自建成本与外包成本如何变化，$T^*$ 均是关于配送服务能力成本的增函数。同理得到 q^* 和 μ_{in}^* 是关于配送服务能力成本的减函数。证毕。

（2）情形 2：非合作博弈均衡

电商在运作过程中自建物流体系的配送方式，更容易实现和跟踪客户最终的满意度，在市场竞争中掌握主动权。然而，自建物流体系势必产生额外的成本预算。配送服务是在线购买过程中电商企业唯一与消费者发生接触的环节。网络购物的特点导致了消费者购物过程中难免有撤销订单的可能性，这种随机行为是对电商配送服务系统的考验，成为电商企业竞争力的重要衡量要素，尤其在非合作情形，这一损失的风险完全由电商自己承担。

命题 5.4 三方非合作博弈过程中,电商在撤单行为影响下的完全自建配送服务能力最优均衡决策方案为

$$\mu_{in}^* = \frac{1}{T} + (1-\kappa)q \tag{5.30}$$

$$q^* = F^{-1}\left(\frac{p-w_0-(1-\kappa)c_{in}}{p-p'}\right) + \theta\left(T_0 - \sqrt{\frac{c_{in}}{\theta(p-w_0-(1-\kappa)c_{in})}}\right) \tag{5.31}$$

$$T^* = \sqrt{\frac{c_{in}}{\theta[p-w_0-(1-\kappa)c_{in}]}} \tag{5.32}$$

证明:

第三阶段最优解。非合作博弈过程中,产品供应商和电商是独立的决策单位。电商为了满足对客户的承诺,在消费者订单到达前实施自建配送服务系统。μ_{in} 满足式(5.7) 的约束条件,电商的自建配送服务能力决策目标函数为

$$\max \pi_e = q(p-w) - c_{in}\mu_{in} - (p-p')(q-D)^+ \tag{5.33}$$

求导得最优自建配送服务能力为式(5.13)。

同理,求第 1、2 阶段的最优解。证毕。

市场需求的饱和促使电商企业"渠道下沉"。电商进入新市场之初,信息和资源的不确定性使得决策者首先站在利润最大化的角度进行非合作博弈。采取仓储自建和物流配送服务外包相结合的方式可以提升电商配送服务能力的灵活度和可靠性。

命题 5.5 在撤单行为的影响下,非合作博弈情形下的电商部分自建配送服务能力决策模型为

$$\mu_{in}^* = \begin{cases} 0 & c_{out} \leqslant c_{in} \\ (1-\kappa)F^{-1}\left(\frac{c_{out}-c_{in}}{c_{out}}\right) + \frac{1}{T} + \theta(1-\kappa)(T_0-T) & c_{in} < c_{out} < \frac{c_{in}(p-p')}{c_s+(1-\kappa)c_{in}-p'} \\ \frac{1}{T} + (1-\kappa)\left\{F^{-1}\left[\frac{(1-\kappa)c_{out}-p+c_s}{p'-p}\right] + \theta(T_0-T)\right\} & c_{out} \geqslant \frac{c_{in}(p-p')}{c_s+(1-\kappa)c_{in}-p'} \end{cases}$$

$$\tag{5.34}$$

第 5 章　撤单数据驱动下电商订单分配与配送能力联合优化模型

$$q^* = \begin{cases} F^{-1}\left[\dfrac{(1-\kappa)c_{out}-p+c_s}{(1-\kappa)c_{out}-p+p'}\right]+\theta(T_0-T) & c_{out} < \dfrac{c_{in}(p-p')}{c_s+(1-\kappa)c_{in}-p'} \\ F^{-1}\left[\dfrac{(1-\kappa)c_{out}-p+c_s}{p'-p}\right]+\theta(T_0-T) & c_{out} \geqslant \dfrac{c_{in}(p-p')}{c_s+(1-\kappa)c_{in}-p'} \end{cases}$$

(5.35)

$$T^* = \begin{cases} \sqrt{\dfrac{c_{out}}{\theta[p-w-(1-\kappa)c_{out}]}} & c_{in} \geqslant c_{out} \\ \sqrt{\dfrac{c_{in}}{\theta[p-w-(1-\kappa)c_{in}]}} & c_{out} > c_{in} \end{cases}$$

(5.36)

证明：

第 2、3 阶段最优解。对于存在配送外包市场的情况，电商企业基于完全合作博弈时的顺序和前面的推导过程，非合作博弈的电商单独决策时不可能考虑产品供应商的利润，可令 $w \sim c_s$。

产品供应商作为寡头决定其批发价格，电商企业与此同时承诺配送服务时间。产品供应商根据成本确定批发价格，w 取代 c_s，得到式(5.35) 和式(5.36)。

同理，求第 1 阶段的最优解，证毕。

命题 5.6　在无配送服务外包市场情况下，动态博弈过程的各部门仅考虑自身利益分别进行非合作博弈，电商的承诺配送时间和订货数量都要低于合作博弈时的最优决策。而电商降低承诺配送服务时间会使电商与产品供应商构成系统时的整体利润低于合作博弈决策时的整体利润。

证明：仅当 $w=c_s$ 时，电商向消费者承诺的平均配送服务时间与合作博弈时承诺的时间相同，即

$$T_e^* = T^* = \sqrt{\dfrac{c_{in}}{\theta[p-c_s-(1-\kappa)c_{in}]}}$$

(5.37)

由

$$\left.\dfrac{\partial \pi_e}{\partial w}\right|_{w=c_s} > 0$$

(5.38)

产品供应商显然更期望设定批发价格 $w_0 > c_s$ 以提高利润，同时得到

$[T_e^*(w)]' > 0$ 及 $[q^*(w)]' < 0$，基于此，可得电商承诺时间和订货数量之间的关系为

$$T^*(w_0) > T^*(c_s) = T_e^* \tag{5.39}$$

$$q_e^*(w_0) < q_e^*(c_s) = q^* \tag{5.40}$$

由此，容易得到

$$E(\pi) > \pi_s + E(\pi_e) \tag{5.41}$$

故存在双重边际效应。由

$$\mu_{in}^* = \frac{1}{T} + (1-\kappa)q \tag{5.42}$$

有

$$[T^*(w)]' > 0 \tag{5.43}$$

$$[q^*(w)]' < 0 \tag{5.44}$$

得到

$$[\mu_{in}^*(w)]' < 0 \tag{5.45}$$

故有

$$\mu_{in}^*(\overline{w}) < \mu_0^*(c_s) = \mu_{in}^* \tag{5.46}$$

对于三方非合作的情形，需求的不确定导致电商提高平均等待时间契约的可能性减少。因此，若电商降低自建配送服务能力，则非合作博弈情形的产品供应商和电商总利润低于合作博弈时的总利润。命题 5.6 得证。

命题 5.7 三方非合作博弈中，两种情形下发生双重边际效应降低的情况，即外包配送服务单位成本满足

$$c_{in} < c_{out} < \frac{c_{in}(p-p')}{w+(1-\kappa)c_{in}-p'} \tag{5.47}$$

$$c_{out} \leqslant c_{in} \text{ 且 } \frac{c_{out}}{c_{in}}(p-w_0) < p-w_1 \tag{5.48}$$

两种情形时，电商应向消费者提供更短的配送服务时间来提高配送服务水平，避免边际效应降低带来经济损失。

证明：$c_{out} > c_{in}$ 时，

$$T^* = \sqrt{\frac{c_{in}}{\theta[p-w^*-(1-\kappa)c_{in}]}}, w^* = w_2 \tag{5.49}$$

式中，当

$$c_{\text{in}} < c_{\text{out}} \leqslant \frac{c_{\text{in}}(p-p')}{w+(1-\kappa)c_{\text{in}}-p'} \tag{5.50}$$

有

$$w^* = w_3 \tag{5.51}$$

当

$$c_1 \geqslant \frac{c_0(p-c_s)}{w+\varphi c_0-c_s} \tag{5.52}$$

有

$$w_3 = w_0 \tag{5.53}$$

$$\sqrt{\frac{c_{\text{in}}}{\theta[p-w^*-(1-\kappa)c_{\text{in}}]}} = \sqrt{\frac{c_{\text{in}}}{\theta[p-w_0-(1-\kappa)c_{\text{in}}]}} \tag{5.54}$$

由于

$$w_2 < w_0 \tag{5.55}$$

故当

$$c_{\text{in}} < c_{\text{out}} \leqslant \frac{c_{\text{in}}(p-p')}{w+(1-\kappa)c_{\text{in}}-p'} \tag{5.56}$$

有

$$\sqrt{\frac{c_{\text{in}}}{\theta[p-w^*-(1-\kappa)c_{\text{in}}]}} < \sqrt{\frac{c_{\text{in}}}{\theta[p-w_0-(1-\kappa)c_{\text{in}}]}} \tag{5.57}$$

$c_{\text{out}} \leqslant c_{\text{in}}$ 时

$$T^* = \sqrt{\frac{c_{\text{in}}}{\theta[p-w_1-(1-\kappa)c_{\text{in}}]}} \tag{5.58}$$

式中，当

$$\frac{c_{\text{out}}}{c_{\text{in}}}(p-w_0) < p-w_1 \tag{5.59}$$

并且

$$\sqrt{\frac{c_{\text{out}}}{\theta[p-w_1-(1-\kappa)c_{\text{out}}]}} < \sqrt{\frac{c_{\text{out}}}{\theta[p-w_0-(1-\kappa)c_{\text{out}}]}} \tag{5.60}$$

即若存在配送服务外包市场，则电商企业需提供比没有外包市场时更高要求、更高水平的配送服务。命题 5.7 得证。

(3) 情形 3：不完全非合作博弈均衡

为减轻撤单风险造成的经济损失，确保博弈参与人的利润无限接近完全合作博弈时的情形，电商在不完全非合作博弈过程中，可与产品供应商采取成本分担契约进行均衡协调。在成本分担契约具有可行性的基础上，研究利润共享契约和风险规避契约，降低消费者撤单行为和外包市场成本波动对决策的影响，使得不完全非合作博弈结果更接近合作博弈情形。

1) 分担成本。假设产品供应商分担电商自建配送服务能力成本占总成本比例为 $0<\xi<1$。产品供应商首先给出批发价格 w，成本分担比率记为 ξ，同时，电商给出消费者平均等待时间承诺。撤单行为影响下电商成本分担决策模型为

$$\min C = (1-\xi)c_{in}\mu_{in} + c_{out}\mu_{out} \tag{5.61}$$

$$\text{s.t.} \quad \frac{1}{\mu_{in}+\mu_{out}-(1-\kappa)\min(q,D)} \leq T \tag{5.62}$$

第 3 阶段最优解为

$$\mu_{in\xi}^* = \begin{cases} 0 & c_{out} \leq c_{in} \\ (1-\kappa)F^{-1}\left(\dfrac{c_{out}-c_{in}}{c_{out}}\right) + \dfrac{1}{T_\xi} + \theta(1-\kappa)(T_0-T_\xi) & c_{in} < c_{out} < \dfrac{c_{in}(p-p')}{w_\xi+(1-\kappa)c_{in}-p'} \\ \dfrac{1}{T_\xi} + (1-\kappa)\left\{F^{-1}\left[\dfrac{(1-\kappa)c_{out}-p+c_s}{p'-p}\right] + \theta(T_0-T_\xi)\right\} & c_{out} \geq \dfrac{c_{in}(p-p')}{w_\xi+(1-\kappa)c_{in}-p'} \end{cases}$$

$$\tag{5.63}$$

第 2 阶段最优解为

$$q_\xi^* = \begin{cases} F^{-1}\left[\dfrac{(1-\kappa)c_{out}-p+w_\xi}{(1-\kappa)c_{out}-p+p'}\right] + \theta(T_0-T_\xi) & c_{out} < \dfrac{c_{in}(p-p')}{w_\xi+(1-\kappa)c_{in}-p'} \\ F^{-1}\left[\dfrac{(1-\kappa)c_{out}-p+w_\xi}{p'-p}\right] + \theta(T_0-T_\xi) & c_{out} \geq \dfrac{c_{in}(p-p')}{w_\xi+(1-\kappa)c_{in}-p'} \end{cases} \tag{5.64}$$

同时，成本分担契约应确保产品供应商的利润最大化：

$$\max \pi_\xi = (w_\xi-c_s)q_\xi + \xi c_{in}\mu_{in} \tag{5.65}$$

$$\text{s.t.} \quad \pi_\xi \geq \pi_s \tag{5.66}$$

第 1 阶段最优解为

$$T_\xi^* = \begin{cases} \sqrt{\dfrac{c_{\text{out}}}{\theta[p-w_\xi-(1-\kappa)c_{\text{out}}]}} & (1-\xi)c_{\text{in}} \geqslant c_{\text{out}} \\ \sqrt{\dfrac{c_{\text{in}}}{\theta[p-w_\xi-(1-\kappa)(1-\xi)c_{\text{in}}]}} & c_{\text{out}} > (1-\xi)c_{\text{in}} \end{cases} \quad (5.67)$$

由 KKT 条件得到产品供应商的利润不受电商成本分担契约的影响，因此，成本分担契约具有可行性。

2) 分配利润。基于成本分担契约的电商与产品供应商总利润和电商利润分别为

$$\pi_\xi = (p-c_s)q_\xi - (c_{\text{in}}\mu_{\text{in}} + c_{\text{out}}\mu_{\text{out}}) \quad (5.68)$$

$$\pi_{e\xi} = (p-w)q - (p-p')(q-D)^+ - (1-\xi)c_{\text{in}}\mu_{\text{in}} - c_{\text{out}}\mu_{\text{out}} \quad (5.69)$$

命题 5.8 基于成本分担契约的电商与产品供应商总利润和电商利润在 $(1-\xi)c_{\text{in}} < c_{\text{out}}$ 时优于无成本分担的利润情况，实现帕累托最优。

证明：对于电商与产品供应商总利润，令 $\Delta\pi = \pi_\xi - \pi$，$\Delta\pi_s = \pi_\xi - \pi_s$，$\Delta\pi_e = \pi_{e\xi} - \pi_e$，得 $q_\xi - q = \theta(T - T_\xi)$。因此 $q_\xi - q = D_\xi - D$。

当 $c_{\text{out}} \leqslant (1-\xi)c_{\text{in}}$ 时，$\Delta\pi = 0$，$\Delta\pi_s = 0$，$\Delta\pi_e = 0$。

当 $(1-\xi)c_{\text{in}} < c_{\text{out}} < \dfrac{c_{\text{in}}(1-\xi)(p-p')}{w+(1-\kappa)c_{\text{in}}-p'}$ 时，

$$\Delta\pi = (p-c_s)(q_\xi-q) - c_{\text{in}}\left[\frac{1}{T_\xi} - \frac{1}{T} + (1-\kappa)(D_\xi-D)\right]$$

$$= [p-c_s-c_{\text{in}}(1-\kappa)](D_\xi-D) - c_{\text{in}}\left(\frac{1}{T_\xi} - \frac{1}{T}\right) \quad (5.70)$$

当 $c_{\text{out}} \geqslant \dfrac{c_{\text{in}}(1-\xi)(p-p')}{w+(1-\kappa)(1-\xi)c_{\text{in}}-p'}$ 时，

$$\Delta\pi = (p-c_s)(q_\xi-q) - c_{\text{in}}\left[\frac{1}{T_\xi} - \frac{1}{T} + (1-\kappa)(q_\xi-q)\right]$$

$$= [p-c_s-c_{\text{in}}(1-\kappa)](q_\xi-q) - c_{\text{in}}\left(\frac{1}{T_\xi} - \frac{1}{T}\right) \quad (5.71)$$

当 $\xi = 0$ 时，$\Delta\pi = 0$。

当

$$(1-\xi)c_{\text{in}} < c_{\text{out}} < \frac{c_{\text{in}}(1-\xi)(p-c_s)}{w+(1-\kappa)(1-\xi)c_{\text{in}}-c_s} \quad (5.72)$$

$$c_{\text{out}} \geqslant \frac{c_{\text{in}}(1-\xi)(p-p')}{w+(1-\kappa)(1-\xi)c_{\text{in}}-p'} \tag{5.73}$$

$\Delta \pi > 0$，即消费者撤单行为影响下成本分担契约没有导致电商和产品供应商的整体利润降低。

对于电商的利润，当 $c_{\text{out}} \leqslant (1-\xi)c_{\text{in}}$ 时，$\Delta \pi = 0$，$\Delta \pi_s = 0$，$\Delta \pi_e = 0$，即成本分担契约没有导致电商利润降低。

当 $(1-\xi)c_{\text{in}} < c_{\text{out}} < \dfrac{c_{\text{in}}(1-\xi)(p-p')}{w+(1-\kappa)(1-\xi)c_{\text{in}}-p'}$ 时，

$$\Delta \pi_e > (p-w_\xi)(q_\xi - q) - (1-\xi)c_{\text{in}}\left[\frac{1}{T_\xi} - \frac{1}{T} + (1-\kappa)(q_\xi - q)\right] =$$

$$[p - c_s - (1-\xi)(1-\kappa)c_{\text{in}}](q_\xi - q) - (1-\xi)c_{\text{in}}\left(\frac{1}{T_\xi} - \frac{1}{T}\right) \tag{5.74}$$

当 $c_{\text{out}} \geqslant \dfrac{c_{\text{in}}(1-\xi)(p-p')}{w+(1-\kappa)(1-\xi)c_{\text{in}}-p'}$ 时，

$$\Delta \pi_e > (p'-w_\xi)(q_\xi - q) + [p - p' - (1-\xi)(1-\kappa)c_{\text{in}}](D_\xi - D) - (1-\xi)c_0\left(\frac{1}{T_\xi} - \frac{1}{T}\right) =$$

$$[p - w_\xi - (1-\xi)(1-\kappa)c_{\text{in}}](q_\xi - q) - (1-\xi)c_{\text{in}}\left(\frac{1}{T_\xi} - \frac{1}{T}\right) \tag{5.75}$$

由 $q_\xi - q = \theta(T - T_\xi)$ 得

$$[p - w_\xi - (1-\xi)(1-\kappa)c_{\text{in}}](q_\xi - q) - (1-\xi)c_{\text{in}}\left(\frac{1}{T_\xi} - \frac{1}{T}\right)$$

$$= \left\{\theta[p - w_\xi - (1-\xi)(1-\xi)c_{\text{in}}] - \frac{(1-\xi)c_{\text{in}}}{T_\xi T}\right\}(T - T_\xi) \tag{5.76}$$

由 $T_\xi^* = \sqrt{\dfrac{c_{\text{in}}}{\theta[p - w_\xi - (1-\kappa)c_{\text{in}}]}} < T^*$ 得

$$\theta[p - w_\xi - (1-\xi)(1-\xi)c_{\text{in}}] - \frac{(1-\xi)c_{\text{in}}}{T_\xi T} >$$

$$\theta(p - w_\xi - (1-\xi)(1-\xi)c_{\text{in}}) - \frac{(1-\xi)c_{\text{in}}}{T_\xi^2} = 0 \tag{5.77}$$

因此，$c_1 \geqslant \dfrac{c_{\text{in}}(p-c_s)}{w+\varphi c_{\text{in}} - c_s}$ 时，$\Delta \pi_r > 0$，即此时电商利润会更好。一般情况下，$c_s < w$，故 $c_{\text{in}} < c_1 < \dfrac{c_{\text{in}}(p-c_s)}{w+\varphi c_{\text{in}} - c_s}$ 时电商利润会更好，命题5.8得证。

3) 规避风险。在产品供应商为主导的 Stackelberg 博弈中，电商作为从动方，制定针对消费者撤单行为和配送服务外包市场价格变动的风险规避机制。风险规避系数 η 与风险厌恶程度成反比，其中 $\eta=1$ 时制定风险中立机制。

当外包成本服从均匀分布时，

$$c_{out} \sim U[a,b], E(\kappa) = \frac{a+b}{2}, D(\kappa) = \frac{(b-a)^2}{12} \tag{5.78}$$

可得

$$G(c'_{out}) = c'_{out} + \frac{1}{\eta} E\max(c_{out} - c'_{out}, 0) = c'_{out} + \frac{1}{\eta} \int_a^b \frac{x - c'_{out}}{b-a} dx$$

$$= c'_{out} + \frac{(b - c'_{out})^2}{2\eta(b-a)} \tag{5.79}$$

消费者撤单行为影响下电商风险规避的最优决策为

$$\mu_{in}^* = \begin{cases} 0 & D(c_{out}) \leqslant \frac{(c_{in}-a)^2}{3(2-\eta)^2} \\ (1-\kappa)F^{-1}\left(\frac{c_{out}-c_{in}}{c_{out}}\right) + \frac{1}{T} + \theta(1-\kappa)(T_0-T) & \frac{(c_{in}-a)^2}{3(2-\eta)^2} < D(c_{out}) \leqslant \sigma^2 \\ \frac{1}{T} + (1-\kappa)\left\{F^{-1}\left[\frac{(1-\kappa)c_{out}-p+c_s}{p'-p}\right] + \theta(T_0-T)\right\} & D(c_{out}) > \sigma^2 \end{cases} \tag{5.80}$$

$$q^* = \begin{cases} F^{-1}\left[\frac{(1-\kappa)c_{out}-p+c_s}{(1-\kappa)c_{out}-p+p'}\right] + \theta(T_0-T) & D(c_{out}) \leqslant \sigma^2 \\ F^{-1}\left[\frac{(1-\kappa)c_{out}-p+c_s}{p'-p}\right] + \theta(T_0-T) & D(c_{out}) > \sigma^2 \end{cases} \tag{5.81}$$

因此，当价格变动程度不大，即 $D(c_{out}) \leqslant \frac{(c_{in}-a)^2}{3(2-\eta)^2}$ 时，电商将选择全部从外包市场购买配送服务能力，此时的配送服务能力不受撤单率影响。

5.4 计算实验与均衡演化分析

2015 年初，京东在辽宁省凌源市（共有 8 个街道、12 个镇和 10 个乡）开展销售空调产品的农村电商示范工程项目。京东在该市设立一个配送服务站点，根据该区域市场容量统计得出平均每月随机需求变量 $X \sim U\,[0,\,1500]$，服务到达率 λ 服从泊松分布 $P(\lambda) = 0.5^k e^{-0.5}/k!\,(k=0,\,1,\,2\cdots)$。

根据型号 G-2172 类商品在该季度的配送服务成本核算得到自建单位配送服务能力成本 $c_{in} = (29817 + 31703 + 30826)/3E(x) \approx 40$ 元，见表 5-5。$p=118$ 元/台，$p'=80$ 元/台，$c_s=60$ 元，$\theta \sim U\,[0.2,\,0.8]$，$T_0=5$ 天，$\eta=0.5$，$\kappa \sim U\,[10\%,\,35\%]$。

表 5-5　第 2 季度配送服务成本核算　　　　　　　　　　单位：元

月份	运输成本	分拣成本	装配成本	流通成本	服务成本	合计	C_{in}
4	7752	2979	2385	5072	11629	29817	
5	8877	2853	2536	4122	13315	31703	40
6	8324	2774	2466	4007	13255	30826	

根据博弈模型得出的决策均衡解，得到京东在凌源市关于与产品供应商在不同合作强度的自建与外包配送服务能力决策体系，见表 5-6。

表 5-6　京东对外包市场的决策体系

合作强度	决策集
强	$\mu_{in}^* = \begin{cases} 0 & c_{out} \leqslant 40 \\ (1-\kappa)\left[F^{-1}\left(\dfrac{c_{out}-40}{c_{out}}\right)+1-\dfrac{2\sqrt{20\kappa+9}}{20\kappa+9}\right] & 40 < c_{out} < 100 \\ \dfrac{1}{T}+(1-\kappa)q & c_{out} \geqslant 100 \end{cases}$ $q^* = \begin{cases} F^{-1}\left[\dfrac{(1-\kappa)\,c_{out}-58}{(1-\kappa)\,c_{out}-38}\right]-0.2T+1 & c_{out}<40 \\ F^{-1}\left[\dfrac{58-(1-\kappa)\,c_{out}}{38}\right]-0.2T+1 & c_{out} \geqslant 40 \end{cases}$ $T^* = \begin{cases} \sqrt{\dfrac{5c_{out}}{58-(1-\kappa)\,c_{out}}} & c_{out} \leqslant 40 \\ \sqrt{\dfrac{40}{\theta\,[p-c_s-(1-\kappa)\,c_{in}]}} & c_{out}>40 \end{cases}$

第5章 撤单数据驱动下电商订单分配与配送能力联合优化模型

续表

合作强度		决策集
中	成本分担	$\mu_{in\xi}^* = \begin{cases} 0 & c_{out} \leq 40 \\ (1-\kappa)\left[F^{-1}\left(\dfrac{c_{out}-40}{c_{out}}\right) - 0.2T_\xi + 1\right] + \dfrac{1}{T_\xi} & 40 < c_{out} < 100 \\ \dfrac{1}{T_\xi} + (1-\kappa)\left\{F^{-1}\left[\dfrac{58-(1-\kappa)c_{out}}{38}\right] - 0.2T_\xi + 1\right\} & c_{out} \geq 100 \end{cases}$ $q_\xi^* = \begin{cases} F^{-1}\left[\dfrac{(1-\kappa)c_{out}-58}{(1-\kappa)c_{out}-38}\right] - 0.2T_\xi + 1 & c_{out} < 100 \\ F^{-1}\left[\dfrac{(1-\kappa)c_{out}-58}{38}\right] - 0.2T_\xi + 1 & c_{out} \geq 100 \end{cases}$ $T_\xi^* = \begin{cases} \sqrt{\dfrac{c_{out}}{\theta\left[p-w_\xi-(1-\kappa)c_{out}\right]}} & c_{out} \leq 40\ (1-\xi) \\ \sqrt{\dfrac{40}{11.6-8(1-\kappa)(1-\xi)}} & c_{out} > 40\ (1-\xi) \end{cases}$
	利润分配	$\xi > 1 - \dfrac{c_{out}}{40}$
	$c_{out} \sim U[20,200]$ 风险规避	$\mu_{in}^* = \begin{cases} 0 & D(c_{out}) \leq 133 \\ (1-\kappa)\left[F^{-1}\left(\dfrac{c_{out}-40}{c_{out}}\right) - 0.2T + 1\right] + \dfrac{1}{T} & 133 < D(c_{out}) \leq 400 \\ \dfrac{1}{T} + (1-\kappa)\left\{F^{-1}\left[\dfrac{58-(1-\kappa)c_{out}}{38}\right] - 0.2T + 1\right\} & D(c_{out}) > 400 \end{cases}$ $q^* = \begin{cases} F^{-1}\left[\dfrac{(1-\kappa)c_{out}-58}{(1-\kappa)c_{out}-38}\right] - 0.2T + 1 & D(c_{out}) \leq 400 \\ F^{-1}\left[\dfrac{58-(1-\kappa)c_{out}}{38}\right] - 0.2T + 1 & D(c_{out}) > 400 \end{cases}$
弱		$\mu_{in}^* = \begin{cases} 0 & c_{out} \leq 40 \\ (1-\kappa)\left[F^{-1}\left(\dfrac{c_{out}-40}{c_{out}}\right) + 1 - 0.2T\right] + \dfrac{1}{T} & 40 < c_{out} < 100 \\ \dfrac{1}{T} + (1-\kappa)\left\{F^{-1}\left[\dfrac{(1-\kappa)c_{out}-58}{38}\right] + 1 - 0.2T\right\} & c_{out} \geq 100 \end{cases}$ $q^* = \begin{cases} F^{-1}\left[\dfrac{(1-\kappa)c_{out}-58}{(1-\kappa)c_{out}-38}\right] - 0.2T + 1) & c_{out} < 100 \\ F^{-1}\left[\dfrac{58-(1-\kappa)c_{out}}{38}\right] - 0.2T + 1) & c_{out} \geq 100 \end{cases}$ $T^* = \begin{cases} \sqrt{\dfrac{c_{out}}{\theta\left[p-w-(1-\kappa)c_{out}\right]}} & c_{out} \leq 40 \\ \sqrt{\dfrac{c_{in}}{\theta\left[p-w-(1-\kappa)c_{in}\right]}} & c_{out} > 40 \end{cases}$

8个街道的配送服务外包市场平均成本 $c_{out} \leqslant 40$ 元，京东可以有效利用当地物流服务资源进行外包；12个镇及10个乡的外包配送服务平均成本 $c_{out} >$ 40元。因此，京东可以在乡镇地区选择合适位置设立自主配送服务站点。根据撤单率的分布情况，取 $E(\kappa) = 12.5\%$，计算得出表5-7所示的变量值。

由表5-7可知，情形3在成本分担契约基础上，进行利润分配和风险规避，使得电商的自建配送服务能力、订货量和承诺时间与情形1的完全合作博弈决策效果较为接近，电商和产品供应商的期望利润都大于情形2时的期望利润，实现了帕累托改进。电商和产品供应商的总利润期望在情形3更接近情形1的期望利润。

表5-7 不同均衡情形下的最优变量值

情形分类		μ_{in}	q/件	T/天	$E(\pi_e)$/元	$E(\pi_s)$/元	$E(\pi)$/元
街道 （外包配送服务）	情形1	0	420	2.5	—	—	100826
	情形2	0	595	2.5	56660	14166	70826
	情形3	0	435	2.5	79651	19912	99563
乡镇 （自建配送服务）	情形1	344	335	1.6	—	—	72743
	情形2	296	286	1.6	40530	10132	50662
	情形3	338	320	1.6	53988	17995	71983

图5-11表明，随着撤单率的增加，电商配送承诺的时间也略有增加，导致消费者得到的服务水平下降；外包成本小于自建配送服务能力成本时，电商承诺时间显著增加；随着外包成本增加，电商承诺时间趋于平滑，证实了命题5.3的结论。

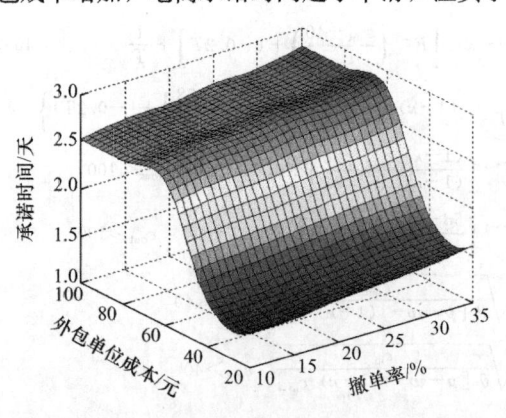

图5-11 京东在情形1的承诺时间最优解

图 5-12 中曲面波动集中在 [300，600] 区间，数据分布较为均匀，表明电商在完全合作博弈时订货数量变化较为平稳；外包成本的增加及撤单率的增加均伴随订货量的小幅震荡下跌。

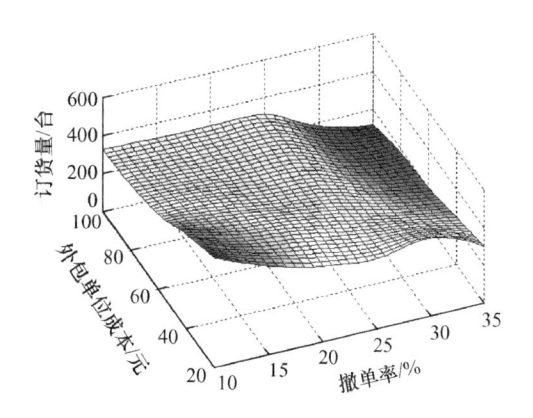

图 5-12　京东在情形 1 的订货数量最优解

由图 5-13 可以看出，$c_{out} > c_{in} = 40$ 时电商开始自建配送服务能力，随着撤单率的增加，自建配送服务能力呈现减少趋势，外包成本的增加也促使电商更倾向于自建配送服务能力。观察图 5-14 发现，曲面整体光滑，变化趋势较为一致。

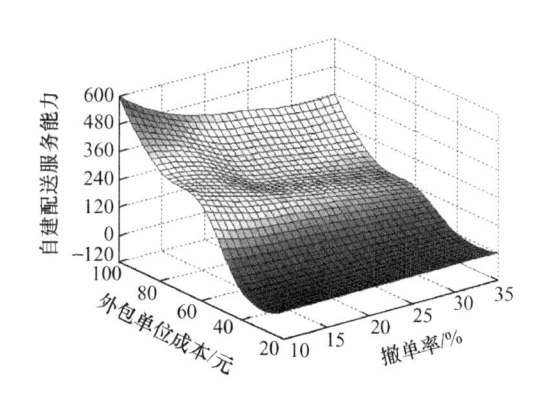

图 5-13　京东在情形 1 的自建配送服务能力最优解

通过对比图 5-12 与图 5-15、图 5-13 与图 5-16 发现，与情形 1 相比，情形 3 的最优值曲面具有一定的震动性，外包市场成本波动时，消费者撤单行为影响电商均衡决策的稳定性；由图 5-15 可知，曲面整体光滑，变化趋势较

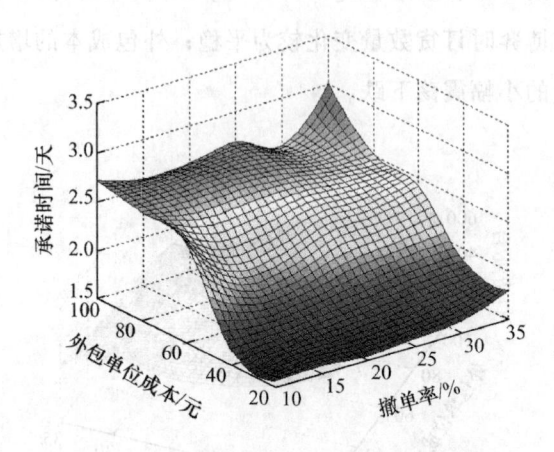

图 5-14 京东在情形 3 的承诺时间最优解

为一致，曲面波动集中在 [200, 800] 区间，图 5-15 与图 5-12 相比震动幅度增加，表明电商对于订单量的决策在情形 1 比情形 3 更具有稳定性；对于服务能力的决策，图 5-16 得到的能力决策范围为 [0, 300]，与图 5-13 显示的变化范围 [0, 600] 相比，在情形 3 中，由于京东的信息存在非对称性，所以能力决策的灵活性欠缺。

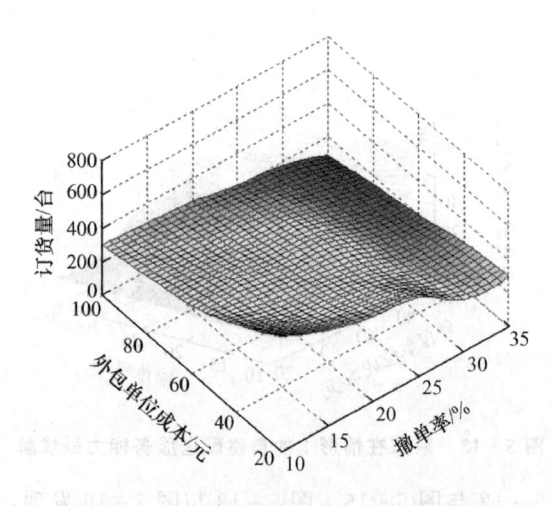

图 5-15 京东在情形 3 下的订货量最优解

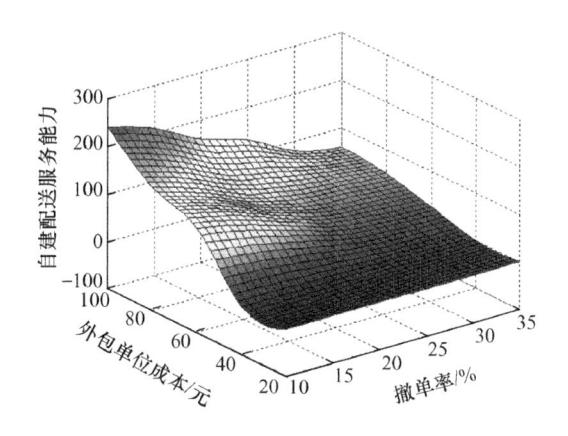

图 5-16 京东在情形 3 的自建配送服务能力最优解

5.5 管理启示

为进一步明确本章研究的撤单数据驱动下电商订单分配与配送能力联合优化结果对 B2C 模式下电商企业管理实践的指导和借鉴作用，下面依据本书提出的命题，给出本章研究的管理启示，主要体现在以下几方面。

1) 服务能力是电商企业服务质量的基本保障。电商采取合作策略时，电商配送服务能力增强，配送服务成本降低，因此需要电商企业根据环境变化调整与产品供应商的合作强度，增强决策灵敏性和灵活性，降低外部市场扰动对电商企业物流配送服务的影响，增强对市场的适应性。

2) 电商企业在运营管理时，提供给消费者的配送服务时间越短，双重边际损失越小。对于撤单率较大的商品，电商企业应缩小自建配送服务能力的划分，降低订单量，并缩短承诺的配送服务时间。产品供应商与电商合作情况下，平均等待时间越长，配送服务成本越高，订货数量和自建配送服务水平越低。

3) 电商企业制定有效的成本分担和利润分配机制。在无配送服务外包市场情况下，不合作情形配送时间承诺和订货数量都要低于合作时的最优决策，而电商降低配送服务时间承诺则会使电商与产品供应商的整体利润低于合作时的整体利润。

4) 电商企业在配送服务能力的决策时，不仅要面对外部市场呈现出的不确定性，还要考虑网络购物消费者的心理特征，不能忽视消费者的撤单行为对企业配送服务决策的影响，因此，电商企业需要依据外部市场成本的变化，及时调整内部配送服务能力的分配方案。

5）随着乡镇、城市基础设施的日益完善，电商的渠道下沉战略实施要充分考虑当地外包配送服务市场的运营状况及消费者的撤单行为造成的配送服务能力损失，因地制宜选择是否构建相应的物流体系，保证该战略实现的可行性和持久性。

5.6 本章小结

本章在数据预处理阶段设计了两阶段误差扰动控制方法，针对电商配送服务能力进行自建与外包决策问题，引入撤单率这一要素，构建了在线购买环境下考虑消费者撤单行为的完全合作博弈、完全非合作博弈、不完全非合作博弈3种情形下的动态博弈模型，将完全合作博弈和不完全非合作博弈两种情形划分为三阶段动态博弈过程进行求解。对模型求解得到的目标函数最优解集，决策者可以根据配送服务外包单位成本的变化选择最佳的运作方案。进一步地，在不完全非合作博弈情形下引入成本分担、利润分配及风险规避机制协调电商与供应商的决策分配。最后，通过案例研究，说明了电商在契约协调下的非合作博弈中有效实现撤单行为与成本变动影响下三方动态博弈帕累托优化。

第6章 共享数据驱动下电商订单分配与配送可持续性联合优化模型

本章内容以第5章服务能力优化为基本保障，进一步实现数据驱动下电商订单分配与配送可持续性优化目标。现实情形中，B2C模式下的电子商务企业为扩展配送服务系统规模发展了分仓模式。一地多仓、异地多仓的分仓模式有利于提高电商企业的配送速度，提升消费者的体验，同时也可以降低物流配送的成本，减少碳排放。随着消费者网购数量的不断攀升，订单交付过程中物流环节产生大量的碳排放，若处理机制不完善，会给环境造成长期危害。京东物流已经在广州、深圳等多个城市建成规模化新能源车队，计划将合作伙伴的数十万运输车辆逐步替换成新能源车辆，实现零污染，承担保护环境的责任，打造健康的产业链。此外，电商在订单交付过程中涉及物流配送资源的分配，分配的公平性对于消费者的服务体验具有潜在影响，比如，同城消费者中分配到快捷车辆的订单就有可能提前实现交付，而消费者之间通过网络平台能够实现反馈沟通，对资源分配的不公平性会影响消费者的服务体验，对收益分配的不公平性会影响电商企业的社会责任感和产业优化积极性。因此，电商企业应该立足可持续发展的目标，不仅重视经济效益，同样注重环境效益和社会效益的均衡发展。针对现实中亟待解决的服务可持续性优化目标，开展数据驱动下电商订单分配与配送可持续性的联合优化，更具有实践意义。

6.1 问题描述

考虑B2C模式下消费者购买行为的驱动要素是多方面的，如果电商企业仅以经济成本为运营管理的目标，忽视了环境效益和社会效益对消费者可能产生的潜在影响，那么从长远发展的角度势必对电商企业造成损失[142-145]。因此，电商企业的优化目标不仅应该着眼于经济方面，而且应该有效利用电商平台多维度的数据资源,树立更加科学和完善的可持续性优化目标。可持续发展理念已经得到学术界和工业界的广泛认可[95-97]。对于电商企业而言,如何将可持续发展从战略层面落实到服务优化的执行层面是业内关注的难点。传统的管理手段因技术和设备的局限难以实施,然而,随着用于存储和分析数据的设备、整合数据的方法及数据可视化技术的日趋丰富,电商平台依据其数据共享捕获可持续性相关的价值数据,进行非结构化数据处理,从而构建具有可持续特征的数据结构决策集[264-272]。本章分别从经济效益、环境效益和社会效益角度对电商订单分配与配送联合优化问题进行建模和方法设计[109-111],并基于数据驱动的知识获取方法,开发和设计新技术解决方案,从成本和利润的角度考虑经济效益,从碳排放评价的角度考虑环境效益,从共享资源公平分配的角度考虑社会效益,实现电商订单分配与配送可持续性联合优化[294-296]。

在本章,共享数据来源于订单分配系统与物流配送系统。其中,订单分配系统中存储了从订单生成到订单交付完成的全过程信息,通过订单号关联了订单消费者账户基本信息、订单处理时间、订单交付时间、订单交付金额等;物流配送系统中,通过物流资源编号关联了物流配送车辆碳排放信息、配送路径信息、仓库碳排放信息等。本章主要侧重于研究共享数据下实现经济效益、环境效益和社会效益的分类建模与求解。值得注意的是,在实际决策过程中,企业虽然越来越重视可持续发展的优化目标,但是大多停留在战略层面,主要原因在于执行过程中如何有效利用收货方的历史数据和实时数据实现电商企业服务系统的可持续性优化目标存在技术处理难度。

本章研究的问题是,如何在可持续发展理论的基础上依据共享数据设计模型和算法实现 B2C 模式下电商订单分配与配送可持续性的联合优化。总体上,针对电商可持续性优化问题,设计提取经济效益、环境效益和社会效益相关参数的三元结构数据驱动框架。首先,考虑经济效益数据驱动下订单分配与配送联合优化模型,将电商订单分配与配送的成本函数作为优化目标实现经济效益的提升,设计配送车辆与订单货物的异构匹配模型以及取、送货物的订单分配联合优化模型,达到物流配送网络的经济效益优化;然后,考虑环境效益数据驱动下订单分配与配送联合优化模型,将电商订单分配与物流配送的碳排放绩效指标作为度量环境效益的指标,设计碳排放的评价指标。最后,考虑社会效益数据驱动下订单分配与配送联合优化模型，通过确定最佳收益分配系数实现资源共享系统的社会效益，制定电商资源共享平台、一级专享配送资源服务商、二级专享配送资源服务商之间的共享数据驱动模型，实现共享公平。

6.2 基于可持续性优化的三元结构数据驱动框架

根据可持续性优化理论，为解决共享信息平台的经济效益、环境效益和社会效益3方面优化目标，引入成本规划、碳排放规划和共享公平策略。在数据层面上，这种模式可以映射到一个三元结构进行分析。

6.2.1 逐层聚类结构

在共享信息数据库，将底层实时基础数据作为叶子节点，迭代分割成子聚类，形成叶子的父节点。为实现这一过程，本节通过聚类算法将数据划分成子聚类集合，并重复该递归过程，直到每个子集的特征规模低于阈值。本节通过树形数据结构描述聚类集群与分解子集群之间的关系，形成相邻两个层级间的数据驱动逻辑。树的每个节点 p 包含3个基本关联参数 S、C、r，分别表示节点 p 的数据索引、聚类中心以及从 C 到 S 内所有数据点（设 X 为任意节点）的最远距离（设距离为 d）。节点 p 的搜索空间如图 6-1 所示。根据引理 6.1 和引理 6.2，近距离搜索通常使用分支-定界算法来处理，同时还需要加入一些删除规则，以消除离查询点 Q 过远的分支。

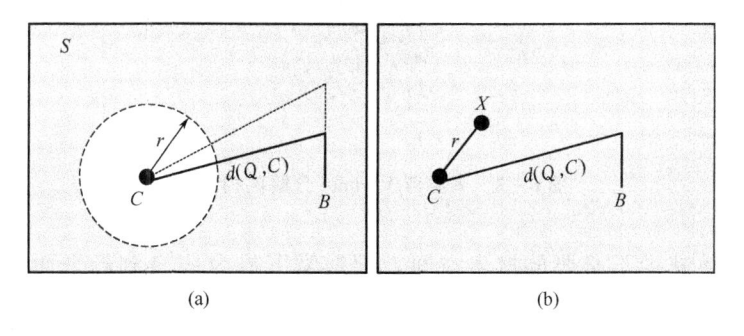

图 6-1 节点 p 的搜索空间

引理 6.1 如图 6-1(a) 所示，如果 $d(Q,B)+r<d(Q,C)$，那么与聚类中心 C 和搜索半径 r 相关联的节点 p 不会被搜索。

引理 6.2 如图 6-1(b) 所示，如果 $d(Q, B)+d(X, C)<d(Q, C)$，属于节点 p 的任意节点 X 不应该是 Q 的最近邻节点。

分层过程采用 Voronoi 图描述逐层聚类的树形结构。由于树的每个节点包含的数据特征比同一层的其他任何兄弟节点都更靠近该节点的中心，因此将在聚类树的每个分解层上创建一个 Voronoi 图。给定两个同胞集合，其中集合中心分别记为 C_1 和 C_2，如图 6-2 所示，可以直接将两组集合内数据点用线段 C_1C_2 的中点 M 和法向量 n（平行于 $\overrightarrow{C_1C_2}$）定义的超平面 P 完整地分开。根据传统的剪枝规则，当前遍历点是与集合 C_1 相关的点 Q，B 为目前搜索到的最近邻域点。可以看出，上述修剪规则对多维度的数据空间不完全适用，因为两组聚类的球体不是分离的，而 Q 比 B 点更靠近聚类 C_2 的超球体。在实际应用中，这种情况相当普遍，传统剪枝规则对于削减多集群重叠空间的效率较低，分类误差的质量并不高。

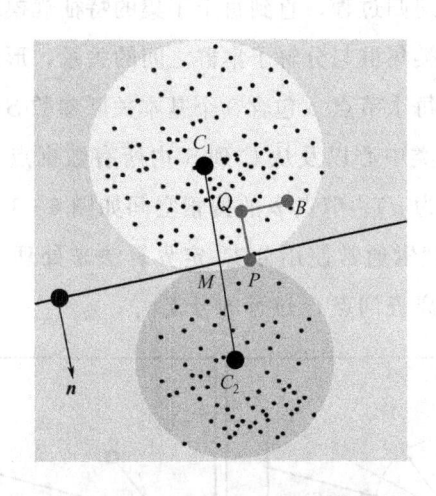

图 6-2 聚类与 Voronoi 分解的相关性

为有效减少不必要的搜索空间，记搜索下界为从 Q 到超平面 P 的欧几里得距离。如图 6-2 所示，由于 $d(Q, P)>d(Q, B)$，所以不需要搜索集合 C_2。因此，包含在集合 C_2 中的所有数据点都不被搜索。并且，通过最大化两个集群之间的分隔空间，可令搜索界限更清晰。如图 6-3 所示，超平面 P 在线 C_1C_2 上沿着法向量方向移动，直到与聚类 C_2 中的数据点

相交于 Y 点。设 P_2 是由移位过程得到的新超平面，可以很直观地看到距离 $d(Q, P_2)$ 远远大于移动前的距离 $d(Q, P)$，使得消除不必要搜索空间的过程更加显著有效。同理，在相反的方向上运用相同方法，使得超平面 P 与集合 C_1 中的数据点相交于 X 点，从而产生新的超平面 P_1。从图 6-4 中对 4 个集合的分解效果可以看出，与通常的边界超球相比，本章设计的分解方法产生集合划分具有非常紧凑的边界体积。

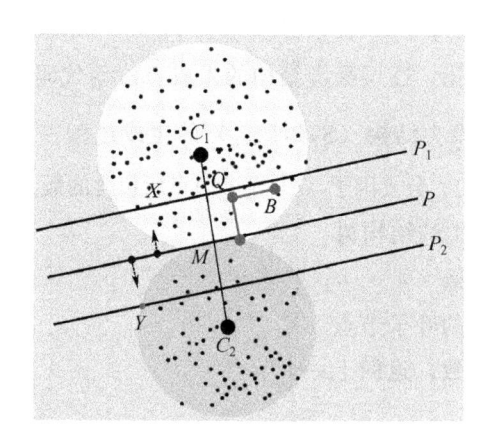

图 6-3　一组集合之间分离空间的过程

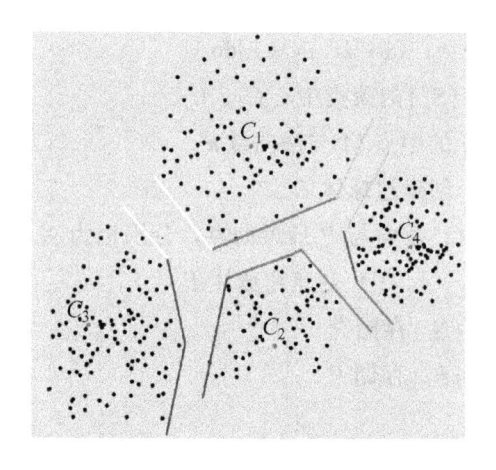

图 6-4　两组聚类集合的分解过程

如图 6-3 与图 6-4 所示，两个集合 C_1 和 C_2 之间的分界空间全部被优化，并且新的超平面信息被存储在对应的节点处，即平面法向量和已知数据点用于下一阶段的搜索空间压缩。总之,新的超平面 P_1 和 P_2 可通过原始超平面 P 沿法向量移动形成。为了确定新的超平面 P_2,需要找到最靠近超平面 P 的集合 C_2 中的点 Y。同理,超平面 P_1 的位置通过找出最靠近 P 的集合 C_1 中的点 X 来确定。

值得注意的是,削减搜索空间的过程均在树结构形成的第一阶段完成。在逐层聚类树形成过程,聚类算法将底层数据划分,每个分解的子聚类数量通常大于 2,设 $k(k>2)$ 为树形结构的分枝因子,然后将优化过程应用于每对集合,共计 $k(k-1)/2$ 次优化。逐层聚类结构的生成算法伪代码如下。

算法 6.1:逐层聚类结构 (S, k, L_{max}) 的生成过程。

Input:数据集 (S)、分支因子 (k) 及叶节点所包含的最大点数 (L_{max})
Output:逐层聚类的结构树
If $|D| \leqslant L_{max}$ then
    创建一个新的叶子节点
    创建终止函数,返回上一个节点
end if
通过 k-means 聚类创建 k 集群 $\{\{S_i\}\}$ $(1 \leqslant i \leqslant k)$
创建与集群 $\{S_i\}$ 相关的 k 个节点
For (S_i, S_j), $i \neq j$ $(1 \leqslant i, j \leqslant k)$ **do**
    计算 $\{S_i\}$ 和 $\{S_j\}$ 的聚类中心 C_i、C_j
    计算 C_i、C_j 的中点 M 与法向量 $\boldsymbol{n}$
    由 $(\boldsymbol{n}, M)$ 创建超球体 P
    在 S_i、S_j 内,搜索与 P 最近的点,分别记为 X、Y
    由 $(\boldsymbol{n}, X)$,$(\boldsymbol{n}, Y)$ 创建超球体 P_i、P_j
    在关联集合 $\{S_i\}$ 存储 P_i
    在关联集合 $\{S_j\}$ 存储 P_j
end for
for S_i $(1 < i < k)$ **do**
    形成聚类树形结构 (S, k, L_{max})
End for
End

6.2.2 邻域搜索

数据的树形结构适用于邻域搜索算法。下面分别探讨精确搜索和近似搜索两种搜索方案。其中，精确搜索算法是通过使用分支定界算法来完成的。其给定搜索算子 Q，从根节点开始遍历树，当遍历非叶子和非根节点时，兄弟节点按照与集合中心距离递增的顺序排列，与搜索算子距离最近的中心节点将被赋予最高遍历优先级。当遍历一个叶节点时，叶中包含的点采用序列搜索，如部分距离搜索（Partial Distance Search，PDS），然后调用回溯程序来遍历树的其余部分。

邻域搜索过程利用逐层聚类树的优点，即选择最接近搜索算子的节点作为下一个遍历节点。如果从根节点到叶节点的遍历路径匹配到精确解，则停止遍历；否则，需要搜索排序列表中的其他节点。利用聚类优化有利于边界点得到有效的划分。特别地，设计搜索测试以决定是否需要遍历该节点。图 6-5 描述了这个空间测试。假设其中有 4 个节点，中心用 C_i（$1 \leqslant i \leqslant 4$）表示。假定对 Q 进行搜索操作时，最接近的第一个和第二个中心分别为 C_1 和 C_2，并且令 B 表示 C_1 中的数据点，C_1 是当前搜索到 Q 的最近邻居。两个集合 C_1 和 C_2 由两个平行的超平面 P_1 和 P_2 分开。搜索测试计算从 Q 到节点 C_2 的下界距离。如果 $d(Q,B) \leqslant d(Q,H)$，则需要避开该搜索点，其中 H 是 Q 到超平面 P_2 上的投影。如果 $d(Q,B) > d(Q,H)$，则接下来需要遍历集合 C_2。计算下界时，将点 H 设为要遍历集合 C_2 时下一个将要搜索的新节点。图 6-5 表示计算遍历点 Q 到集合 C_2 的下界，以这种方式计算遍历下限，存储下限的计数器虽然是递增的，但是范围具有递归性和收敛性。

下面简要分析下界计算过程的效率和基本原理。首先，根据第一阶段树形结构生成时存储的超平面 P_2 的信息，计算投影点 H。具体而言，P_2 由法向量 $\boldsymbol{n}$ 和初始点 X 确定，其中 $\boldsymbol{n}$ 是 D 维空间 R^D 中的单位向量。从 Q 到 P_2 的欧几里得距离为

$$d(Q,P_2) = \sum_{k=1}^{D} n_k(Q_k - X_k) = \sum_{k=1}^{D} n_k Q_k - \sum_{k=1}^{D} n_k X_k \qquad (6.1)$$

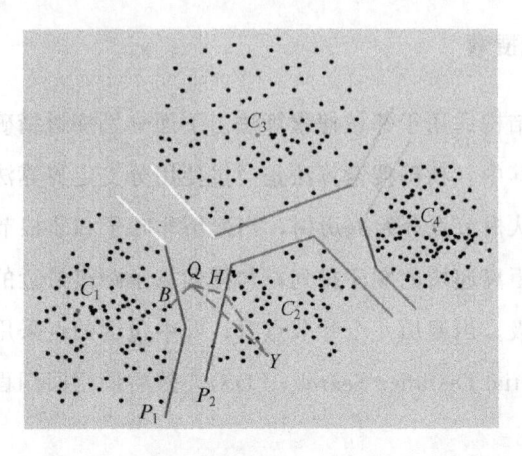

图 6-5 计算从搜索算子 Q 到集群 C_2 的下界

式中，$\sum_{k=1}^{D} n_k X_k$ 的求和结果已被存储在数据表。设 $d(Q,H) = |d(Q,P_2)|$，投影点 H 为

$$H_k = Q_k - n_k d(Q, P_2) \tag{6.2}$$

式中，$1 \leqslant k \leqslant D$。如果 $d(Q,B) > d(Q,H)$，则下一步需要搜索集合 C_2。设 Y 是 C_2 中的任意点，由余弦定理得

$$d(Q,Y)^2 \geqslant d(Q,H)^2 - d(H,Y)^2 \tag{6.3}$$

式(6.3)意味着从点 Q 到节点 C_2 的下界加上 $d(Q,H)^2$，然后沿着以节点 C_2 为树根的分支，经过投影点 H 累加，具有递归性。

在搜索测试过程中，算子加速遍历能够将搜索时间压缩至百分之一，而在搜索精度上的损失相对较少。因此，近似邻域搜索往往比精确邻域搜索更常用。逐层聚类树的数据结构特点也能够有效地适用近似邻域搜索。近似邻域搜索算法的基本思想是，只搜索小部分数据点，给定要搜索数据点的最多上限个数 $D_{\max}$，搜索 best 节点。这种搜索策略被称为最优节点优先算法（Best-Bin-First，BBF），也称优先级搜索。优先级搜索的主要缺点是，需要在线搜索阶段维护优先级队列的高计算。为避免高计算负载，引入一种神经网络带宽搜索策略，将搜索空间限制在距离遍历路径较近的分支处。具体而言，对于分支因子 $k(k>2)$ 和考虑给定参数 $b(1 \leqslant b < k/2)$ 的逐层聚类树，搜索算法仅搜索 b 分支上与当前遍历节点最近的第一棵子树，则 b 被称为搜索带宽。另外，终止

条件设置为遍历到第 D_{max} 个点时算法终止。不可否认，搜索性能高度依赖特定数据集和期望精度，因此需要进行自动参数设置，以便搜索算法更好地适用于基础数据集。给定数据集的特定搜索精度 $P_r(0\% \leqslant P_r \leqslant 100\%)$，设计获得最高搜索速度参数 D_{max} 和 b 的优化，算法伪代码如下所示。

算法 6.2：参数自适应过程。

设置 $D_{max} = +\infty$，并运行当前 b 值的近似邻域搜索算法。

令 Q 为当前访问之后的下一个访问节点。

实际搜集的数据信息计算精度 P_{r_b}。

If $P_{r_b} < P_r$

    Then $b++$，并重复上述步骤

End if

If $P_{r_b} \geqslant P_r$

    Then $[0, Q]$ 范围内进行二分查找 D_{max} 的优化值

    设定 $D_{max} = \dfrac{Q}{2}$，运行近似邻域搜索算法，其中 D_{max} 和 b 为当前约束条件

    计算精度 P_{r_b}

    更新范围为 $\left[0, \dfrac{Q}{2}\right]$ 或 $\left[\dfrac{Q}{2}, Q\right]$，获得新精度 $P_{r_b} > P_r$ 或 $P_{r_b} \leqslant P_r$

    超出范围，算法终止

End if

终止程序并输出 D_{max} 和 b 的当前值

End

其中，自适应优化过程为确保找到 D_{max} 和 b 的最低值，以得到不低于当前数据集的给定搜索精度 P_r。

基于此，得到信息共享下电商订单分配与配送可持续性优化框架，如图 6-6 所示。框架对消费者数据库、订单分配系统和物流配送系统在配送资源信息共享下进行逐层聚类，得到成本优化、低碳规划和资源共享的决策参数，在保证经济目标的基础上，实现降低碳排放和共享公平。

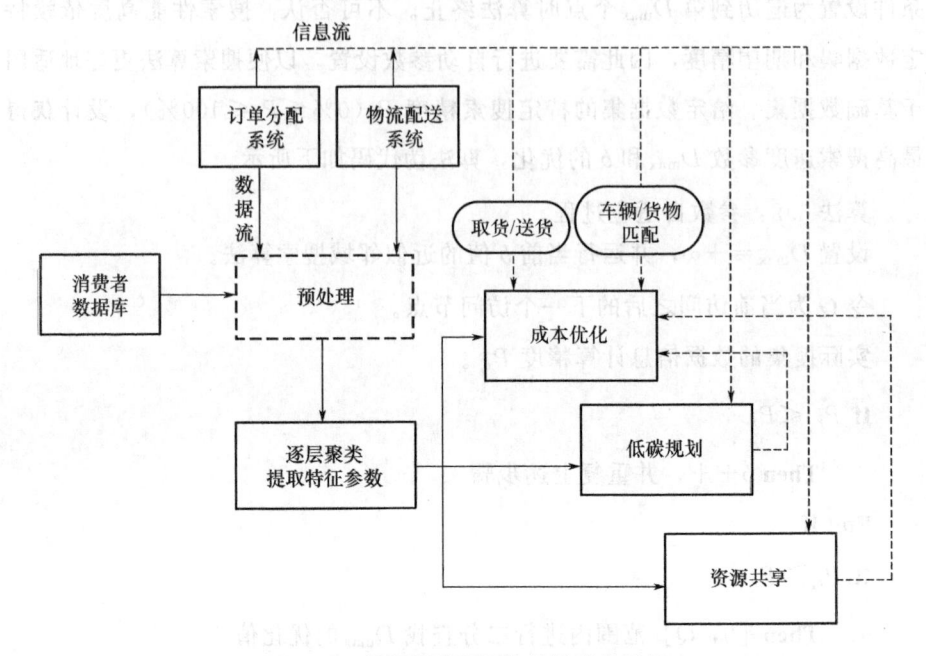

图 6-6 数据驱动下可持续性优化框架

6.3 考虑经济效益的数据驱动下订单分配与配送联合优化模型

考虑经济效益中的成本优化目标，电商平台的订单分配方案对配送过程中车辆使用、仓库运营和人力物力消耗等成本产生重要的影响，并且在配送实施中会产生不可预期的成本损失。

6.3.1 配送车辆与订单货物的异构匹配模型

电商平台商品种类多元化促使异地多仓情况出现，电商企业需按时序将信息共享平台的联合优化问题划分为订单响应、仓库选择、车辆分配、路径规划和订单交付。将该问题抽象为一个二元完全有向图，其中结点集合 $V=V_w \cup V_c$，V_w 和 V_c 分别代表选中的电商可支配仓库集合与网上订单的集合。不同服务水平的运输车辆往返于仓库和消费者之间，进行货物运输，完成订单处理。因此，在信息平台下，运输车辆从分配的仓库始发，选择合适的订单配送

第6章 共享数据驱动下电商订单分配与配送可持续性联合优化模型

路径，此过程可以表示为节点之间的弧集合 $E=\{(i,j):i,j\in V\}\setminus\{(i,j):i\in V_w,i\neq j\}$。每段弧 $(i,j)\in E$ 存在非负权重 W_{ij}，即仓库和消费者间的运输效应。电商企业在单位配送周期内产生的订单经仓库分配与路径选择，再配送到节点 $i\in V_c$ 进行交付。订单满足的需求量记为 d_i，电商根据订单需求情况，分配仓库 p 的固定库存容量以及初始运营成本，记为 S_p 和 b_p。订单 i 的处理时间 T_i 的起始配送服务时间 t_i 需满足时间窗 $[l_i,h_i]$ 的约束；配置送货车辆 q 按服务等级划分得到类型集合 Q，且 N_q 和 H_q 表示配送车辆的载货上限和固定运输成本。模型中需要求解的决策变量如下。

x_p 为 0-1 变量，1 表示仓库 p 被选中配置，否则为 0。

y_{ij}^q 为 0-1 变量，车辆 q 从 i 到 j 为 1，否则为 0。

α_i^p 为 0-1 变量，订单 i 被分配到仓库 p 配货，记为 1，否则为 0。

β_{ij}^q 表示节点 i 到 j 之间车辆 q 的载货量。

t_i^q 表示从节点 i 到 j 配送车辆 q 在时间窗约束下服务起始时间集合。

如图 6-7 所示，首先，客户提交订单，电商企业进行订单分配与拆分；下一步，通过聚类的方法将货物匹配到合适的配送服务车辆类型；然后，依据消费者的位置选择配送路径；最后，完成配送与订单交付。对以上过程建立数学模型，可解决仓库、车辆和路径的选择问题以及何时配送、配送多少的问题。

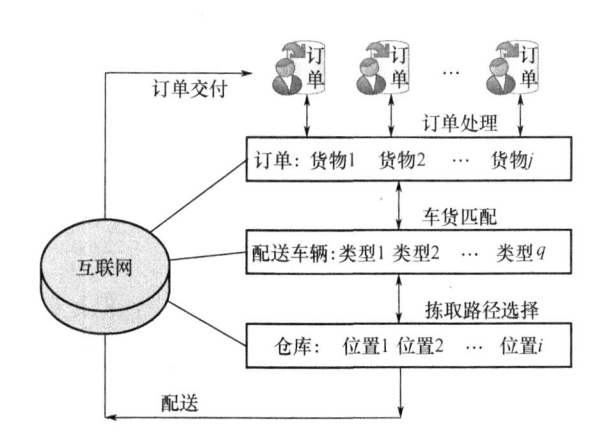

图 6-7 订单分配与车货匹配联合优化问题框架

针对以上描述，提出如下问题假设。

1) 电商为降低运营成本，最大限度利用配送资源，通过异地多仓环境满足区域覆盖范围内消费者配送需求，因此仓库存放的货物品类分布相同且无级别差异，同一类型的不同车辆、同一周期内消费者订单无级别差异。

2) 运输过程中，对于多订单消费者，在实施配送前完成订单合并，使一辆车可以完成若干订单的配送。

3) 配送车辆始终从仓库出发，返回仓库结束配送。一个订单处理完毕后可以继续配送、取货或者返回仓库，整个配送过程是一个闭环路径。

异地多仓环境下订单分配与车货匹配联合优化问题考虑的因素较多，逻辑关系框架如图6-8所示。

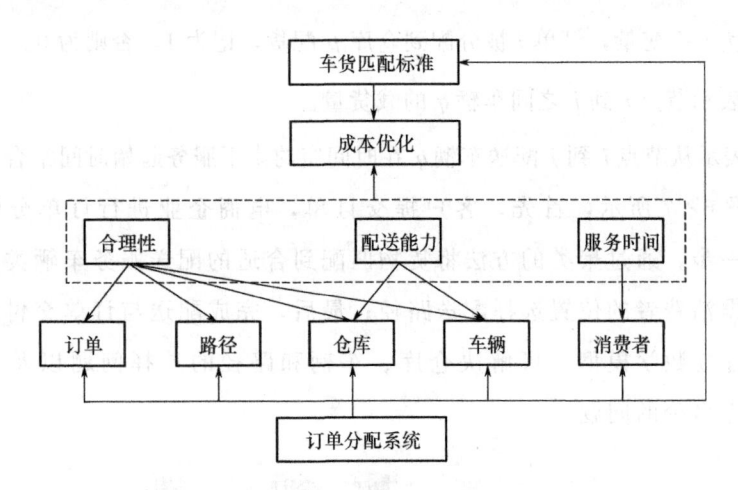

图 6-8 模型逻辑关系框架

配送过程总成本包括3部分：配送仓库固定成本、运货车辆固定成本及运输过程可变成本。非线性混合整数规划目标函数为

$$\min \mathrm{TC} = \sum_{V_w} b_p x_p + \sum_Q \sum_{V_w} \sum_{V_c} H_q y_{pi}^q + \sum_Q \sum_E W_{ij}^q \tag{6.4}$$

拆分订单虽然会让部分商品更早到达消费者手中，但是也会增加消费者取货频率及取货时间成本，导致配送服务体验度评价不高，同时也造成电商配送的资源浪费。基于这两方面考虑，为避免订单重复分配，每个订单仅被一辆车处理一次，即

第 6 章　共享数据驱动下电商订单分配与配送可持续性联合优化模型

$$\sum_Q \sum_V y_{ij}^q = 1 \tag{6.5}$$

订单配送过程是一个闭环路径，应保证配送车辆从仓库出发，返回仓库结束，有去有回，即

$$\sum_Q \sum_V y_{ji}^q = \sum_Q \sum_V y_{ii}^q \tag{6.6}$$

子回路消除的约束条件为

$$y_{ji}^q + y_{ij}^q \leqslant 1 \tag{6.7}$$

为客户订单服务的仓库是供货状态，即

$$x_p \geqslant \alpha_{ip} \tag{6.8}$$

对订单响应的仓库分配及车辆分配约束表示为式（6.9）和式（6.10），分别确保每个订单仅被分配一个仓库和一辆车配送。

$$\sum_{V_w} \sum_{V_c} \alpha_{ip} = 1 \tag{6.9}$$

$$\sum_Q \sum_V y_{jj'}^{q'} + y_{ij}^q \leqslant 1 \quad j \neq j' \quad q \neq q' \tag{6.10}$$

配送车辆始终从仓库出发，并且从仓库结束配送，即整个配送过程是一个闭环路径的约束条件为式（6.11）～式（6.13）。为避免从一个仓库开始而从另一个仓库结束，配送不合理的路线记为 $(v_p, v_1, v_2, \cdots, v_i, v_{p'})$，$p \neq p'$:

$$\sum_Q \sum_{V_c} \sum_{V_w} y_{ip}^q \leqslant \alpha_{ip} \tag{6.11}$$

$$\sum_Q \sum_{V_c} \sum_{V_w} y_{pi}^q \leqslant \alpha_{ip} \tag{6.12}$$

$$\sum_Q \sum_{V_c} \sum_{V_w} y_{ij}^q + \sum_{V_c} \sum_{V_w} \alpha_{ip'} + \alpha_{ip} \leqslant 2, p' \neq p, p \in V_w \tag{6.13}$$

每经过一次节点配送，车辆的载货量发生变化，即

$$d_i = \sum_Q \sum_V \beta_{i-1,i}^q - \sum_Q \sum_V \beta_{i,i+1}^q \tag{6.14}$$

订单不可拆分，故每次配送车辆返回到仓库意味着一批订单处理完毕，此时的配送车辆载货量应等于 0，即

$$\sum_Q \sum_{V_c} \beta_{jp}^q = 0 \tag{6.15}$$

任何弧的总载货量不能超过配送车辆单次运输能力，即

$$\beta_{ij}^q \leqslant y_{ij}^q N_q \tag{6.16}$$

电商配置的仓库库存足够满足订单需求的分配,即

$$\sum_Q \sum_{V_c} \beta_{pj}^q \leqslant \sum_{V_c} \alpha_{jp} d_i \tag{6.17}$$

订单分配时应考虑分配的运货车辆载货能力限制(负载边界约束),即

$$\beta_{ij}^q \leqslant (N_q - d_i) y_{ij}^q \tag{6.18}$$

$$\beta_{ij}^q \geqslant d_j y_{ij}^q \tag{6.19}$$

配置仓库总供给不能超过其实际总容量:

$$S_p x_p \geqslant \sum_{V_c} d_i \alpha_{ip} \tag{6.20}$$

仓库开放数量约束为

$$\min x_p \leqslant \sum_{V_w} x_p, \min x_p \in \left\{ \sum_{V_w} S_p \geqslant \sum_{V_c} d_i \right\} \tag{6.21}$$

如果配送车辆在时间点 l_i 以前到达结点 $i \in V_c$,则应等到时间点 l_i 才能开始提供配送服务,即

$$T_i + W_{ij} + t_i^q - t_j^q \leqslant M(1 - y_{ij}^q) \tag{6.22}$$

式中,M 为人工变量,并且

$$l_i \leqslant t_i^q \leqslant h_i \quad i \in V \quad q \in Q \tag{6.23}$$

式(6.4)为联合优化问题的目标函数,式(6.5)~式(6.23)为配送过程模型的约束条件。下面对模型进行简化。配送车辆 q 遍历全部节点 i 到达节点 j 的总负载重量记为 $B_{ij} = \sum_Q \beta_{ij}^q$,简化式(6.14)~式(6.19),可得

$$\sum_V B_{ji} - \sum_V B_{ij} = d_i \tag{6.24}$$

$$B_{ij} \leqslant \sum_Q N_q y_{ij}^q \tag{6.25}$$

$$\sum_{V_w} \sum_{V_c} B_{pj} - \sum_{V_w} \sum_{V_c} \alpha_{jp} d_j = 0 \tag{6.26}$$

$$\sum_{V_w} \sum_{V_c} B_{pj} = 0 \tag{6.27}$$

$$B_{ij} \leqslant \sum_Q (N_q - d_i) y_{ij}^q \tag{6.28}$$

$$B_{ij} \geqslant d_j \sum_Q y_{ij}^q \tag{6.29}$$

第 6 章　共享数据驱动下电商订单分配与配送可持续性联合优化模型

令 $(\boldsymbol{\mu}, \boldsymbol{v})$ 为式(6.24)～式(6.29)的解,式(6.5)和式(6.14)～式(6.19)的解为 $(\boldsymbol{\omega}, \boldsymbol{v})$,其中 $(\boldsymbol{\mu}, \boldsymbol{v}, \boldsymbol{\omega})$ 分别为 B_{ij}、β_{ij} 和 y_{ij}^q 的向量。对于每组可行解 $(\boldsymbol{\omega}, \boldsymbol{v})$,都存在一个可行解 $(\boldsymbol{\mu}, \boldsymbol{v})$,反之亦然。由式(6.5)可知,存在 $y_{ij}^{q*} = 1$, $q^* \in \boldsymbol{Q}$。同时,由式(6.18)可知,存在 $\beta_{ij}^{q*} \geqslant 0$,即 $\beta_{ij}^q = y_{ij}^q = 0$,$q \in \boldsymbol{Q} - \{q*\}$。对不等式(6.22)～式(6.23)变换如下:记 $S_i = \sum_Q t_i^q$,$B_{ij} = \sum_Q \beta_{ij}^q$,$M$ 为人工变量。

$$M(1 - \sum_Q y_{ij}^q) \geqslant S_i - S_j + T_i + W_{ij} \quad (6.30)$$

$$l_i \leqslant S_i \leqslant h_i \quad (6.31)$$

对式(6.6)和式(6.10)进行化简。设 i、j、k 代表等价路线,式(6.6)的有效等式为 $q_1, q_2 \in \boldsymbol{Q}$, $y_{ij}^{q_1} = 1$, $y_{jk}^{q_2} = 1$,而式(6.6)和式(6.10)表示只允许同一车辆进行配送,即 $y_{ij}^{q_1} = 1$, $y_{jk}^{q_1} = 1$。由式(6.6)和式(6.10)得

$$\sum_V y_{ji}^q = \sum_V y_{ij}^q \quad (6.32)$$

为提升配送速度,同时保证服务质量,本章模型通过质量特征相关数据的聚类实现车货匹配。高斯混合模型(GMM)适用于参数估计,如 χ^2 估计、贝叶斯估计和极大似然估计等,因为 GMM 的学习过程通过训练得出概率分布,并对样本的概率密度分布进行估计。将车辆类型用高斯混合模型表示,配送货物样本中的数据分别在模型上投影,得到匹配该类车辆的概率,选取概率最大的高斯类作为车货匹配选项,此为成本优化的样本修正过程。

为提高"最后一公里"配送质量,在需求订单配送前,对订单与车辆数据进行预处理,通过聚类的方法实现车货匹配。数据集聚类中,最优簇数量估计是一个主要的挑战。为解决这个问题,本章通过质量特征值得到高斯权重,构建高斯混合模型,得到配送车辆簇与订单的映射概率。从中心极限定理的性质可以看出,混合模型的高斯假设具有合理性。高斯混合模型定义为

$$P(x_{q'} \mid \lambda) = \sum_{q=1}^Q \alpha_q P_q(\boldsymbol{x}_j; \mu_q; \sum_q) \quad (6.33)$$

式中,$\boldsymbol{x}_j$ 为 Q 维向量;α_q 为配送车辆 q 的高斯权重,$\sum_Q \alpha_q = 1$。Q 维联合高斯概率分布的子分布表达式为

$$P_q(x_q;\mu_q;\textstyle\sum_q) = \frac{1}{|\sum_q|^{1/2}(2\pi)^{L/2}} e^{-\frac{1}{2}(x_q-\mu_q)^t \sum_q^{-1}(x_q-\mu_q)} \qquad (6.34)$$

则第 q 个高斯函数的概率密度为 μ_q，$\sum_q$ 为协方差矩阵，估计参数 $\lambda = \{\alpha_q, \mu_q, \sum_q\}$。

极大似然法使订单货物样本点在估计概率密度时函数的概率值最大。由于概率值通常都很小，订单数量很大时连乘的结果非常小，造成浮点下溢，影响计算结果，故取 log 后，得到非线性最优估计目标函数为

$$\hat{\lambda} = \arg\max \sum_{i=1}^{Q} \ln P(x_{q'} \mid \lambda) \qquad (6.35)$$

构造辅助函数 $Z(\lambda^l, \lambda^{(l+1)})$，每次迭代满足判断条件 $L(X \mid \lambda)^{(l)} \leqslant L(X \mid \lambda)^{(l+1)}$，直到理想的聚散度达到最优估计值。其基本思想为：第一阶段初始化参数或输入上一步迭代结果，估计每类配送车辆高斯模型的参数；第二阶段基于估计权重值，再次估计高斯模型的参数。重复这两个阶段，直到波动很小，近似达到极值为止。具体实现步骤如下。

1) 初始化：α_{q0}，μ_{q0}，$\sum_{q0}$。
2) 设置 α_q 的后验概率为

$$\beta_{q'q} = \frac{\alpha_q P_q(x_{q'} \mid \lambda)}{\sum_Q \alpha_l P_l(x_l \mid \lambda)} \qquad (6.36)$$

3) 更新高斯权重、均值和协方差矩阵，分别为

$$\alpha'_q = \frac{\sum_{q'}^{Q} \beta_{q'q}}{Q} \qquad (6.37)$$

$$\mu'_q = \frac{\sum_{q'}^{Q} \beta_{q'q} x_{q'}}{\sum_{q'}^{Q} \beta_{q'q}} \qquad (6.38)$$

$$\textstyle\sum_q' = \frac{\sum_{q'}^{Q} \beta_{q'q}(x_{q'}-\mu_{q'})(x_{q'}-\mu_{q'})^t}{\sum_{q'}^{Q} \beta_{q'q}} \qquad (6.39)$$

4) 重复步骤 2)～3)，更新 3 个估计参数，直到

$$|L(X|\lambda)^{(l)} - L(X|\lambda)^{(l+1)}| \leqslant \varepsilon \qquad (6.40)$$

算法收敛。

GMM 的优点是投影后的样本点得到一个软分类标记,GMM 每一步迭代计算量大于 K-means,然而 GMM 由于通过极值确定最值,容易陷入局部最优,GMM-EM 匹配过程如图 6-9 所示。

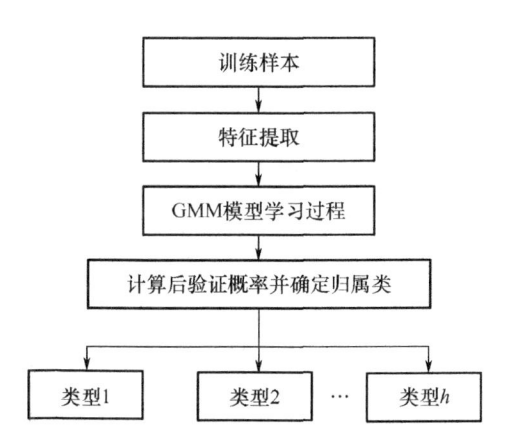

图 6-9 GMM-EM 车货匹配过程示意图

进化算法在自适应度方面侧重于选择优秀子代,且优秀子代的行为链适合求解信息共享数据驱动下成本优化问题。本章通过初始化种群数据,得到异地多仓问题的初始的解决方案,采用自适应邻域搜索算法作为求解过程的学习训练,再进行一个后代划分,得到车辆配送需要遍历仓库的路径解决方案。最后,在进化阶段得到更多解决方案。

步骤 1:初始种群规模 n。

步骤 2:父代种群通过竞争选择策略得到子代,交叉操作得到新的后代,再进行分区操作将后代节点划入路径选择。

步骤 3:自适应邻域搜索训练后代,并插入种群。

步骤 4:通过自适应权重,对自适应邻域搜索相关联的概率进行更新调整。

步骤 5:GMM-EM 算子强化进化过程,得到进化后的可行解。

步骤 6:判断种群规模是否超过上限,如果超过,则进行步骤 7,否则转向步骤 3。

步骤 7:选择幸存子代。

步骤8：依据概率值，生成解决方案。

步骤9：判断迭代次数是否超过上限，如果超过则进行步骤10，否则转向步骤2。

步骤10：跳出循环，结束。

进化过程产生新后代加入种群，种群规模可再增加的后代数量为 m，则上限为 $m+n$。迭代次数不超过设置的上限，并且训练后的种群规模达到上限 $m+n$，则产生进化后的幸存子代。突变阶段依据概率的大小，从种群随机选择进化后的个体生成可行的解决方案。

根据模型分析，设计混合进化算法。初始化方案形成步骤如下。

首先，产生初始仓库配送方案。利用先来先服务原则将订单分配给仓库。以仓库为聚类中心，通过位置聚类半径确定客户配送群，同时列出消费者距离的非递增排序。在不超出仓库存放容量的前提下，每个消费者订单被安排到最近的仓库配送。以仓库容量的限制为判断条件反复迭代，不能分配到最近仓库处理的订单，搜索分配距离次之可行的仓库。然后，进行路径规划，同时在每组配送路径上，为货物选择车辆。最后，以初始种群规模达到上限作为判断条件，采用自适应邻域搜索算法得到初始解，生成种群的新个体。为了保证种群个体多样化，在多元节点增删操作表中，随机选择一种删除操作，同时进行带噪声贪婪插入操作。学习阶段前需要将节点划分区域，即在算法进行到选择父代和交叉操作之后，将消费者节点的交换操作方案生成初始路径分区。新生成解中的所有消费者节点插入线性表 list 中，再将消费者节点应用贪婪插入算子插入线性表 list 的最佳位置，同时得到一组节点的可行配送方案。

采用自适应邻域搜索算法更新样本，反复进行删除与插入操作。在删除操作中，被选中的节点放在线性表 list；在插入操作中，线性表 list 中删除的节点被反复插入不完全满足成本最低解决表中。进行节点删除操作时，需检查新生成的路径是否可以由一个较小的车型提供服务，以及是否所有订单都进行了仓库分配，同时进行解决方案的更新。如果插入节点操作不满足车辆容量参数的限制，或者需要开放一个新仓库，则需考虑选择开放容量较大的仓库还是开放容量较小但低成本的仓库。即对于节点 $\forall i \in \{V_w - \text{list}\}$，令 $\Delta(i)$ 表示由于解决方案的更新省的路径距离成本。固定成本更新表示确定仓库被选中。令开放的固定成本为 b'_p，选用较小型车辆进行配送服务的固定成本为 H'_q，则节省的仓库固定成本和车辆固定成本可以分别被表示为 $b_p - b'_p$ 和 $H_q - H'_q$。因此，删除节点 i 的操作得到的更新方案节省的总成本为

$$\mathrm{DC}(i) = (b_p - b'_p) + (H_q - H'_q) + \Delta(i) \tag{6.41}$$

删除节点被放入 list 中进行节点 $j \in \mathrm{list}$ 的插入操作，势必造成解决方案成本增加。设在节点 i 之后插入节点 j，增加的总成本为

$$\nabla(i,j), i \in \{V_w - \mathrm{list}\} \tag{6.42}$$

新开放一个仓库或者使用一辆更大载重型号的车辆后增加的固定成本分别为 b^r_p 和 H^r_q。因此，插入操作的总增加成本为

$$\mathrm{IC} = (b^r_p - b_p) + (H^r_q - H_q) + \nabla(i,j) \tag{6.43}$$

图 6-10 给出自适应邻域搜索算法中剪枝和插入过程的一个示例。图 6-10（a）为离散仓库和消费者配送点的位置。图 6-10（b）为初始配

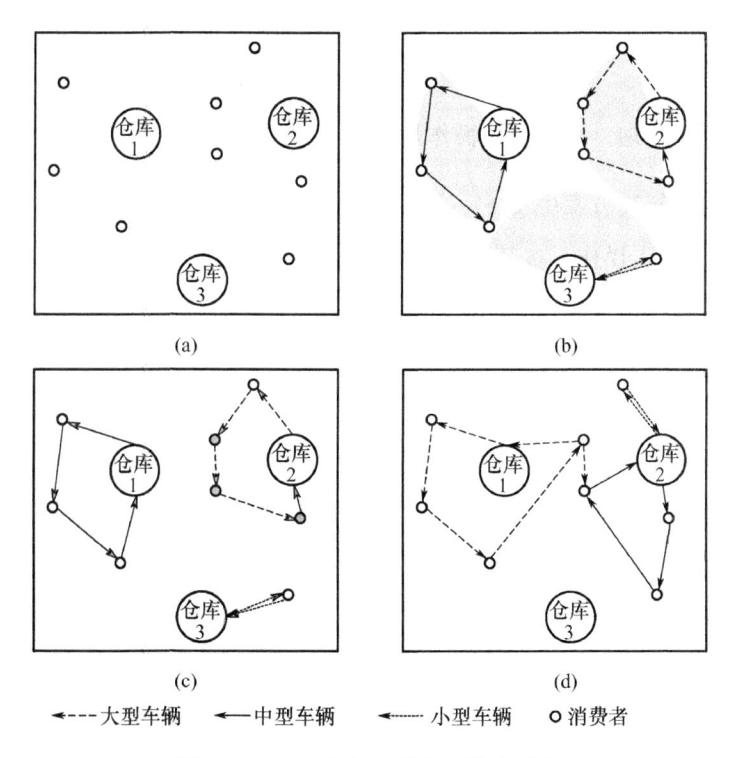

图 6-10 自适应邻域节点搜索过程

送方案，即以仓库为中心向外辐射配送区域，配送区域半径扫描到的离散点记为选中的配送消费者。图 6-10 (c) 为混合进化算法对仓库选取操作，这一环节详细步骤如下。

1) 多元节点增删操作。仓库节点删除操作，即随机选择一个开放的仓库并关闭，该操作去除这个仓库的所有初始分配客户；仓库节点增加操作，即随机打开一个关闭的仓库，从解决方案中删除的消费者节点依据运输成本选择新匹配的仓库；消费者节点删除操作，即随机选择仓库节点，增加操作产生的消费者节点被放入消费者删除表；仓库节点增补操作是对消费者删除表中的节点的处理，将依据成本大小选择一个令配送成本最低的仓库。

2) 集约路径的增删操作。邻域删除操作是删除 list 中构成路径单位距离最大的节点。最差路径删除操作是删除 list 中路径距离最大的节点。时间窗约束删除操作是时间窗的到达时间和实际开始提供配送服务时间的偏差，会影响节点的平均距离，经过反复迭代，从解决方案中选择最大偏差的消费者节点加入 list。相似节点的删除操作选取距离、时间和车货匹配程度相类似的消费者节点进行删除处理。仓库关闭操作从每个仓库利用效率 $\varphi(k) = \dfrac{\sum_{V_c} d_i \alpha_{iq}}{S_p}$ 的角度考虑，删除解决方案中 $\varphi(k)$ 值最小的。

3) 修复插入操作。贪婪插入操作，即基于单位距离反复迭代，为所有节点搜索最佳插入位置；带噪声的贪婪插入操作，即引入自由度函数，为节点选择最佳插入位置。

与随机选取精英个体不同，学习阶段结束后进行变异操作可以避免种群同化倾向，降低自适应邻域搜索陷入局部极小的可能性。随着迭代次数的增加，算法依据概率选择精英个体，保证样本种群的多样性，生成最终的配送方案。如图 6-10(d) 所示。

接下来通过实验平台 MATLAB6.0 研究来自苏宁云店拟打造的某城市购物展示和体验平台计划的案例数据。该案例将 O2O 平台商户管理、采购结算、供应链管理、物流配送等功能集于一体，形成区域性管理。该市共 6 个可开放转运仓库，成本范围分别为 [36000, 50000]、[80000, 120000]、[16000,

第6章 共享数据驱动下电商订单分配与配送可持续性联合优化模型

25000]、[85000，100000]、[16000，28000] 和 [82000，100000]。随机抽取 100 个消费者订单样本，对应的仓库容量梯度变化见表 6-3。

表 6-3 仓库容量与服务规模对应梯度表

服务规模/%	开放成本/(元/天)					
	仓库1	仓库2	仓库3	仓库4	仓库5	仓库6
10	90~110	100~120	80~90	95~100	140~160	160~190
20	160~220	160~210	110~160	120~180	110~160	230~250
30	190~230	220~230	140~170	150~290	140~170	270~320
40	220~310	230~330	170~220	180~350	170~270	350~630
50	530~620	320~410	280~350	290~540	350~650	390~700
60	650~800	500~630	280~550	310~620	480~790	500~820
70	810~900	520~630	350~530	370~680	550~870	580~850
80	815~900	660~730	510~710	520~810	610~900	620~890
90	750~950	780~930	550~900	600~920	660~980	750~920
100	780~1000	820~1080	700~1000	750~1100	790~1130	800~1300

配送车辆按照载重与耗油量特征，分为大型车、中型车和小型车。为更好满足消费者订单需求，充分利用已有数据资源，提高订单分配的精准度，现运用 GMM-EM 算法对车辆集合 H 与订单货物依据时间窗、配送距离和路径特征进行匹配，匹配结果如图 6-11 所示。

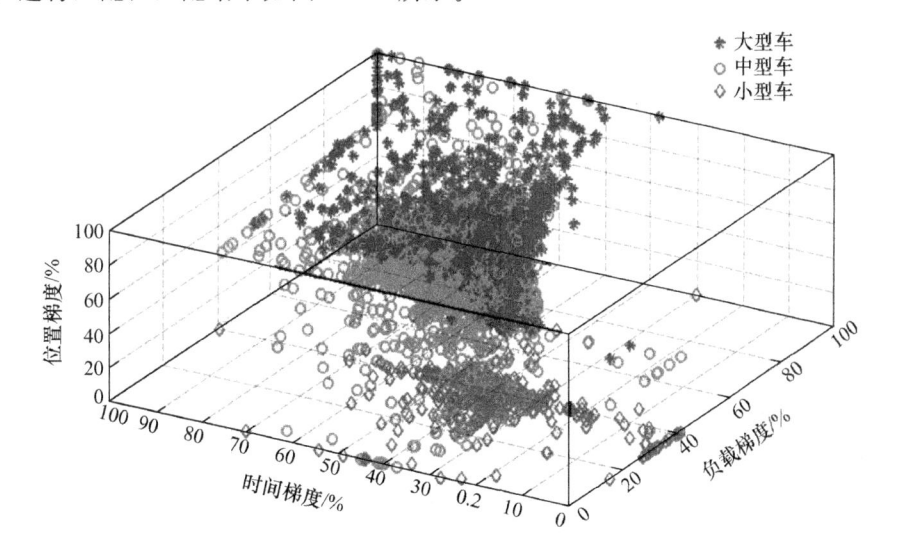

图 6-11 订单样本车货匹配结果

将表6-3数据作为输入，进行4种情形的进化小样本测试，得到表6-4的输出数据。对混合进化算法进行4种情形的测试，得到的输出结果见表6-5。可见，随着算法的复杂度增加，运行时间增加、误差率逐渐降低，规划成本也随准确度增加而降低。

表6-4 混合进化算法测试

操作	情形1	情形2	情形3	情形4
训练	×	√	√	√
强化	×	×	√	√
突变	×	×	×	√

表6-5 混合进化算法4种情形运行结果

仓库编号	情形1 成本/元	情形1 误差/%	情形1 运行时间/s	情形2 成本/元	情形2 误差/%	情形2 运行时间/s	情形3 成本/元	情形3 误差/%	情形3 运行时间/s	情形4 成本/元	情形4 误差/%	情形4 运行时间/s
1	392	4.25	271.16	330	2.55	330.19	305	2.04	363.21	379	1.43	381.37
2	401	3.33	283.54	801	2.00	337.85	481	1.60	371.63	321	1.12	390.21
3	492	4.87	290.39	472	2.92	348.47	103	2.34	383.31	310	1.64	402.48
4	556	4.97	265.88	603	2.98	314.26	494	2.39	345.68	506	1.67	362.97
5	803	5.61	277.56	430	3.37	335.47	529	2.69	369.02	181	1.88	387.47
6	537	4.26	283.17	235	2.56	336.20	678	2.04	369.82	627	1.43	388.32
平均值	—	4.55	278.62	—	2.73	333.74	—	2.18	367.11	—	1.53	385.47

表6-5随机选取10组客户节点验证算法。可以观察到，采用情形4更能够提高计算准确度，其平均误差为1.53%。相对其他3种情况，情形4精度更高。其随着算法设计的复杂度增加，运行时间更长，从而验证了算法求解信息共享数据驱动下成本优化问题的精度更高，而这种优越性是以运行时间增加换取的。

为保证高质量的下限，按照传统运筹规划求解方法，将整体约束按照以下4种分割进行分类求解，见表6-6。通过放松变量 y_{ij}^q 的约束得到不同分割的

第6章 共享数据驱动下电商订单分配与配送可持续性联合优化模型

拉格朗日松弛度,其中4类约束具有相似的解空间。拉格朗日松弛与本章算法的对比结果见表6-7。

表6-6 约束分类

约束	不等式
Ⅰ	式(6.5)~式(6.6)、式(6.9)~式(6.13)、式(6.20)、式(6.22)~式(6.23)、式(6.24)~式(6.29)
Ⅱ	式(6.5)~式(6.6)、式(6.9)~式(6.13)、式(6.15)~式(6.16)、式(6.18)~式(6.20)、式(6.22)~式(6.23)
Ⅲ	式(6.5)~式(6.6)、式(6.9)~式(6.13)、式(6.20)、式(6.24)~式(6.29)、式(6.30)~式(6.31)
Ⅳ	式(6.5)、式(6.9)、式(6.11)~式(6.13)、式(6.24)~式(6.29)、式(6.20)、式(6.30)~式(6.31)、式(6.32)

表6-7前两列分别显示客户数量集和仓库数量集规模。从表中可以发现,在精确度方面,客户样本规模在50以后,以10个样本点为幅度增加到150,HEA误差波动在8%以内,LP relaxation误差变动范围在16%以内;运行时间方面,LP relaxation运行时间整体较大,随着数据量的增加,LP relaxation运行的时间成本明显大于HEA;最优解个数方面,样本规模100以内时,HEA与LP relaxation得到的最优解数量差异不大,而样本规模在[100,500]时,HEA优势更加明显;目标总成本方面,由于HEA搜索到的最优解个数较多,优化效果更明显,如图6-12所示。

表6-7 HEA与LP relaxation实验效果对比

V_c规模	V_w规模	HEA 误差/%	HEA 运行时间/s	HEA 最优解个数	HEA 总成本/元	LP relaxation 误差/%	LP relaxation 运行时间/s	LP relaxation 最优解个数	LP relaxation 总成本/元
25	6	2.64	810.65	22	6196.82	2.49	837.03	23	6572.22
50	6	2.88	962.19	22	6970.50	2.97	1032.97	25	7476.40
60	6	3.26	1158.01	25	7529.81	4.05	1298.39	26	7939.58
70	6	3.79	1519.62	25	7963.28	5.23	1756.20	29	8505.23
80	6	4.33	1773.43	29	8472.29	5.91	1902.81	29	9210.07
90	6	4.57	2315.70	30	9102.06	6.39	2103.74	29	10093.35
100	6	4.82	2811.61	33	9536.72	6.72	2995.02	29	10678.97
110	6	5.12	3542.58	38	10098.68	7.99	3895.63	30	11323.63
120	6	5.96	3811.32	38	10527.84	8.61	4595.91	30	11950.85

续表

V_c 规模	V_w 规模	HEA 误差/%	运行时间/s	最优解个数	总成本/元	LP relaxation 误差/%	运行时间/s	最优解个数	总成本/元
130	6	6.39	4402.96	43	11081.25	10.95	5218.42	30	12608.10
140	6	7.01	5013.27	43	11623.91	12.03	5903.83	30	13416.35
150	6	7.97	5682.43	45	12170.74	15.81	6357.15	30	14025.41
200	6	12.64	7252.67	51	14724.82	19.22	7819.26	32	16816.95
250	6	14.30	8903.01	51	17201.50	23.36	9319.42	40	19536.32
300	6	15.91	10225.82	51	19673.86	26.92	11579.58	42	21004.87
350	6	18.35	11839.19	53	22172.33	30.40	14048.39	49	23793.24
400	6	20.96	13942.60	57	24798.50	36.27	16892.32	49	26351.78
450	6	24.80	15820.53	62	27309.72	43.05	19523.10	49	29972.15
500	6	27.32	17307.92	62	29625.46	52.81	22035.86	49	32661.58

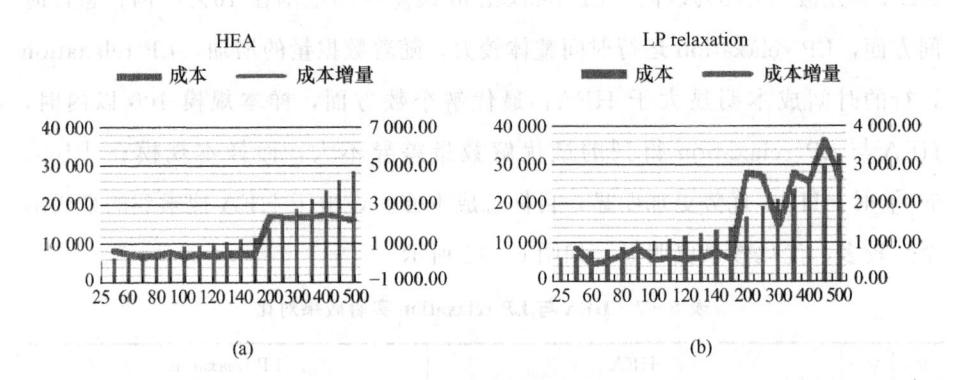

图 6-12 成本优化效果对比

目标成本与成本增量变化趋势如图 6-12 所示。图 6-12(a) 为 HEA 的成本情况，成本变化范围为 [5000, 30000]，成本增量随着样本点增量幅度从 10 到 50 出现跳增，而样本规模增量稳定后，成本增量相对稳定，波动幅度较为收敛。图 6-12(b) 为 LP relaxation 的成本及变化情况，成本变化范围为 [5000, 40000]，较 HEA 成本变化范围更大，尤其在成本增量方面，随着样本量增幅变大，增量波动较大。由此可见，随着样本规模增大，HEA 计算结果更具有稳定性、收敛性，且精度较高。与传统的运筹学方法相比，

HEA求解物流信息共享数据驱动下成本优化问题更能为决策者提供优质的决策参考。

6.3.2 取、送货物的配送系统集成优化模型

LRP-PD 问题可抽象为一个完全有向图 $G=\{N,E|N_w\in N, N_p\in N, N_d\in N; \{i\to j\}\in E\}$，其中 N_w 表示已知库存容量的仓库节点。需求不确定的消费者分为两类，N_p 表示取货消费者，N_d 表示送货消费者；车辆节点 $M=\{M_p, M_d\}$。配送信息共享系统中，每辆车辆完成取货和送货服务之后返回到相同的开放仓库，如图 6-13 所示。图中，$w_1 \sim w_{15}$ 为实际案例中的开放仓库。消费者在一个订单周期内仅被分配一辆车提供服务，车辆完成服务后返回仓库。决策者对配送信息共享系统进行优化时，需选择开放哪些仓库，确定车辆的配送路径，以降低整个系统的运作成本。模型中所用变量及其含义见表 6-8。

图 6-13 共享平台的消费者与仓库位置分布

表6-8 符号及其含义

符号	含义	符号	含义
C_w	仓库 w 的开放成本	C_{out}^m	车辆溢出成本
V_w^p	仓库 w 的取货容量	V_m^p	车辆 m 的取货容量
V_w^d	仓库 w 的送货容量	V_m^d	车辆 m 的送货容量
C_f^p	取货固定成本	x_w	为1表示仓库开放；否则为0
C_f^d	送货固定成本	y_{iw}	为1表示订单 i 分配到仓库 w；否则为0
C_{out}^w	仓库溢出成本	z_{ij}^m	为1表示车辆 m 配送路径是 $i \to j$；否则为0

配送资源信息共享平台优化的目标是总成本最小化，包括仓库的开放成本、配送成本及容量溢出惩罚成本。配送资源信息的共享系统优化模型可以表示为 LRP-PD=$\{x,y,z|C\}$。

随机需求到达后，系统根据消费者总需求情况进行订单分配，规划配送仓库完成订单交付。系统总成本为 $\sum_{w \in N_w} C_w x_w$。消费者需求是不确定的，物流配送系统需设计先验路线方案，以便通过最佳配送路线降低成本，而车辆容量是影响规划方案中路线数量的主要因素。消费者随机需求符合泊松分布特征，因此取货和送货的先验路线方案分别表示为两组时间序列：$\theta_n^p = \{\theta_0, \theta_1, \theta_2, \cdots, \theta_\kappa, \cdots, \theta_n, \theta_0\}$，$\theta_n^d = \{\theta_0, \theta_1, \theta_2, \cdots, \theta_\kappa, \cdots, \theta_n, \theta_0\}$。式中，$\theta_\kappa$ 表示组成配送路径的时间序列节点，车辆从初始开放仓库 $\theta_0 = n$ 出发，最后返回起点仓库交车。为了简化该问题，定义参数 λ_p 和 λ_d 分别为取货和送货上限概率。设消费者取、送货物 β 的均值路径序列为 $\{\mu_{\theta_1}^{d\beta}, \mu_{\theta_2}^{d\beta}, \cdots, \mu_{\theta_n}^{p\beta}\}$ 和 $\{\mu_{\theta_1}^{p\beta}, \mu_{\theta_2}^{p\beta}, \cdots, \mu_{\theta_n}^{p\beta}\}$，配送路线数量约束如下：

$$P(v_a^p > V_m^p) \leqslant \lambda_p \tag{6.44}$$

$$P(v_a^d > V_m^d) \leqslant \lambda_d \tag{6.45}$$

式中，v_a^p 和 v_a^d 为消费者随机需求变量产生的货物容量，其均值分别满足 $\sum_{i=1}^m \mu_{\theta_n}^p$ 和 $\sum_{i=1}^m \mu_{\theta_n}^d$。

运输过程的成本分为配送路径的运输成本、固定成本和车辆容量溢出成

本。其中，配送路径的运输成本为

$$\sum_{i \in N_m} \sum_{j \in N_m} \sum_{m \in M} C_{ij} z_{ij}^m \tag{6.46}$$

固定成本为

$$C_s^p \sum_{m \in M_p} \sum_{w \in N_w} \sum_{j \in M} z_{wj}^{m_j} + C_s^d \sum_{m \in M_p} \sum_{w \in N_w} \sum_{j \in M} z_{wj}^m \tag{6.47}$$

由于消费者需求是不确定的，当消费者发、收货需求量相对车辆固定容量溢出时，每辆车遍历消费者节点的个数受到式(6.36)和式(6.37)约束。在取货和送货配送路径 θ_κ 上，单辆车容量溢出的成本如下：

$$\begin{aligned}
C_{\kappa\text{-out}}^1 &= (C_{u\theta_\kappa}^p + C_{\theta_\kappa w}^p) P(\nu_{\alpha_{\kappa-1}}^{p\beta} < V_m^p) P(\nu_{\alpha_\kappa}^{p\beta} > V_m^p) + \\
&\quad (C_{u\theta_\kappa}^d + C_{\theta_\kappa w}^d) P(\nu_{\alpha_{\kappa-1}}^{d\beta} < V_m^d) P(\nu_{\alpha_\kappa}^{d\beta} > V_m^d)
\end{aligned} \tag{6.48}$$

式中，$C_{n\theta_\kappa}^p$ 和 $C_{\theta_\kappa n}^p$ 分别表示取货车辆容量溢出时，车辆从仓库 n 到溢出点 θ_κ 之间的往返成本；同理，$C_{n\theta_\kappa}^d$ 和 $C_{\theta_\kappa n}^d$ 分别是送货时的往返成本。式(6.48)的约束条件为式(6.44)和式(6.45)。

式(6.48)表示车辆运输路径中溢出节点的数量小于或等于1。由此，单辆车取货和送货整条路径中，可能会因为其他运输点的运力不足而被调用。这期间会额外产生容量溢出的费用。发生容量溢出的预期成本为

$$\begin{aligned}
C_{\text{out}}^{m=1} &= \sum_{\kappa=1}^n (C_{u\theta_\kappa}^p + C_{\theta_\kappa w}^p) P(\nu_{\alpha_{\kappa-1}}^{p\beta} < V_m^p) P(\nu_{\alpha_\kappa}^{p\beta} > V_m^p) P(\nu_{\alpha_{n-\kappa}}^{p\beta} < V_m^p) + \\
&\quad \sum_{\kappa=1}^n (C_{u\theta_\kappa}^d + C_{\theta_\kappa w}^d) P(\nu_{\alpha_{\kappa-1}}^{d\beta} < V_m^d) P(\nu_{\alpha_\kappa}^{d\beta} > V_m^d) P(\nu_{\alpha_{n-\kappa}}^{p\beta} < V_m^d)
\end{aligned} \tag{6.49}$$

配送系统所有车辆在所有路径中可能货物量过多，需要多车转运配送。发生的容量溢出的转运成本可以描述如下：

$$\begin{aligned}
C_{\text{out}}^m &= \sum_{V_w} \sum_m \sum_{\kappa=1}^n x_w z_{\theta_{\kappa-1}\theta_\kappa}^m (C_{u\theta_\kappa}^p + C_{\theta_\kappa w}^p) P(\nu_{\alpha_{\kappa-1}}^{p\beta} < V_m^p) P(\nu_{\alpha_\kappa}^{p\beta} > V_m^p) \\
&\quad P(\nu_{\alpha_{n-\kappa}}^{p\beta} < V_m^p) + \sum_{V_w} \sum_m \sum_{\kappa=1}^n x_w z_{\theta_{\kappa-1}\theta_\kappa}^m \sum_{\kappa=1}^n (C_{u\theta_\kappa}^d + C_{\theta_\kappa w}^d) \\
&\quad P(\nu_{\alpha_{\kappa-1}}^{d\beta} < V_m^d) P(\nu_{\alpha_\kappa}^{p\beta} > V_m^d) P(\nu_{\alpha_{n-\kappa}}^{p\beta} < V_m^d)
\end{aligned} \tag{6.50}$$

由于需求的不确定性,配送仓库发生容量溢出的情况可能存在,一旦这种情况发生,物流配送系统就会产生额外转运成本。货物 β 存入仓库超出单位容量记为 ρ,产生额外的仓库存储单位成本为 c_β。由此,总的仓库溢出成本如下:

$$C_{\text{out}}^w + C_{\text{out}}^m = \sum_{V_w} \sum_m \sum_{\kappa=1}^n x_w z_{\theta_{\kappa-1}\theta_\kappa}^m (C_{u\theta_\kappa}^p + C_{\theta_\kappa w}^p) P(\nu_{\alpha_{\kappa-1}}^{p\beta} < V_m^p)$$

$$P(\nu_{\alpha_\kappa}^{p\beta} > V_m^p) P(\nu_{\alpha_{n-\kappa}}^{p\beta} < V_m^p) + \sum_{V_w} \sum_m \sum_{\kappa=1}^n x_w z_{\theta_{\kappa-1}\theta_\kappa}^m \sum_{\kappa=1}^n (C_{u\theta_\kappa}^d + C_{\theta_\kappa w}^d)$$

$$P(\nu_{\alpha_{\kappa-1}}^{d\beta} < V_m^d) P(\nu_{\alpha_\kappa}^{p\beta} > V_m^d) P(\nu_{\alpha_{n-\kappa}}^{p\beta} < V_m^d) +$$

$$\sum_\beta \sum_{\rho=1}^\infty \left[c_\beta \rho P \left(\sum_w \sum_i y_{iw} D_{i\beta} - V_m^p = \rho \right) \right] +$$

$$\sum_\beta \sum_{\rho=1}^\infty \left[c_\beta \rho P \left(\sum_w \sum_i y_{iw} D_{i\beta} - V_m^d = \rho \right) \right] \tag{6.51}$$

任何一类货物 β 对于仓库 w 存在一个超过仓库容量的概率。单位产生额外仓库容量过剩成本记为 c_β。本书进一步分析得到式(6.43),表示每批货物 β 的所有预期仓库容量溢出成本总额。

综上所述,配送系统非线性混合整数成本优化模型如下:

$$\min C = \sum_{w \in N_w} C_w x_w + \sum_{i \in N_m} \sum_{j \in N_m} \sum_{m \in M} C_{ij} z_{ij}^m + C_s^p \sum_{m \in M_p} \sum_{w \in N_w} \sum_{j \in M} z_{wj}^m +$$

$$C_s^d \sum_{m \in M_p} \sum_{w \in N_w} \sum_{j \in M} z_{wj}^m + \sum_{V_w} \sum_m \sum_{\kappa=1}^n x_w z_{\theta_{\kappa-1}\theta_\kappa}^m (C_{u\theta_\kappa}^p + C_{\theta_\kappa w}^p)$$

$$P(\nu_{\alpha_{\kappa-1}}^{p\beta} < V_m^p) P(\nu_{\alpha_\kappa}^{p\beta} > V_m^p) P(\nu_{\alpha_{n-\kappa}}^{p\beta} < V_m^p) +$$

$$\sum_{V_w} \sum_m \sum_{\kappa=1}^n x_w z_{\theta_{\kappa-1}\theta_\kappa}^m \sum_{\kappa=1}^n (C_{u\theta_\kappa}^d + C_{\theta_\kappa w}^d) P(\nu_{\alpha_{\kappa-1}}^{d\beta} < V_m^d)$$

$$P(\nu_{\alpha_\kappa}^{p\beta} > V_m^d) P(\nu_{\alpha_{n-\kappa}}^{p\beta} < V_m^d) +$$

$$\sum_\beta \sum_{\rho=1}^\infty \left[c_\beta \rho P \left(\sum_w \sum_i y_{iw} D_{i\beta} - V_m^p = \rho \right) \right] +$$

$$\sum_\beta \sum_{\rho=1}^\infty \left[c_\beta \rho P \left(\sum_w \sum_i y_{iw} D_{i\beta} - V_m^d = \rho \right) \right] \tag{6.52}$$

第6章 共享数据驱动下电商订单分配与配送可持续性联合优化模型

$$P(v_a^p > V_m^p) \leqslant \lambda_p \tag{6.53}$$

$$P(v_a^d > V_m^d) \leqslant \lambda_d \tag{6.54}$$

$$\sum_{m \in M_p} \sum_{i \in N_p \cup N_w} z_{ij}^m \quad \forall j \in N_p \tag{6.55}$$

$$\sum_{m \in M_d} \sum_{i \in N_d \cup N_w} z_{ij}^m \quad \forall j \in N_d \tag{6.56}$$

$$\sum_{j \in N_p, m \in M_p} z_{ij}^m = \sum_{j \in N_p, m \in M_p} z_{ji}^m \quad \forall i \in N_p \cup N_w \tag{6.57}$$

$$\sum_{j \in N_d, m \in M_d} z_{ij}^m = \sum_{j \in N_d, m \in M_d} z_{ji}^m \quad \forall i \in N_d \cup N_w \tag{6.58}$$

$$\sum_{j \in N_p} \sum_{w \in N_w, m \in M_p} z_{ij}^m \leqslant 1 \tag{6.59}$$

$$\sum_{j \in N_d} \sum_{w \in N_w, m \in M_d} z_{ij}^m \leqslant 1 \tag{6.60}$$

$$1 + \sum_{i \in T} \sum_{j \in T} z_{ij}^m \leqslant |T| \quad \forall T \subseteq N_p \quad \forall m \in M_p \tag{6.61}$$

$$1 + \sum_{i \in T} \sum_{j \in T} z_{ij}^m \leqslant |T| \quad \forall T \subseteq N_d \quad \forall m \in M_d \tag{6.62}$$

$$\sum_{i \in N_p} z_{ji}^m + \sum_{i \in N_p - \{j\}} z_{im}^m \leqslant y_{jw} + 1 \quad \forall w \in N_w \quad \forall j \in N_p \quad \forall m \in M_P \tag{6.63}$$

$$\sum_{i \in N_d} z_{ji}^m + \sum_{i \in N_d - \{j\}} z_{im}^m \leqslant y_{jw} + 1 \quad \forall w \in N_w \quad \forall j \in N_d \quad \forall m \in M_d \tag{6.64}$$

$$x_w = \begin{cases} 0 \\ 1 \end{cases} \quad \forall w \in N_w \tag{6.65}$$

$$y_{iw} = \begin{cases} 0 \\ 1 \end{cases} \quad \forall w \in N_w \quad \forall j \in N_p \tag{6.66}$$

$$z_{ij}^m = \begin{cases} 0 \\ 1 \end{cases} \quad \forall i, j \in N \quad \forall m \in M \tag{6.67}$$

式(6.52)是考虑取货和送货一体化的物流配送信息共享平台优化的目标函数。式(6.53)和式(6.54)为车辆容量约束,即取货和送货车辆荷载的概率分别不超过车辆容量上限概率 λ_p 和 λ_d。式(6.55)和式(6.56)是订单有效性约束，确保每位消费者的订单都能被规划一条配送路径。式(6.57)~式(6.60)表示每条路径连续性的约束，保持起止仓库为同一仓库。式(6.61)和式(6.62)表示消除子回路。子回路会导致多个可能的解，这使得问题的定义变得模糊，因此需要通过消除子回路来确定解的唯一性。式(6.63)和式(6.64)表示路径中仓库是开放可用的，可进行订单分配满足消费者需求。式(6.65)~式(6.66)表示决策变量为 0-1 变量。

综上所述，LRP-PD 是 LAP 和 VRP 的组合变体，由于二者均为 NP-hard 问题，因此 LRP-PD 也是一个 NP-hard 问题。然而，LRP-PD 更为复杂，因为其涉及 LAP、VRP、不确定需求和取送货路线的物流配送信息共享问题。为此，本章提出了一种启发式算法来求解 LRP-PD。

以一个订单周期内 15 个配送仓库构成的信息共享物流配送平台为研究案例，优化流程如图 6-14 所示，即将 LRP-PD 分解成 3 个子问题：仓库分配问题、订单分配问题和车辆路径问题。配送决策系统将这 15 个仓库开放后，分配消费者订单，确定车辆配送路径。下面研究各子问题的解决方案。

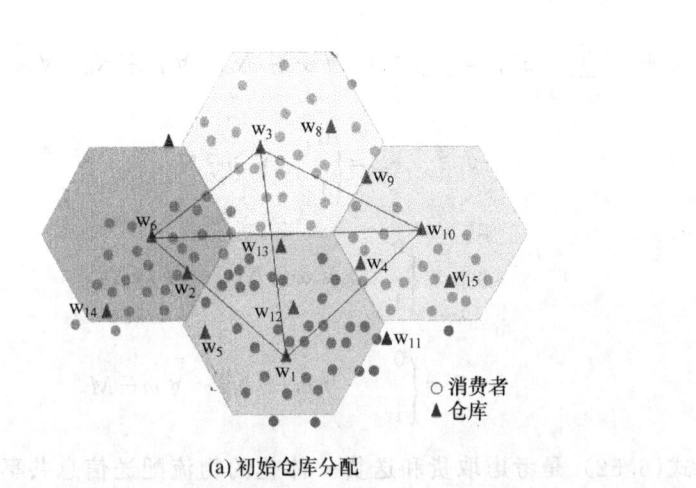

(a) 初始仓库分配

图 6-14 取送一体化物流配送资源共享平台的优化过程图

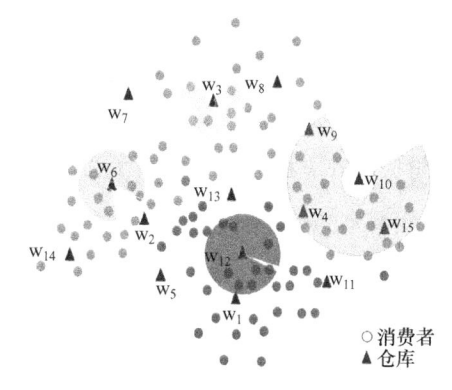

(b) 初始订单分配

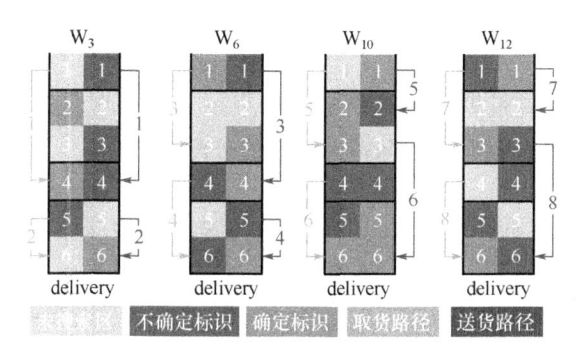

(c) 车辆初始路径分配

图 6-14 取送一体化物流配送资源共享平台的优化过程图（续）

（1）仓库分配

首先，需要确定开放仓库的数量。对于传统的 LRP 问题，根据消费者总需求可以估算开放仓库的数量，而本节研究的是消费者需求不确定情形。一般情况下，当总取送货容量超出配送系统容量上限时，会额外增加仓库容量溢出成本，因此有必要分配更多的仓库。另外，仓库和车辆未被利用的容量增加了机会损失成本，开放仓库的数量越少成本越低。为解决这个问题，引入参数 $\gamma_{p\beta}$ 和 $\gamma_{d\beta}$ 分别表示取、送货物 β 时，配送系统分配的仓库数量；$\xi_{p\beta}$ 和 $\xi_{d\beta}$ 表示所有需要取送货物 β 的随机需求。根据仓库容量限制可以得出如下不等式来确定开放仓库的数量：

$$P(\xi_{p\beta} > \gamma_{p\beta} V_w) \leqslant \lambda_w \tag{6.68}$$

$$P(\xi_{d\beta} > \gamma_{d\beta} V_w) \leqslant \lambda_w \tag{6.69}$$

配送系统分配的开放仓库数量 $\kappa_{p\beta}$ 和 $\kappa_{d\beta}$ 取值范围受仓库容量上限概率常量 λ_w 及仓库平均容量 V_w 的限制，满足式(6.60)和式(6.61)的约束，表示对货物 β 的最低配送量。假设不同货物的个数为 η，开放仓库 κ 是最优解集中的最大值，开放仓库的数量应该在 κ 值附近，可表示为

$$\kappa = \max\{\kappa_{p_1}, \kappa_{d_1}, \kappa_{p_2}, \kappa_{d_2}, \cdots, K_{p_\eta}, \kappa_{p_\eta}\} \tag{6.70}$$

为标记初始分配的开放仓库位置，以泰森多边形对区域内消费者进行覆盖，形成消费者种群的初始分区，如图 6-14(a) 所示。距离泰森多边形中心最近的仓库被选为初始开放仓库，以此确定初始开放仓库的数量。同时，开放仓库的数量满足式(6.60)和式(6.61)的约束。种群中心函数 $f(\phi_1, \phi_2, \cdots, \phi_L)$ 表示确定开放仓库的集合，消费者种群记为 $\phi_1, \phi_2, \cdots, \phi_L \in N_w$，表示消费者种群，$L$ 表示集合中种群的数量。函数 f 的值等于任意两个仓库之间的距离总和，且最大值表示开放仓库空间范围最广的分配，则

$$f(\phi_1, \phi_2, \cdots, \phi_L) = \sum_{u=1}^{L} \sum_{v=1}^{L} \phi_u \phi_v \qquad \forall u \neq v \tag{6.71}$$

如图 6-14(a) 所示，初始种群集合 (w_1, w_3, w_6, w_{10}) 为开放仓库的初始解，确定开放的仓库数量及初始值。如果 w_3 被 w_8 代替，开放仓库更新分配为 (w_1, w_8, w_6, w_{10})。为了搜索到更好的开放仓库组合，确定仓库替换算子为两个仓库之间位置距离相等的仓库。替换算子可以替代产生得到两个分组。例如，图中的仓库 w_9 位于与 w_3 和 w_{10} 等距点，所以它可以代替这两组，即 (w_1, w_9, w_6, w_{10}) 和 (w_1, w_3, w_6, w_9) 是解决方案过程中开放仓库组合的一个有效组合。

(2) 订单分配

一般情况下，开放的仓库可以为与其距离相对最近的客户提供较好的服务，运输成本相对较低。消费者收货过程需得到一个开放仓库提供的服务，因此 LRP-PD 可视为一个集合覆盖问题。

初始分配能够把客户分成 s 组，而容量和运输路径的约束会使订单分配情况改变。因此，依据模型特点设计更新方法如下：消费者被分为两个集群，即靠近仓库集和远离仓库集。如果消费者到一个仓库的距离小于 r，则分配方案

保持不变,被称为分配确定;否则,消费者被标记为分配不确定,这意味着分配方案是可以改变的。图 6-14(b)说明了分配确定组和分配不确定组的边界。因此,当搜索半径越小的时候,更多分配不确定的消费者会出现,这会使自由度和解域更大。通过调整订单分配更新算子,可使模型满足仓库容量约束,相对而言,也扩大了搜索解域的范围。

3. 车辆路径分配

由于车辆订单交付地点具有散乱性,可通过改进变邻域搜索(Variable Neighborhood Search,VNS)算法解决这个问题。思路是:扩展变邻域搜索求解位置路径问题,改进邻域搜索规则,使得搜索过程尽可能高效地靠近解域。

图 6-14(c)显示了标记为 w_3、w_6、w_{10} 和 w_{12} 的 4 个开放仓库的拟解决方案。每个仓库标记两列标识:左列为等待取货的消费者,右列为等待送货的消费者。数字标记车辆的配送服务顺序,进而形成配送路径。通过在分配仓库的数字序列中插入分配订单确定消费者可形成初始解决方案,同时将分配不确定的消费者订单随机插入任意的序列中。

设计短期记忆特征的数据结构控制邻域搜索半径 r,避免指针重复搜索一个循环周期内已经访问过的解决方案。同时,设计一个中长期记忆的数据结构,即一个线性链表,实现搜索空间更靠近最优可行邻域,标记不可行邻域,提高效率。在解邻域搜索中,改进算法引入交换和移动算子:交换算子,即在同一个操作(取货/送货)下,两个消费者节点的交换,一个分配确定的消费者订单不能与属于不同仓库的消费者订单交换,所以只能将不确定的消费者订单分配到不同的仓库之间进行交换;移动算子,即一个消费者订单从当前位置转移到另一个位置。只有分配到不确定消费者的订单才允许移动到当前序列外的位置,而分配确定消费者的订单只能在当前序列中移动。

图 6-15 描述改进的邻域搜索算法实现流程。式(6.68)和式(6.69)确定初始开放仓库的数量,进而确定初始解决方案,即搜索的起始集,然后通过交换算子和移动算子扩大搜索域。式(6.70)是对解决方案的放松,因此仓库的

数量可能被放大。在流程图中，为了获得开放仓库的最佳数量，求解过程被执行 $\kappa-1$ 次，直到无可行的解决方案。

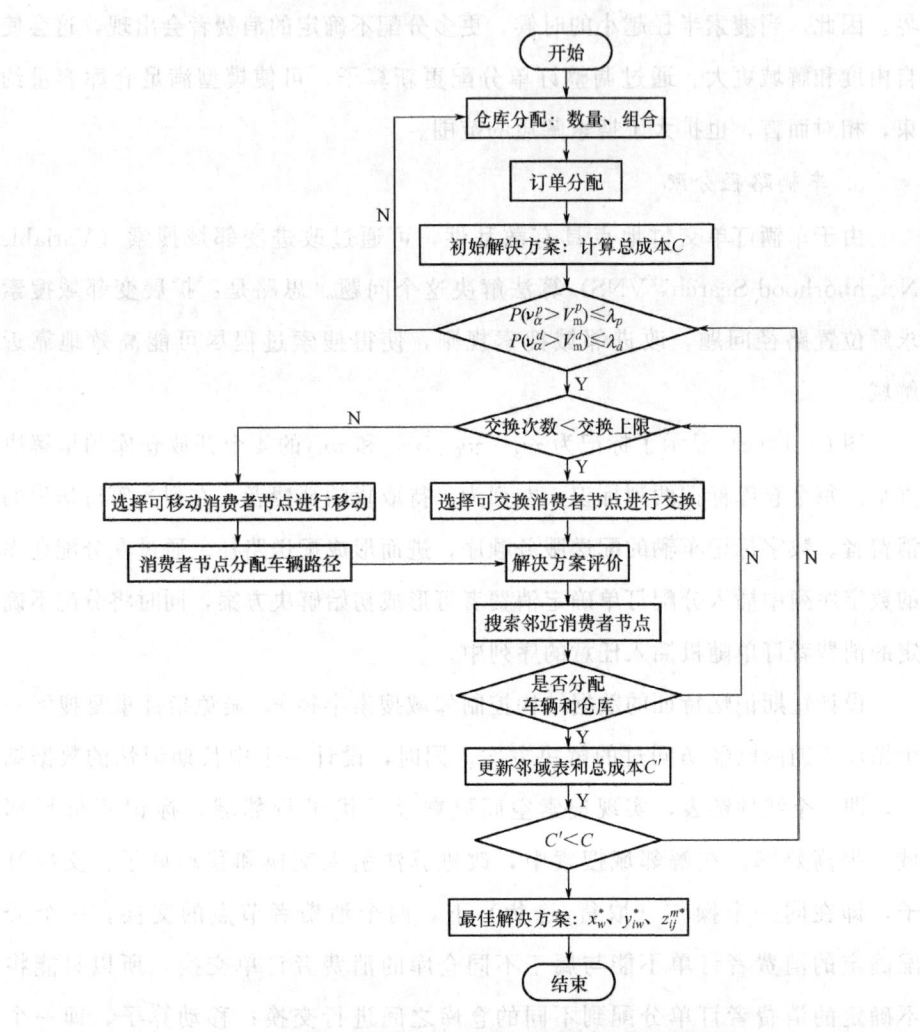

图 6-15　配送资源共享平台优化的邻域搜索算法流程

案例配送共享平台架构的功能模块由 5 个子系统组成，覆盖 6 个功能，如图 6-16 所示，通过实验平台 MATLAB 6.0 随机抽取 100 个消费者订单样本。成本参数范围：$C_w \sim U[2000, 8000]$，$w \in [1, 15]$，$C_w^l \sim U[200, 500]$，$C_w^l \sim U[200, 500]$，$C_{out}^w \sim U[0, 5000]$，$C_{out}^m \sim U[0, 500]$。容量范围：$V_w^l \sim U[10t, 30t]$，$V_w^d \sim U[20t, 50t]$，$V_m^p \sim U[0, 5t]$，$V_m^d \sim U[0, 5t]$。

第6章 共享数据驱动下电商订单分配与配送可持续性联合优化模型

由于各子仓库分布在省内各地,仓库开放成本受当地经济因素影响呈现均匀分布,且具有梯度变化,见表6-9。配送车辆按照载重与耗油量特征分为大型车、中型车和小型车。为更好满足消费者订单需求,充分利用已有数据资源,提高配送资源共享平台成本的优化程度,依据订单样本密集程度选择车辆类型。路径优化结果如图6-17所示。

表6-9 消费者规模与仓库开放成本变化梯度 单位:个

消费者规模	w				
	3 7~8	12~14	1~2 4~6	11 15	9~10
10	2000	4500	3000	3000	2500
20	2000	4500	3000	3000	2500
30	2000	4500	3000	3500	3000
40	2000	6000	3000	3500	3000
50	4000	6000	5000	5500	5000
60	4000	6000	5000	5500	5000
70	4000	6000	5000	5500	5000
80	4000	6000	5000	6000	6500
90	4000	8000	7500	6000	6500
100	6000	8000	7500	7000	7000

由图6-17(a)可见,经过有限次的迭代,变邻域搜索得到最优的订单分配路线。图6-17(b)所示为当前解靠近最优解。

将样本集进行4种情形优化效果对比,以测试改进的变邻域搜索算法见表6-10。通过对比,可看出样本集合在没有考虑信息共享优化时,如仓库分配信息共享、仓库-订单分配信息共享及仓库-订单-路径信息共享情况下,与信息全部共享情形在运作总成本、误差率和运行时间的差异。随着模型复杂度增加,运行时间增加,总成本降低程度明显,如图6-18所示。

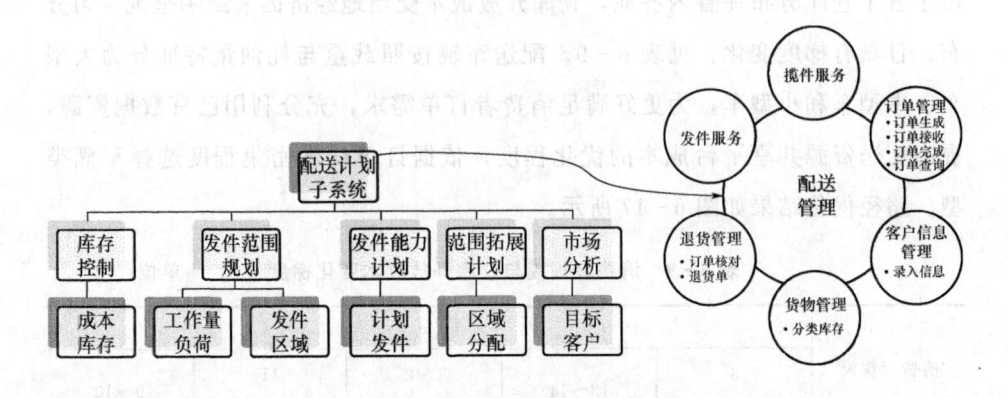

图 6-16 宅急送资源共享功能模块

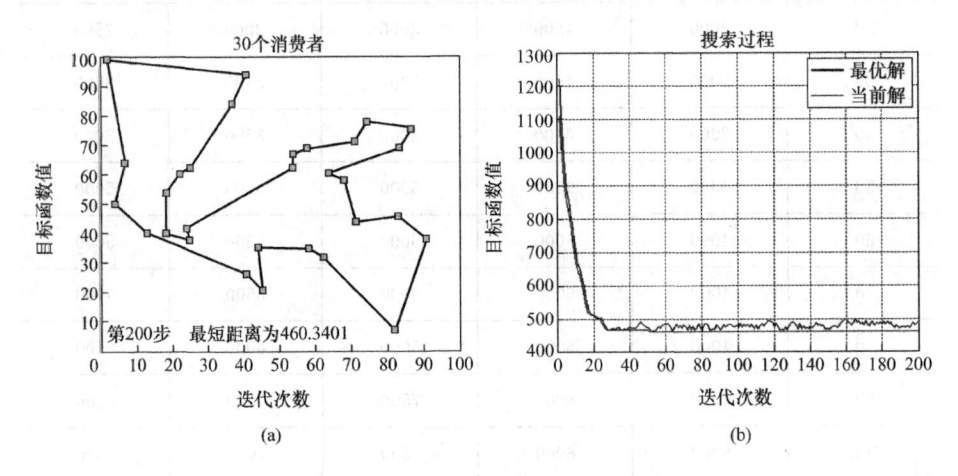

图 6-17 订单样本配送路径优化结果

表 6-10 算法测试情形设计

分配环节	情形 1	情形 2	情形 3	情形 4
仓库分配	×	√	√	√
订单分配	×	×	√	√
路径分配	×	×	×	√

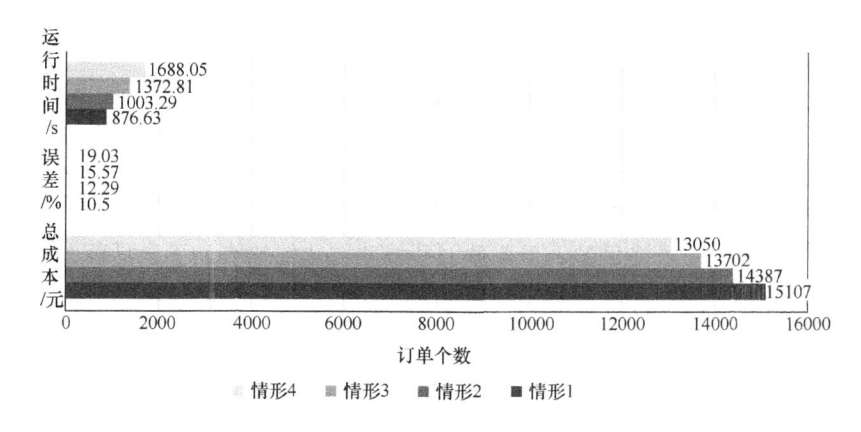

图 6-18 测试结果

6.4 考虑环境效益的数据驱动下订单分配与配送联合优化模型

随着网络平台逐步实现配送资源的信息共享，考虑将碳排放绩效作为环境效益的度量指标，设计多种碳减排因子的 DEA 方法来评估订单分配与物流配送环节的碳排放绩效和碳排放分配。首先，考虑异地边际的碳减排成本差异，构建具有多重碳减排因子的非径向距离函数，提出碳排放总量的评价指标和动态变化指标，来衡量碳排放绩效。其次，考虑公平和效率，通过碳排放量和碳排放绩效设定综合指标，进行碳排放分配。实验结合京东物流 2010—2016 年覆盖的城市数据集进行实证研究，改进配送方案，推动碳排放绩效的积极变化。利用综合指数法对碳排放分配的研究表明，应鼓励电商通过加入碳交易市场实现碳减排，提高碳排放绩效。同时，激励历史碳排放量较高的区域在碳配额不佳的情况下，通过改进配送设施和订单分配方案来减少排放。

6.4.1 物流配送资源共享系统的碳减排模型

多维度标法（Multi-dimensional Scaling，MDS）采用的单一碳减排因子不能实现弱可处置输出的凸优化。即使预测样本量接近现实数据，向上的偏差也会使得多维度标法在进行效率评估时存在高估企业碳减排效率的可能性。为此，在库斯马宁（Kuosmanen）研究框架[303]基础上，构建单一碳减排因子模型。假设电商整个服务资源共享系统的特征描述为 (X,Y,B)，其中 $X=(x_1,x_2,$

$\cdots,x_N)\in \mathbf{R}_+^N$ 是输入的向量，$\mathbf{Y}=(y_1,y_2,\cdots,y_M)\in \mathbf{R}_+^M$ 是期望输出的向量，$\mathbf{B}=(b_1,b_2,\cdots,b_J)\in \mathbf{R}_+^J$ 是非期望输出的向量。假设有 K 个决策单元 (DMU)，每个决策单元包含的数据集合表示为 (X^k,Y^k,B^k)，$k=1,2,\cdots,K$。配送方案 T 产生的碳排放量是不同的，方案决策能力体现企业的碳减排能力。虽然营利是企业的最终目的，但要兼顾环境效益才能够有助于全局范围的可持续发展，因此，碳排放处理能力也体现企业的弱可处置性，即 $(X,Y,B)\in T$ 和 $\varphi \in [0,1],(X,\varphi Y,\varphi B)\in T$。

由于企业的环保管理能力相较于生产业务能力较弱，通过配送资源信息共享平台，减少非期望产出会对其他正常产出有积极影响。为了实现环境效益，电商企业在现实决策情形中，需要牺牲期望输出来减少非期望输出。然而，碳减排的能力依旧使用单一碳减排因子来描述弱可处置性，这不符合凸性假设。由于电商企业的决策单元具有不同的碳减排能力，因此对于边际碳减排成本较低的部门，成本效益较高；而对于边际碳减排成本较高的部门，成本效益较低。因此，单一的碳减排因子不符合环境经济学理论。据此，构建电商配送物流资源共享系统的多重碳减排因子模型，与每个环节相关的个体碳减排因子为 φ^k，$k=1,2,\cdots,K$。电商配送服务决策系统性能描述如下：

$$\hat{S}_K = \{(X,Y,B): \sum_{k=1}^{K} \theta^k x_n^k \leqslant x_n \quad n=1,2,\cdots,N$$

$$\sum_{k=1}^{K} \varphi^k \theta^k y_m^k \geqslant y_m \quad m=1,2,\cdots,M$$

$$\sum_{k=1}^{K} \varphi^k \theta^k b_j^k = b_j \quad j=1,2,\cdots,J$$

$$\sum_{k=1}^{K} \theta^k = 1$$

$$\theta^k \geqslant 0 \quad k=1,2,\cdots,K$$

$$0 \leqslant \varphi^k \leqslant 1 \quad k=1,2,\cdots,K\} \quad (6.72)$$

式中，变量 $\theta=(\theta^1,\theta^2,\cdots,\theta^K)$ 被称为强度权重，得到权重裂变转换公式为 $w^k = \varphi^k \theta^k$，$\overline{w}^k = (1-\varphi^k)\theta^k$，$k=1,2,\cdots,K$ 且 $w^k + \overline{w}^k = \theta^k$。因此，式(6.72)可转换为

$$\hat{S}_K = \{(\boldsymbol{X}, \boldsymbol{Y}, \boldsymbol{B}) : \sum_{k=1}^{K}(w^k + \overline{w}^k)x_n^k \leqslant x_n \quad n = 1, 2, \cdots, N$$

$$\sum_{k=1}^{K} w^k y_m^k \geqslant y_m \quad m = 1, 2, \cdots, M$$

$$\sum_{k=1}^{K} w^k b_j^k = b_j \quad j = 1, 2, \cdots, J$$

$$\sum_{k=1}^{K}(w^k + \overline{w}^k) = 1$$

$$w^k, \overline{w}^k \geqslant 0 \quad k = 1, 2, \cdots, K\} \quad (6.73)$$

定向距离函数（Directional Distance Function，DDF）的径向性使得非期望输出变化率与期望输出变化率基本相同。然而，部分松弛时，效率存在过高估计的可能性。非径向方法恰好能够克服这一局限性，因此设计非径向距离函数（Non-radial Directional Distance Function，NDDF）：

$$\boldsymbol{N}(X^0, Y^0, B^0; z^x, z^y, z^b) = \sup \left\{ \boldsymbol{\omega} \cdot \boldsymbol{\phi} \middle| \begin{array}{l} (x^0 - \theta^x \phi^x z^x, \ y^0 + \\ \theta^y \phi^y z^y, \ b^0 - \theta^b \phi^b z^b) \in T \end{array} \right\} \quad (6.74)$$

式中，$\boldsymbol{\theta}^T = (\theta^x, \theta^y, \theta^b)^T$ 表示输入和输出的权重向量。z^x、z^y、z^b 是 3 个方向矢量。$\boldsymbol{\phi} = (\phi^x, \phi^y, \phi^b)^T \geqslant 0$ 表示输入和输出的无效因子。得到转换公式：$x_n = x_n^0 - \phi_n^x z_n^x$，$y_m = y_m^0 + \phi_m^y z_m^y$，$b_j = b_j^0 - \phi_j^b z_j^b$。

某一阶段 k 个因子的决策单元记为 DMU_{k^0} 的非径向距离函数值表示为 $\boldsymbol{N}(X^0, Y^0, B^0; z^x, z^y, z^b)$，则 DEA 模型描述为

$$\boldsymbol{N}(X^0, Y^0, B^0; z^x, z^y, z^b) = \max \sum_{n=1}^{N} \theta_n^x \phi_n^x + \sum_{m=1}^{M} \theta_m^y \phi_m^y + \sum_{j=1}^{J} \theta_j^b \phi_j^b$$

$$\text{s.t.} \begin{cases} \sum_{k=1}^{K}(w^k + \overline{w}^k)x_n^k \leqslant x_n^0 - \phi_n^x z_n^x & n = 1, 2, \cdots, N \\ \sum_{k=1}^{K} w^k y_m^k \geqslant y_m^0 + \phi_m^y z_m^x & m = 1, 2, \cdots, M \\ \sum_{k=1}^{K} w^k b_j^k = b_j^0 - \phi_j^b z_j^b & j = 1, 2, \cdots, J \\ \sum_{k=1}^{K}(w^k + \overline{w}^k) = 1 & \\ w^k, \overline{w}^k \geqslant 0 \quad k = 1, 2, \cdots, K \end{cases} \quad (6.75)$$

假设每个DMU都使用配送服务质量（K）、配送服务能力（μ）、配送服务成本（C）作为输入，得到期望输出的服务产品（Y）和非期望输出的碳排放（E）。设权重向量为（1/9, 1/9, 1/9, 1/2, 1/6），方向向量 $z=(-K,-\mu,-C,Y,-E)$。

定义6.1 碳排放总绩效表示为目标碳排放强度与实际碳排放强度的比值。碳排放总绩效的表达式如下：

$$EI = \frac{(B - B \cdot \phi^{b*})/(Y - Y \cdot \phi^{y*})}{B/Y} = \frac{1-\phi^{b*}}{1+\phi^{y*}} \quad (6.76)$$

碳排放总绩效旨在度量降低碳排放强度的可行性。TE值越高，电商物流配送资源共享系统碳排放绩效越好。在计算碳排放绩效的动态变化时，传统的Malmquist（M）指数用于描述产出-投入比率，是连续两个时期内方向距离函数的几何均数。然而，随着生产前沿面转移，交叉周期的方向性距离函数不能解决线性规划的不可行性，因此，有效DMU可能不包含在生产前沿面中。

同时期的单一配送方案水平和全因子配送方案水平计算方法不同。单一配送方案描述为 $S_C = \{(X^t, Y^t, B^t) : X^t \to (Y^t, B^t), t=1,2,\cdots,T\}$，式（6.65）中描述的为 t 时期配送方案。然后，得到全要素配送方案为 $S_G = S_1 \cup S_2 \cup \cdots \cup S_T$，由整个规划期间的单一配送方案构成。因此，全因子配送方案包含所有单一配送方案。基于这两种配送方案水平的定向距离函数如下。

同时期单一配送方案定向距离函数：

$$N_i(X^0, Y^0, B^0; z^x, z^y, z^b) = \sup\{\theta \cdot \phi_i | (x^0 - \theta^x \phi_i^x z^x, y^0 + \theta^y \phi_i^y z^y, b^0 - \theta^b \phi_i^b z^b) \in T_i\}$$

$$(6.77)$$

全因子配送方案定向距离函数为

$$N_G(X^0, Y^0, B^0; z^x, z^y, z^b) =$$
$$\sup\{\theta \cdot \phi_G | (x^0 - \theta^x \phi_G^x z^x, y^0 + \theta^y \phi_G^y z^y, b^0 - \theta^b \phi_G^b z^b) \in T_G\} \quad (6.78)$$

为求解非径向全因子碳排放性能指数，需要解决4个不同的方向距离函数：$N_i(t)$、$N_i(t+1)$、$N_G(t)$ 和 $N_G(t+1)$。根据式（6.75），可以求解每个周期的同时期方向距离函数 $N_i(t)$ 和 $N_i(t+1)$。本章通过式（6.79）～式（6.82）来解决全因子方向距离函数 $N_G(t)$ 和 $N_G(t+1)$。

$$N_G(X^0,Y^0,B^0;z^x,z^y,z^b) = \max \sum_{n=1}^{N}\theta_n^x\phi_{Gn}^x + \sum_{m=1}^{M}\theta_m^y\phi_{Gm}^y + \sum_{j=1}^{J}\theta_j^b\phi_{Gj}^b \quad (6.79)$$

$$\text{s.t.} \begin{cases} \sum_{t}^{T}\sum_{k=1}^{K}(w^{k,t}+\overline{w}^{k,t})x_n^{k,t} \leqslant x_n^0 - \phi_n^{G,x}z_n^x & n=1,\cdots,N \\ \sum_{t=1}^{T}\sum_{k=1}^{K}w^{k,t}y_m^{k,t} \geqslant y_m^0 + \phi_m^{G,y}z_m^x & m=1,\cdots,M \\ \sum_{t=1}^{T}\sum_{k=1}^{K}w^{k,t}b_j^{k,t} = b_j^0 - \phi_j^{G,b}z_j^b & j=1,\cdots,J \\ \sum_{t=1}^{T}\sum_{k=1}^{K}(w^{k,t}+\overline{w}^{k,t}) = 1 \\ w^{k,t},\overline{w}^{k,t} \geqslant 0 & k=1,\cdots,K \end{cases} \quad (6.80)$$

$$N_G(X^0,Y^0,B^0;z^x,z^y,z^b) = \max \sum_{n=1}^{N}\theta_n^x\phi_{G,n}^x + \sum_{m=1}^{M}\theta_m^y\phi_{G,m}^y + \sum_{j=1}^{J}\theta_j^b\phi_{G,j}^b \quad (6.81)$$

$$\text{s.t.} \begin{cases} \sum_{t}^{T}\sum_{k=1}^{K}(w^{k,t+1}+\overline{w}^{k,t+1})x_n^{k,t+1} \leqslant x_n^0 - \phi_n^{G,x}z_n^x & n=1,\cdots,N \\ \sum_{t=1}^{T}\sum_{k=1}^{K}w^{k,t+1}y_m^{k,t+1} \geqslant y_m^0 + \phi_m^{G,y}z_m^x & m=1,\cdots,M \\ \sum_{t=1}^{T}\sum_{k=1}^{K}w^{k,t+1}b_j^{k,t+1} = b_j^0 - \phi_j^{G,b}z_j^b & j=1,\cdots,J \\ \sum_{t=1}^{T}\sum_{k=1}^{K}(w^{k,t+1}+\overline{w}^{k,t+1}) = 1 \\ w^{k,t+1},\overline{w}^{k,t+1} \geqslant 0 & k=1,\cdots,K \end{cases} \quad (6.82)$$

式中，$(x_n^{k,t},y_m^{k,t},b_j^{k,t})$ 和 $(x_n^{k,t+1},y_m^{k,t+1},b_j^{k,t+1})$ 分别表示时期 t 和 $t+1$ 的输入为 n，DMU_k 的期望输出为 m，以及非期望输出为 j。在时期 t 和 $t+1$ 内 DMU_k 的权重 w 和 $\overline{w}$ 分别记为 $(w^{k,t},\overline{w}^{k,t})$ 和 $(w^{k,t+1},\overline{w}^{k,t+1})$。根据不同方向距离函数的值，得到4个相应的全因子碳排放性能指标值：

$$\text{EI}_i(t) = \left[\frac{(B-B\phi_{i*}^b)/(Y-Y\phi_{i*}^y)}{B/Y}\right]^t = \left(\frac{1-\phi_{i*}^b}{1+\phi_{i*}^y}\right)^t \quad (6.83)$$

$$\text{EI}_i(t+1) = \left[\frac{(B-B\phi_{i*}^b)/(Y-Y\phi_{i*}^y)}{B/Y}\right]^{t+1} = \left(\frac{1-\phi_{i*}^b}{1+\phi_{i*}^y}\right)^{t+1} \quad (6.84)$$

$$\mathrm{EI}_G(t) = \left[\frac{(\boldsymbol{B}-\boldsymbol{B}\phi_{G*}^b)/(\boldsymbol{Y}-\boldsymbol{Y}\phi_{G*}^y)}{\boldsymbol{B}/\boldsymbol{Y}}\right]^t = \left(\frac{1-\phi_{G*}^b}{1+\phi_{G*}^y}\right)^t \quad (6.85)$$

$$\mathrm{EI}_G(t+1) = \left[\frac{(\boldsymbol{B}-\boldsymbol{B}\phi_{G*}^b)/(\boldsymbol{Y}-\boldsymbol{Y}\phi_{G*}^y)}{\boldsymbol{B}/\boldsymbol{Y}}\right]^{t+1} = \left(\frac{1-\phi_{G*}^b}{1+\phi_{G*}^y}\right)^{t+1} \quad (6.86)$$

定义 6.2 非径向全因子碳排放量性能动态变化指数类似于 GML 指数，能够衡量时期 t 和 $t+1$ 内的碳排放性能动态变化的性能指标，记为

$$\mathrm{NEI}_i(X_S, Y_S, B_S) = \frac{\mathrm{EI}_G(X^{t+1}, Y^{t+1}, B^{t+1})}{\mathrm{EI}_G(X^t, Y^t, B^t)} \quad (6.87)$$

将 NEI 分解为配送方案效率变化指数和配送服务水平变化指数。分解过程为

$$\mathrm{NEI}_i(t, t+1) = \frac{\mathrm{EI}_G(X^{t+1}, Y^{t+1}, B^{t+1})}{\mathrm{EI}_G(X^t, Y^t, B^t)} = \left[\frac{\mathrm{EI}_i(t+1)}{\mathrm{EI}_i(t)}\right] \cdot \left[\frac{\mathrm{EI}_G(t+1)/\mathrm{EI}_i(t+1)}{\mathrm{EI}_G(t)/\mathrm{EI}_i(t)}\right]$$
$$(6.88)$$

则有

$$\mathrm{NEI}_i(t, t+1) = \left[\left(\frac{1-\phi_{i*}^b}{1+\phi_{i*}^y}\right)^{t+1} \Big/ \left(\frac{1-\phi_{i*}^b}{1+\phi_{i*}^y}\right)^t\right] \cdot \left[\frac{\left(\frac{1-\phi_{G*}^b}{1+\phi_{G*}^y}\right)^{t+1} \Big/ \left(\frac{1-\phi_{G*}^b}{1+\phi_{G*}^y}\right)^{t+1}}{\left(\frac{1-\phi_{G*}^b}{1+\phi_{G*}^y}\right)^t \Big/ \left(\frac{1-\phi_{G*}^b}{1+\phi_{G*}^y}\right)^t}\right]$$
$$(6.89)$$

分别记为

$$A = \left(\frac{1-\phi_{i*}^b}{1+\phi_{i*}^y}\right)^{t+1} \Big/ \left(\frac{1-\phi_{i*}^b}{1+\phi_{i*}^y}\right)^t \quad (6.90)$$

$$B = \frac{\left(\frac{1-\phi_{G*}^b}{1+\phi_{G*}^y}\right)^{t+1} \Big/ \left(\frac{1-\phi_{G*}^b}{1+\phi_{G*}^y}\right)^{t+1}}{\left(\frac{1-\phi_{G*}^b}{1+\phi_{G*}^y}\right)^t \Big/ \left(\frac{1-\phi_{G*}^b}{1+\phi_{G*}^y}\right)^t} \quad (6.91)$$

式(6.89)中，时期 t 和 $t+1$ 内，用 A 衡量碳排放性能的"追赶"效应，即一个 DMU 向同时期的配送方案水平靠拢程度。如果 $A>1$，则表明 DMU 获得了效率增益。B 反映当前配送方案与全要素配送服务水平在时期 t 和 $t+1$ 之间的前沿效率变化。如果 $B>1$，则当前配送方案水平前沿已经转向了全因

第6章 共享数据驱动下电商订单分配与配送可持续性联合优化模型

子配送方案服务水平前沿面,可视为配送服务创新的效果。表 6-11 为 15 个配送中心的绩效统计,且配送中心服务覆盖的区域被划分为 4 个大区。图 6-19 为 2010—2016 年 4 个销售大区进行碳排放绩效评估。

表 6-11　15 个配送中心的碳排放绩效

城市	2010 年 EI	2010 年 NEI	2011 年 EI	2011 年 NEI	2012 年 EI	2012 年 NEI	2013 年 EI	2013 年 NEI	2014 年 EI	2014 年 NEI	2015 年 EI	2015 年 NEI	2016 年 EI	2016 年 NEI
北京	0.30	0.70	0.47	0.62	0.51	0.74	0.55	0.72	0.51	0.70	0.53	0.74	0.60	0.67
上海	0.46	0.65	0.44	0.69	0.50	0.70	0.51	0.71	0.53	0.75	0.53	0.73	0.57	0.69
广州	0.40	0.80	0.50	0.70	0.50	0.73	0.51	0.75	0.54	0.71	0.60	0.73	0.55	0.69
深圳	0.44	0.66	0.43	0.61	0.53	0.70	0.52	0.66	0.56	0.68	0.52	0.66	0.53	0.69
杭州	0.49	0.53	0.40	0.62	0.60	0.67	0.57	0.73	0.56	0.70	0.59	0.70	0.55	0.75
成都	0.46	0.55	0.42	0.64	0.59	0.74	0.57	0.73	0.60	0.70	0.51	0.75	0.52	0.70
西安	0.49	0.53	0.50	0.62	0.52	0.66	0.59	0.71	0.51	0.73	0.53	0.67	0.50	0.73
兰州	0.41	0.58	0.45	0.64	0.51	0.75	0.54	0.72	0.57	0.72	0.60	0.71	0.56	0.74
济南	0.41	0.56	0.50	0.61	0.52	0.66	0.57	0.73	0.57	0.75	0.52	0.71	0.50	0.68
乌鲁木齐	0.43	0.58	0.46	0.65	0.50	0.74	0.59	0.74	0.54	0.74	0.59	0.74	0.52	0.71
银川	0.49	0.52	0.48	0.67	0.56	0.70	0.51	0.72	0.52	0.72	0.53	0.70	0.53	0.68
拉萨	0.46	0.55	0.50	0.65	0.56	0.73	0.54	0.71	0.60	0.69	0.54	0.68	0.53	0.69
昆明	0.50	0.58	0.48	0.67	0.55	0.66	0.59	0.73	0.57	0.69	0.55	0.73	0.51	0.67
西宁	0.50	0.55	0.45	0.68	0.53	0.75	0.58	0.73	0.53	0.69	0.57	0.71	0.55	0.70
武汉	0.47	0.59	0.44	0.66	0.58	0.67	0.57	0.73	0.57	0.75	0.55	0.66	0.52	0.70

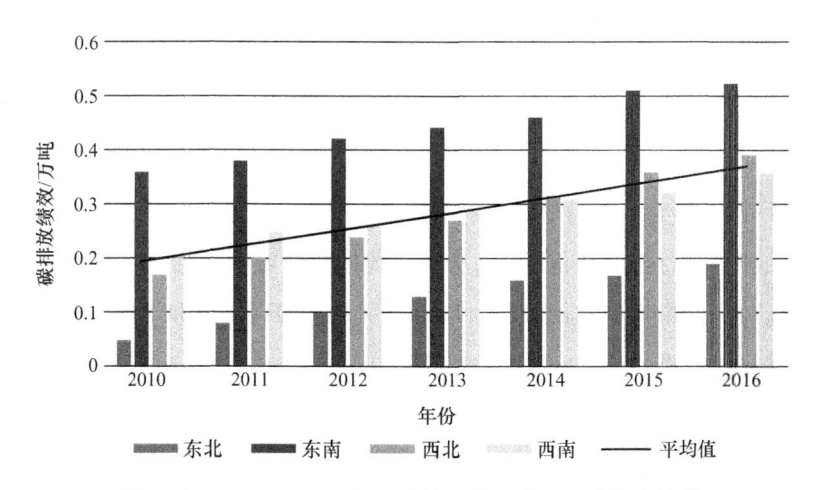

图 6-19　2010—2016 年 4 个销售大区全因子碳排放绩效

由图 6-19 可见，4 个销售大区的碳排放绩效总体上呈现上升趋势，其中，东北大区的碳排放水平虽然总体表现相对较弱，但保持上升趋势，有待进一步提升碳排放管理力度。东南大区的碳排放绩效一直保持水平相对较高，且增长稳定。西北大区的碳排放绩效在 2014 年度首次超越了西南大区，说明西北大区的碳排放绩效增速较快。

6.4.2 订单分配资源共享系统的碳配额模型

通过配送资源信息共享平台，量化历史累积的碳排放量评价指标，能够实现共享系统的碳排放公平，但不利于各环节部门主动承担碳减排责任，因此不利于有效实现碳减排均衡的目标。历史碳排放配额反映公平性，而排放强度反映效率。因此，综合考虑公平性和效率原则，设计混合碳配额分配方法。首先，在已有 DEA 模型基础上，为历史累积碳排放量和配送资源共享系统平均碳排放量分配比例，分别建立 DMU 的效率函数：

$$\begin{cases} \varphi^* = \max \varepsilon_{avg} \varphi_{avg} + \theta_H \varphi_H \\ \sum_{j=1}^{n} w_j Y_{avg,j} \geqslant \varphi_{avg} Y_{avg} \quad j=1,2,\cdots,n \\ \sum_{j=1}^{n} w_j Y_{H,j} \geqslant \varphi_H Y_H \quad j=1,2,\cdots,n \\ \sum_{j=1}^{n} w_j = 1 \quad w_j \geqslant 0 \\ \varphi_{avg} \geqslant 1 \\ \varphi_H \geqslant 1 \end{cases} \quad (6.92)$$

式中，φ^* 表示效率，n 为 DMU 的个数。Y_H 指历史累计碳排放量占样本城市历史累积碳排放总量的比例，Y_{avg} 指平均碳排放绩效评价指标占样本城市平均碳排放绩效评价指标的比例。ε_{avg} 和 ε_H 分别是平均碳排放和历史累积碳排放指标的预设权重，设 $\varepsilon_{avg}=0.2$，$\varepsilon_H=0.8$。

配送资源共享系统内 DMU_j 的综合分配指标 P_j 为

$$P_j = P \cdot \left(\varphi_j / \sum_{j=1}^{n} \varphi_j \right) \quad (6.93)$$

式中，通过式(6.92) 计算得到 φ_j，即 DMU_j 碳排放性能的效率。P 表示 DMU_j 所在城市的当前规划周期内获得的碳排放配额。

碳配额确定之后，需要对实际的配送过程进行碳计量。航空运输碳排放量可以通过燃料、时间和速度准确计算。考虑地面交通的复杂性，电商企业的普及范围越大，配送网络越复杂，区域地形越多样化，因此碳排放统计应充分考虑路面的特点[304]。

如图 6-20 所示，设路面的坡度是 α_{ij}，地面阻力为 F_r。$G=mg$ 表示配送车辆和配送货物的总重力，F_N 表示地面的支撑力。车辆的速度记为 v_{ij}，从地点 i 到地点 j 的配送距离为 L_{ij}。

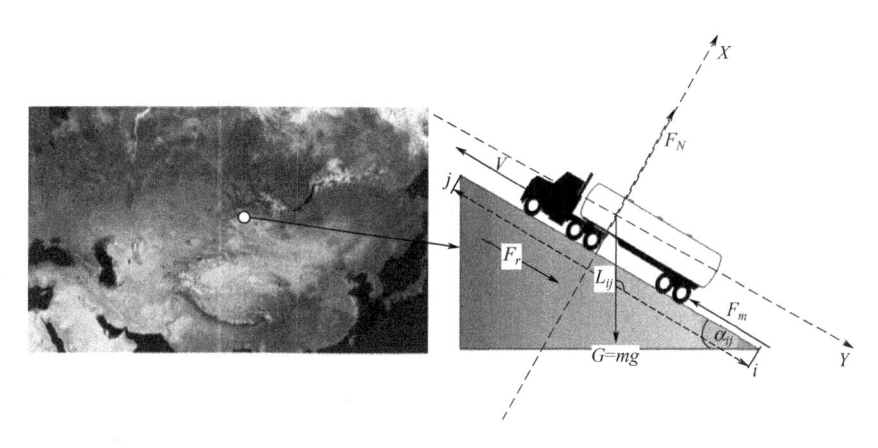

图 6-20 车辆碳排放量计算的力学分解

根据牛顿定律，可以得到 x 轴和 y 轴的分解量为

$$\sum F_y = F_m - F_r - G\sin\alpha_{ij} = ma_y \tag{6.94}$$

$$\sum F_x = F_N - G\cos\alpha_{ij} = ma_x \tag{6.95}$$

车辆发动机需要做功为 $W_{ij} = F_m L_{ij}$。碳排放总量为 $E_{ij} = e_1 e_2 \sum W_{ij}$，式中 e_1 为燃料转换系数（加仑/焦耳），即得到做功量 $\sum W_{ij}$ 所需的有效燃料量，e_2 为每单位燃料量的碳排放量（千克/加仑）。

图 6-21 描述了 2010—2016 年电商物流资源共享系统覆盖的 20 个主要城市碳配额变化，碳排放配额主要分布在沿海城市和交通枢纽区域。其中，西北

地区由于交通条件的限制，主要运输工具为飞机，所以碳配额也较高。通过碳排放绩效和碳分配额的跟踪监测，电商决策者能够及时掌握碳排放状况，并根据碳排放绩效变化衡量订单分配方案的环保程度合理调整分配方案和碳配额指标。

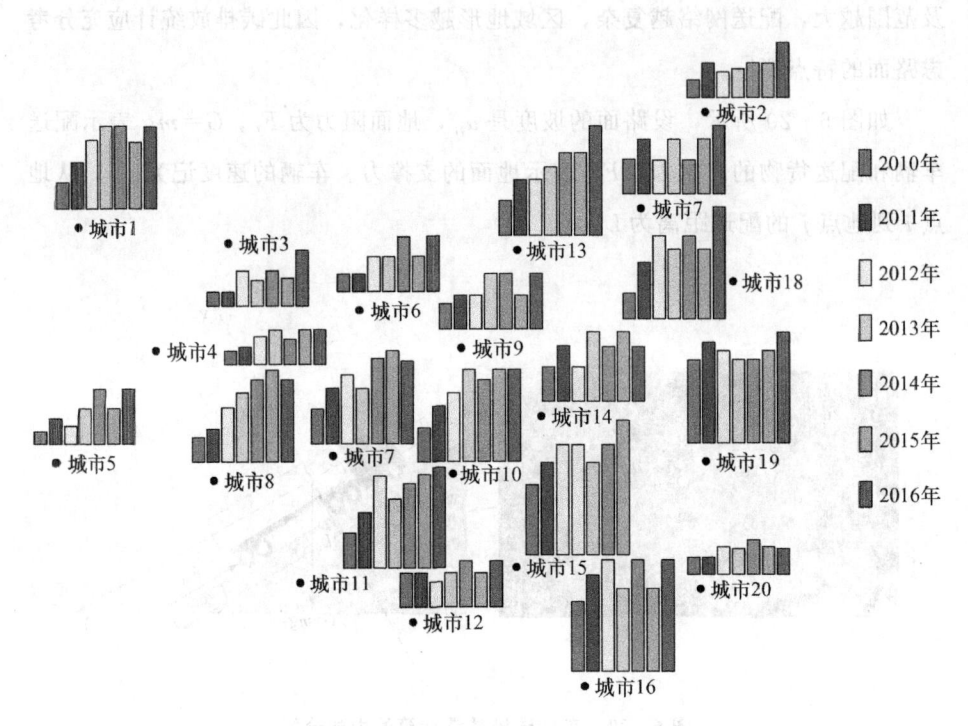

图 6-21 2010—2016 年主要城市的碳配额变化趋势

6.5 考虑社会效益的数据驱动下订单分配与配送联合优化模型

为改进现有的配送资源共享方案，本书从社会资源公平分配角度出发，研究配送资源共享决策系统，在随机需求条件下制定共享公平利润分配策略，以电商资源共享平台和专享配送资源服务商组成的二级电商配送服务资源共享系统为基本结构，建立 Stackelberg 博弈模型。根据公平收益分配原则，得到公平熵函数，通过非线性规划解决共享公平分配问题。进一步，扩展得到电商资源共享平台、一级专享配送资源服务商和二级专享配送资源服务商组成的三级配送服务资源共享系统。

6.5.1 二级配送服务资源共享系统公平分配策略模型

电商资源共享平台和专享配送资源服务商组成的服务资源共享决策系统如图 6-22 所示，其与消费者群体共同构成了两级服务供应链，记为策略Ⅰ。

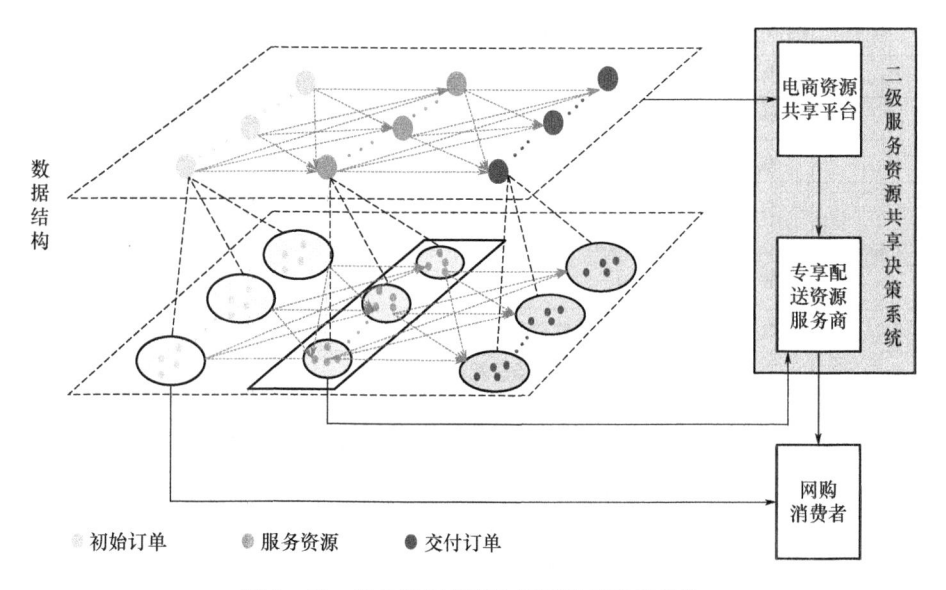

图 6-22 服务资源共享决策系统及数据结构

面对市场随机需求，电商资源共享平台属于共享博弈领导者，而专享配送资源服务商则是追随者。电商资源共享平台确定一组共享策略参数，专享配送资源服务商由此确定提供给共享平台的最佳服务能力。假设物流市场是开放的，物流服务能力、成本信息和市场价格是透明的，电商资源共享平台根据获取的行业信息评估专享配送资源服务商的能力，以便从共享公平的角度得到最优决策，实现共享平台的持续运营。其中，电商资源共享平台和专享配送资源服务商都是风险中立的。模型中的参数见表 6-12。

表 6-12 参数说明

参数	说明
d	市场随机需求变量，d 满足需求分布函数 $F(x)$、概率密度 $f(x)$、均值 $E(x)$ 及方差 $D(x)$
C_{new}	专享配送资源服务商的单位服务成本
$C_{platform}$	电商资源共享平台单位服务成本
$\pi_{platform}$	电商资源共享平台单位利润
s	电商资源共享平台向专享配送资源服务商提供共享激励的单位订单补贴 $s>C_{new}$。订单单位服务成本相当于 $C_{platform}+s$
P_{share}	共享平台资源单位定价
q	电商资源共享平台发送给专享配送资源服务商订购的订单量
P_{punish}	电商资源共享平台能力短缺时的惩罚成本
P_{return}	当服务能力充足，电商资源共享平台返回给专享配送资源服务商的单位补贴。这里 P_{return} 与 s 正相关，与 $D(x)$ 负相关，令 $P_{return}=s^2/kD(x)$，k 是一个反映需求方差的系数，且 $k\geqslant s/D(x)$
θ	电商资源共享平台占总收益分配的份额
$1-\theta$	专享配送资源服务商占总收益分配的份额

当 platform 整体能力不足时，platform 和 new 分别以 θ 和 $1-\theta$ 的份额来弥补损失。$u(q)$ 表示对 platform 物流服务能力的量化期望，记 $u(q)=E\min(q,x)$，因此

$$\mu(q)=\int_0^\infty \min(q,x)f(x)\mathrm{d}x=\int_0^q[1-F(x)]\mathrm{d}x=q-\int_0^q F(x)\mathrm{d}x \quad (6.96)$$

platform 服务能力充足时，式(6.97)成立；服务能力不足时，式(6.98)成立：

$$E(q-x)^+=q-\mu(q)=\int_0^q F(x)\mathrm{d}x \quad (6.97)$$

$$E(x-q)^+=E(x)-\mu(q)=\mu-q+\int_0^q F(x)\mathrm{d}x \quad (6.98)$$

根据问题描述，在收益共享策略下电商资源共享平台 platform、专享配送资源服务商 new 及服务资源共享系统的预期利润函数表达式分别为

$$\pi_{platform}=\theta P_{share}\mu(q)-sq-C_{platform}q-\theta P_{punish}[E(x)-\mu(q)]-P_{return}[q-\mu(q)] \quad (6.99)$$

第6章 共享数据驱动下电商订单分配与配送可持续性联合优化模型

$$\pi_{\text{new}} = (1-\theta)P_{\text{share}}\mu(q) - sq - C_{\text{new}}q - (1-\theta)P_{\text{punish}}[E(x)-\mu(q)] +$$
$$P_{\text{return}}[q-\mu(q)] \tag{6.100}$$

$$\pi_{\text{total}} = \pi_{\text{platform}} + \pi_{\text{new}} = P_{\text{share}}\mu(q) - C_{\text{platform}}q - C_{\text{new}}q -$$
$$P_{\text{punish}}[E(x)-\mu(q)] \tag{6.101}$$

引理6.3 电商资源共享平台的决策行为分析：将式(6.96)~式(6.98)代入式(6.99)，可以得到下面的公式：

$$E\pi_{\text{platform}} = \theta P_{\text{share}}q - \theta P_{\text{share}}\int_0^q F(x)\mathrm{d}x - (s+C_{\text{platform}})q - \theta P_{\text{punish}}E(x) +$$
$$\theta P_{\text{punish}}q - \theta P_{\text{punish}}\int_0^q F(x)\mathrm{d}x - P_{\text{return}}\int_0^q F(x)\mathrm{d}x \tag{6.102}$$

求导，得

$$\frac{\partial E\pi_{\text{platform}}}{\partial q} = \theta P_{\text{share}} - (s+C_{\text{platform}}) + \theta P_{\text{punish}} - \theta P_{\text{share}}F(q) -$$
$$\theta P_{\text{punish}}F(q) - P_{\text{return}}F(q) \tag{6.103}$$

令式(6.103)为零，那么

$$F(q^*) = \frac{\theta P_{\text{share}} - (s+C_{\text{platform}}) + \theta P_{\text{punish}}}{\theta P_{\text{share}} - \theta P_{\text{punish}} - P_{\text{return}}} \tag{6.104}$$

考虑需求的分布形式，可得到电商资源共享平台给专享配送资源服务商订购的最优订单量q^*，将式(6.96)代入式(6.101)，则服务资源共享系统的总收益预期可以表示为

$$E\pi_{\text{total}} = P_{\text{share}}q - P_{\text{share}}\int_0^q F(x)\mathrm{d}x - (C_{\text{platform}}+C_{\text{new}})q -$$
$$P_{\text{punish}}[E(x)-q] - P_{\text{punish}}\int_0^q F(x)\mathrm{d}x \tag{6.105}$$

$$\frac{\partial E\pi_{\text{total}}}{\partial q} = P_{\text{share}} - P_{\text{share}}F(q) - (C_{\text{new}}+C_{\text{platform}}) + P_{\text{punish}} -$$
$$P_{\text{punish}}F(q) \tag{6.106}$$

令$\frac{\partial E\pi_{\text{total}}}{\partial q}=0$，可得

$$F(q^{(1)}) = 1 - \frac{C_{\text{new}}+C_{\text{platform}}}{P_{\text{share}}+P_{\text{punish}}} \tag{6.107}$$

如式(6.107)所示,在共享策略中,最优订货量 $q^{(1)}$ 仅与 $\dfrac{C_{new}+C_{platform}}{P_{share}+P_{punish}}$ 相关。如果 $q^{(1)}$ 满足 $F(q^{(1)})=1-\dfrac{C_{new}+C_{platform}}{P_{share}+P_{punish}}>0$,则当且仅当 $P_{share}+P_{punish}>C_{new}+C_{platform}$ 时,$q^{(1)}$ 存在。

在收益共享合同中,电商资源共享平台的决策可以使配送服务资源共享系统达到营利水平,得到定理6.1。

定理6.1 当且仅当 $P_{share}+P_{punish}>C_{platform}+C_{new}$ 时,电商资源共享平台考虑接受新资源加入共享系统。

证明:(1) 如果 $q^{(1)}=q^*$,则 $F(q^{(1)})=F(q^*)$,由引理6.3,可以推导出

$$1-\frac{C_{new}+C_{platform}}{P_{share}+P_{punish}}=\frac{\theta^* P_{share}-(s+C_{platform})+\theta^* P_{punish}}{\theta^* P_{share}+\theta^* P_{punish}+P_{return}} \quad (6.108)$$

即

$$\frac{C_{new}+C_{platform}}{P_{share}+P_{punish}}=\frac{s+C_{platform}+P_{return}}{\theta^* P_{share}+\theta^* P_{punish}+P_{return}} \quad (6.109)$$

则有

$$\theta^*=\frac{s+C_{platform}+P_{return}}{C_{new}+C_{platform}}-\frac{P_{return}}{P_{share}+P_{punish}} \quad (6.110)$$

(2) 如果 $\theta E\pi_{total}=E\pi_{platform}$,则可以推导出

$$\theta P_{share}q-\theta P_{share}\int_0^q F(x)dx-\theta(C_{platform}+C_{new})q-\theta P_{punish}[E(x)-q]-$$

$$\theta P_{punish}\int_0^q F(x)dx=\theta P_{share}q-\theta P_{share}\int_0^q F(x)dx-(s+C_{platform})q-$$

$$\theta P_{punish}+\theta P_{punish}q-\theta P_{punish}\int_0^q F(x)dx-P_{return}\int_0^q F(x)dx$$

$$(6.111)$$

得到

$$-\theta(C_{platform}+C_{new})q=-(s+C_{platform})q-P_{return}\int_0^q F(x)dx$$

即

$$\theta = \frac{s + C_{\text{platform}}}{C_{\text{new}} + C_{\text{platform}}} + \frac{P_{\text{return}} \int_0^q F(x) \mathrm{d}x}{q(C_{\text{new}} + C_{\text{platform}})} \quad (6.112)$$

如果 $q^{(1)} = q^*$ 且 $\theta E\pi_{\text{total}} = E\pi_{\text{platform}}$，则 $\theta = \theta^*$。由式(6.110) 和式(6.112)，可以得到

$$\frac{s + C_{\text{platform}}}{C_{\text{new}} + C_{\text{platform}}} + \frac{P_{\text{return}} \int_0^q F(x) \mathrm{d}x}{q(C_{\text{new}} + C_{\text{platform}})} = \frac{s + C_{\text{platform}} + P_{\text{return}}}{C_{\text{new}} + C_{\text{platform}}} - \frac{P_{\text{return}}}{P_{\text{share}} + P_{\text{punish}}} \quad (6.113)$$

即

$$1 - \frac{C_{new} + C_{platform}}{P_{share} + P_{punish}} = \frac{\int_0^q F(x) \mathrm{d}x}{q} \quad (6.114)$$

当且仅当

$$P_{\text{share}} + P_{\text{punish}} > C_{\text{platform}} + C_{\text{new}} \quad (6.115)$$

有

$$0 < 1 - \frac{C_{\text{platform}} + C_{\text{new}}}{P_{\text{share}} + P_{\text{punish}}} < 1 \quad (6.116)$$

令

$$1 - \frac{C_{\text{platform}} + C_{\text{new}}}{P_{\text{share}} + P_{\text{punish}}} = t, \ 0 < t < 1 \quad (6.117)$$

式(6.114) 变形为

$$tq = \int_0^q F(x) \mathrm{d}x \quad (6.118)$$

设 $Y(q) = tq - \int_0^q F(x) \mathrm{d}x$，$Y(q)$ 关于 q 的一阶导数和二阶导数分别为

$$Y'(q) = F(q) - t \quad (6.119)$$

$$Y''(q) = f(q) \quad (6.120)$$

因为 $F(q)$ 在 $[0, 1]$ 是单调增函数，并且 t 是 $(0, 1)$ 内的常量，所以存在 q_0 满足 $Y'(q_0) = F(q_0) - t = 0$。

对于二阶导数的微分系数 $Y(q)$，$Y''(q) = f(q) > 0$，因此，将 $Y(q)$ 分成两段：$[0, q_0]$ 和 $[q_0, +\infty]$。

在 $[0, q_0]$ 内，$Y'(q)<0, Y''(q)>0$，因此函数 $Y(q)$ 是下降的凹曲线。

在 $[q_0, +\infty]$ 内，$Y'(q)>0, Y''(q)>0$，因此函数 $Y(q)$ 是上升的凹曲线。

如图 6-23 所示，设 $Y(q_1)=0$，则

$$tq_1 = \int_0^{q_1} F(x) \mathrm{d}x \tag{6.121}$$

因此，式(6.118)成立，并且 $\theta = \theta^*$。

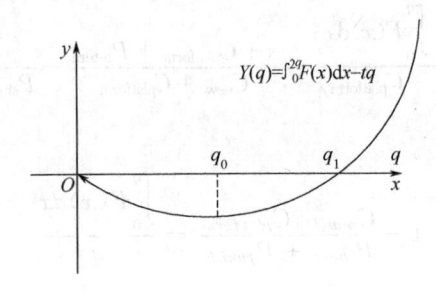

图 6-23 $Y(q)$ 的函数图像

综上所述，共享分配策略仅在 $P_{\text{share}} + P_{\text{punish}} > C_{\text{platform}} + C_{\text{new}}$ 时具有可行性，即 $\theta E\pi_{\text{total}} = E\pi_{\text{platform}}$，定理 6.1 得证。

从以上推导可以看出，收益共享策略能够在 $P_{\text{share}} + P_{\text{punish}} > C_{\text{new}} + C_{\text{platform}}$ 情形下达成共识，即 $q^{(1)} = q^*$，且 $\theta E\pi_{\text{total}} = E\pi_{\text{platform}}$。

根据定理 6.1，当 $P_{\text{share}} + P_{\text{punish}} > C_{\text{platform}} + C_{\text{new}}$ 时，对于电商资源共享平台，存在给定的 θ 和 q 对应每一组共享资源的订单售价与共享补贴，记为 (P_{share}, s)。与此同时，电商资源共享平台的收益共享策略将使服务资源共享系统达到纵向信息共享时的利润水平。电商资源共享平台、专享配送资源服务商及服务资源共享系统利润分别记为 $E\pi_{\text{platform}}^{(1)}$、$E\pi_{\text{new}}^{(1)}$ 和 $E\pi_{\text{total}}^{(1)}$。

专享配送资源服务商的利润不仅取决于自身决策行为，还取决于电商资源共享平台的决策。电商资源共享平台为了最大限度地提高利润，会针对专享配送资源服务商制定资源共享策略。

一般来说，专享配送资源服务商是独立于电商资源共享平台的，不存在收益共享策略约束的情况。专享配送资源服务商将最大化自身利益，并且当专享配送资源服务商的利益得到满足时，电商资源共享平台也将最大化自身利益。这是一个典型的 Stackelberg 均衡问题。假定电商资源共享平台优先制定策略，

第 6 章 共享数据驱动下电商订单分配与配送可持续性联合优化模型

专享配送资源服务商随后进行决策,在不考虑共享合同的情况下,电商资源共享平台和专享配送资源服务商的预期利润为

$$E\pi_{\text{platform}} = P_{\text{share}}q - P_{\text{share}}\int_0^q F(x)\mathrm{d}x - (s + C_{\text{platform}})q - P_{\text{punish}}E(x) +$$

$$P_{\text{punish}}q - P_{\text{punish}}\int_0^q F(x)\mathrm{d}x - \frac{s^2}{kD(x)}\int_0^q F(x)\mathrm{d}x \quad (6.122)$$

$$E\pi_{\text{new}} = (s - C_{\text{new}})q + \frac{s^2}{kD(x)}\int_0^q F(x)\mathrm{d}x \quad (6.123)$$

在 Stackelberg 博弈中,电商资源共享平台决策者首先要考虑专享配送资源服务商的反应。给定 q 后最大化 new 的利润,s 需满足 $\frac{\partial E\pi_{\text{new}}}{\partial s} = 0$,因此 $s = \frac{-qkD(x)}{2\int_0^q F(x)\mathrm{d}x}$。进一步地,电商资源共享平台根据预测的专享配送资源服务商反应函数,制定使其利润最大化的策略。将 s 代入式(6.102),设 $\frac{\partial E\pi_{\text{platform}}}{\partial q} = 0$。当需求函数 $F(x)$ 已知时,通过 $\frac{\partial E\pi_{\text{platform}}}{\partial q} = 0$,可以得到 q 关于 s 的表达式。最后,同时求解 q 和 s 的表达式,得到 Stackelberg 均衡 $(s^{(0)}, q^{(0)})$,即配送服务资源专享的最优解。将 $(s^{(0)}, q^{(0)})$ 代入式(6.122) 和式(6.123),在 Stackelberg 平衡中的 $E\pi_{\text{platform}}^{(0)}$ 和 $E\pi_{\text{new}}^{(0)}$ 表达式如下:

$$E\pi_{\text{platform}}^{(0)} = P_{\text{share}}q^{(0)} - P_{\text{share}}\int_0^{q^{(0)}} F(x)\mathrm{d}x - (s^{(0)} + C_{\text{platform}})q^{(0)} -$$

$$P_{\text{punish}}E(x) + P_{\text{punish}}q^{(0)} - P_{\text{punish}}\int_0^{q^{(0)}} F(x)\mathrm{d}x -$$

$$\frac{s^2}{kD(x)}\int_0^{q^{(0)}} F(x)\mathrm{d}x \quad (6.124)$$

$$E\pi_{\text{new}}^{(0)} = (s^{(0)} + C_{\text{platform}})q^{(0)} + \frac{s^2}{kD(x)}\int_0^{q^{(0)}} F(x)\mathrm{d}x \quad (6.125)$$

在合理约束下,服务资源共享系统的参与者首先考虑企业自身利益。当自身利益得到满足时,才可能考虑最大限度提高整个服务资源共享系统的性能。因此,确保所有参与者达成收益共享合同的一个必要条件是,共享预期收益不

低于资源专享情形的收益,即在共享策略下的收益能够达到帕累托均衡,同时满足以下两个不等式:

$$\begin{cases} E\pi_{\text{platform}}^{(1)} \geqslant E\pi_{\text{platform}}^{(0)} \\ E\pi_{\text{new}}^{(1)} \geqslant E\pi_{\text{new}}^{(0)} \end{cases} \tag{6.126}$$

$$\frac{E\pi_{\text{platform}}^{(0)}}{E\pi_{\text{total}}^{(1)}} \leqslant \theta \leqslant 1 - \frac{E\pi_{\text{new}}^{(0)}}{E\pi_{\text{total}}^{(1)}} \tag{6.127}$$

设计服务资源共享系统的收益共享策略时,θ 的取值范围应满足式(6.127),否则电商资源共享平台和专享配送资源服务商都不会接受策略形成的合同。其中,式(6.127)仅得到 θ 的范围,需要进一步明确 θ 的具体数值。

明确收益共享分配系数后,根据服务资源共享系统的状况,电商资源共享平台和专享配送资源服务商共同确定公平共享分配系数。电商资源共享平台的收益共享系数为 θ,而专享配送资源服务商的收益共享系数是 $1-\theta$,并且 θ 和 $1-\theta$ 的分配比率变化程度反映了配送服务资源共享系统的稳定性。通过考虑利润分配公平性,提出确定公平共享收益函数的方法,核心思想是单位投入量较多的参与方获得更多的利润分配。令 r 指代 platform 和 new,相应的参数见表 6-13。

表 6-13 参数说明

参数	说明
$E\pi_{r,\theta}^{(1)}$	收益共享系数为 θ 时 r 的利润
$E\pi_r^{(0)}$	Stackelberg 博弈平衡时 r 的利润
$\Delta\varphi_{r,\theta}$	收益共享系数为 θ 时 r 的利润增长,且 $\Delta\varphi_{r,\theta}=\dfrac{E\pi_{r,\theta}^{(1)}-E\pi_r^{(0)}}{E\pi_r^{(0)}}$
$u_{r,\theta}$	收益共享系数为 θ 时 r 资源输入获得的单位利润增量,且 $u_{r,\theta}=\dfrac{\Delta\varphi_{r,\theta}}{\theta T_r}$,其中 T_r 为 r 的总成本,$T_r=sq+C_rq+\theta P_{\text{punish}}[E(x)-\mu(q)]+P_{\text{return}}[q-\mu(q)]$
q_θ	收益共享系数为 θ 时,电商资源共享平台从专享配送资源服务商处获得的服务能力

第6章 共享数据驱动下电商订单分配与配送可持续性联合优化模型

因此，引入一个关于公平的信息熵。当电商资源共享平台与专享配送资源服务商平等地共享收益时，$u_{\text{platform},\theta}$ 和 $u_{\text{new},\theta}$ 之间的差异就会变小。标准化后的 $u_{\text{platform},\theta}$ 和 $u_{\text{new},\theta}$ 表示为

$$\lambda_{\text{platform}} = \frac{u_{\text{platform},\theta}}{u_{\text{platform},\theta} + u_{\text{new},\theta}} \tag{6.128}$$

$$\lambda_{\text{new}} = \frac{u_{\text{new},\theta}}{u_{\text{platform},\theta} + u_{\text{new},\theta}} \tag{6.129}$$

二级服务资源共享系统的共享公平熵定义为

$$W = -\frac{1}{\ln 2}(\lambda_{\text{platform}} \ln \lambda_{\text{platform}} + \lambda_{\text{new}} \ln \lambda_{\text{new}}) \tag{6.130}$$

如式(6.130)所示，W 值越大，意味着共享利润分配更加公平。达到绝对公平时，W 达到最大值1；反之，绝对不公平时，W 等于最小值0。为了确保服务资源共享系统的稳定性，需要全面考虑每个参与者的利益，以实现利润共享的公平性。在决策过程中，应该设置一个阈值 W_0，以确保服务资源共享系统的稳定性。因此，收益共享系数目标函数可以表示为

$$\max W = -\frac{1}{\ln 2}(\lambda_{\text{platform}} \ln \lambda_{\text{platform}} + \lambda_{\text{new}} \ln \lambda_{\text{new}}) \tag{6.131}$$

$$\frac{E\pi_{\text{platform}}^{(0)}}{E\pi_{\text{total}}^{(1)}} \leqslant \theta \leqslant 1 - \frac{E\pi_{\text{new}}^{(0)}}{E\pi_{\text{total}}^{(1)}} \tag{6.132}$$

$$W \geqslant W_0 \tag{6.133}$$

设 $x \sim U[50, 80]$，$E(x) = 75$，$D(x) = 208.333$，$f(x) = 0.02$，$F(x) = 0.02x - 1$，$P_{\text{share}} = 50$，$C_{\text{new}} = 5$，$C_{\text{platform}} = 10$，$P_{\text{punish}} = 8$，$W_0 = 0.8$。将这些参数代入式(6.96)~(6.133)得到如下分析结果。

当电商资源共享平台和专享配送资源服务商进行 Stackelberg 博弈时，通过 $\partial E\pi_{\text{platform}}/\partial q = 0$，则可以计算 $q^0 = 10.892$。将 q^0 代入 s，得到 $s^0 = 9.2677$。所以，Stackelberg 均衡的解为 $(s^0, q^0) = (9.268, 10.892)$。将 (s^0, q^0) 代入式(6.122) 和式(6.123) 可以得到 $E\pi_{\text{new}}^0 = 38.053$ 和 $E\pi_{\text{platform}}^0 = 99.371$。

电商资源共享平台和专享配送资源服务商在设计收益共享策略时，由式(6.107)可以得到 $F(q^{(1)}) = 1 - (2+1)/(12+2) = 11/14$，即 $q^{(1)} = 25.609$，代入式(6.105)，可以得到 $E\pi_{\text{total}} = 169.37$。

将 $E\pi_{\text{platform}}$、$E\pi_{\text{out}}$ 和 $E\pi_{\text{total}}$ 代入式(6.127) 得到 $88.37/169.37 \leqslant \theta \leqslant 1 - 38.03/169.37$，即 $0.52 \leqslant \theta \leqslant 0.78$。表6-14为20次参数实验结果，各参数的变化程度相对稳定。在进行共享收益分配时，由定理6.1可得：

表6-14　20次参数实验结果

平台合约		共享		专享		公平系数	
θ	S	$q^{(1)}$	$E\pi_{\text{platform},\theta}^{(1)}$	$E\pi_{\text{new},\theta}^{(1)}$	$E\pi_{\text{platform}}^{(0)}$	$E\pi_{\text{new}}^{(0)}$	W
0.616	2.068	25.998	124.897	50.999	92.604	41.265	0.784
0.676	2.745	23.597	123.576	54.185	90.493	32.384	0.561
0.616	2.695	26.294	121.189	54.485	99.925	32.544	0.585
0.676	2.810	22.803	122.557	59.303	93.392	49.986	0.749
0.682	2.661	27.184	129.436	50.320	91.008	49.575	0.847
0.679	2.618	27.831	120.462	53.660	91.199	35.282	0.647
0.616	2.559	21.387	127.288	55.632	96.337	35.563	0.787
0.690	2.752	24.883	124.127	52.729	93.146	31.193	0.602
0.636	2.410	21.096	122.678	58.343	90.031	37.439	0.569
0.612	2.259	25.767	127.487	50.427	99.700	35.807	0.891
0.693	2.656	24.679	124.393	57.376	93.354	35.264	0.503
0.605	2.400	27.173	126.745	56.218	93.495	35.644	0.668
0.691	2.399	24.066	124.993	54.593	96.087	43.451	0.648
0.627	2.794	23.525	122.850	55.178	92.100	32.167	0.844
0.612	2.859	24.244	126.416	52.616	96.626	30.526	0.893
0.668	2.271	29.602	125.613	59.662	94.194	33.834	0.848
0.700	2.513	22.091	124.738	59.507	96.780	34.981	0.522
0.602	2.216	22.451	125.907	56.719	97.873	43.990	0.629
0.675	2.157	27.018	122.519	59.026	94.532	38.354	0.523
0.648	2.254	29.154	127.122	50.782	96.699	39.819	0.766

$$\theta^* = \frac{(s + C_{\text{platform}} + P_{\text{return}})}{C_{\text{platform}} + C_{\text{new}}} - \frac{s^2}{kD(x)(P_{\text{share}} + P_{\text{punish}})}$$

$$= \frac{s + 10 + \frac{3}{25}s^2}{15} - \frac{3s^2}{25 \times 14} \qquad (6.134)$$

$$s = \frac{-21 + \sqrt{209 + 169.5 \times \theta}}{1.9} \tag{6.135}$$

由式(6.135)可以看出,只要确定 θ,就可以计算相应的 s。

6.5.2 三级配送服务资源共享系统公平分配策略模型

对策略Ⅰ进行扩展,得到三级配送服务资源共享系统公平分配模型,记为策略Ⅱ。图6-24所示为三级服务资源共享系统,包括电商资源共享平台、一级专享配送资源服务商、二级专享配送资源服务商。市场随机需求记为 d,资源共享平台的单位订单售价记为 P_{share},电商资源共享平台从一级专享配送资源服务商得到的配送服务能力为 q_{I},一级专享配送资源服务商从二级专享配送资源服务商得到的配送服务能力为 q_{II}。一般情况下 $q_{\text{I}} \neq q_{\text{II}}$。如果二级专享配送资源服务商承担全部一级专享配送资源服务商的配送服务,则 $q_{\text{I}} = q_{\text{II}} = q$。相关参数定义见表6-15。

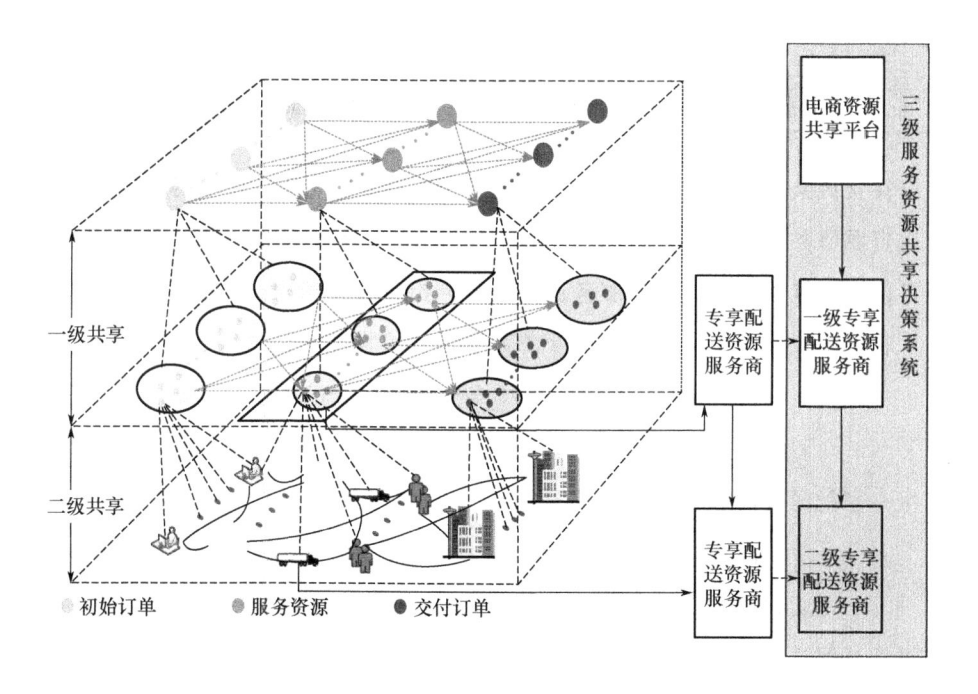

图6-24 三级服务资源共享系统数据信息流程

表 6-15 参数说明

参数	说明
C_{platform}	电商资源共享平台单位服务成本
C_{new}	一级专享配送资源服务商的单位服务成本
C_{out}	二级专享配送资源服务商的单位服务成本
s_{platform}	电商资源共享平台向一级专享配送资源服务商提供共享激励的单位订单补贴
s_{new}	一级专享配送资源服务商向二级专享配送资源服务商提供共享激励的单位订单补贴
P_{punish}	电商资源共享平台配送能力不足时的惩罚成本
P_{pr}	当电商资源共享平台服务能力充足时,一级专享配送资源服务商获得红利补贴为 P_{pr},且与 s_{platform} 正相关,与 $D(x)$ 负相关,设 $P_{pr}=s_{\text{platform}}^2/k_1 D(x)$,$k_1$ 为反映需求方差的系数 $D(x)$,$k_1 \geqslant s_{\text{platform}}/D(x)$
P_{nr}	当电商资源共享平台服务能力充足时,二级专享配送资源服务商获得红利补贴为 P_{nr},且与 s_{new} 正相关,与 $D(x)$ 负相关,设 $P_{nr}=s_{\text{new}}^2/k_2 D(x)$,$k_2$ 为反映需求方差的系数 $D(x)$,$k_2 \geqslant s_{\text{new}}/D(x)$
θ_{platform}	电商资源共享平台在总利润共享合同中占的分配份额
$1-\theta_{\text{platform}}$	一级专享配送资源服务商和二级专享配送资源服务商在总利润共享合同中占的分配份额
θ_{new}	一级专享配送资源服务商在全部专享配送资源服务商利润共享合同中占的分配份额

在资源共享系统中,按照责任公平分担的原则,电商资源共享平台和专享配送资源服务商损失分担比例分别为 θ_{platform} 和 $1-\theta_{\text{platform}}$,一级专享配送资源服务商和二级专享配送资源服务商的损失分担比例分别为 θ_{new} 至 $1-\theta_{\text{new}}$。

在资源专享的情形下,电商资源共享平台的收益为

$$\pi_{\text{platform}}=\theta_{\text{platform}} P_{\text{share}}\mu(q)-s_{\text{platform}}q-C_{\text{platform}}q-$$
$$\theta_{\text{platform}} P_{\text{punish}}[E(x)-\mu(q)]-P_{pr}[q-\mu(q)] \quad (6.136)$$

一级专享配送资源服务商的收益为

$$\pi_{\text{new}}=\theta_{\text{new}}[(1-\theta_{\text{platform}})P_{\text{share}}\mu(q)+s_{\text{platform}}q]-C_{\text{new}}q-s_{\text{new}}q-$$
$$\theta_{\text{new}}(1-\theta_{\text{new}})P_{\text{punish}}[E(x)-\mu(q)]+(P_{pr}-P_{nr})[q-\mu(q)] \quad (6.137)$$

二级专享配送资源服务商的收益为

$$\pi_{\text{out}}=(1-\theta_{\text{new}})[(1-\theta_{\text{platform}})P_{\text{share}}\mu(q)+s_{\text{platform}}q]+s_{\text{new}}q-C_{\text{out}}q-(1-\theta_{\text{new}})\times$$
$$(1-\theta_{\text{platform}})P_{\text{share}}[E(x)-\mu(q)]+P_{nr}-[q-\mu(q)] \quad (6.138)$$

资源专享情形下的总体收益为

$$\pi_{\text{total}} = \pi_{\text{platform}} + \pi_{\text{new}} + \pi_{\text{out}}$$
$$= P_{\text{share}}\mu(q) - C_{\text{platform}}q - C_{\text{new}}q - C_{\text{out}}q - P_{\text{punish}}[E(x) - \mu(q)] \quad (6.139)$$

在服务资源共享系统中，把式(6.96)~式(6.98) 代入式(6.139)，并求解 π_{total} 的期望值。当三级服务资源共享系统达到最佳订货量 $q^{(1)}$ 时，$\partial \pi_{\text{total}}/\partial q = 0$，有

$$F(q^{(1)}) = 1 - \frac{C_{\text{platform}} + C_{\text{new}} + C_{\text{out}}}{P_{\text{share}} + P_{\text{punish}}} \quad (6.140)$$

根据 $F(q)$ 的分布函数，可以由等式(6.140) 得到 $q^{(1)}$ 的值。将 $q^{(1)}$ 值代入式(6.139)，从而确定共享时总收益 $E\pi_{\text{total}}^{(1)}$ 的期望值。

对于 Stackelberg 博弈，电商资源共享平台、一级专享配送资源服务商和二级专享配送资源服务商的收益期望函数分别为

$$\pi_{\text{platform}}^{(0)} = P_{\text{share}}\mu(q) - s_{\text{platform}}q - C_{\text{platform}}q - P_{\text{punish}}[E(x) - \mu(q)] - P_{pr}[q - \mu(q)] \quad (6.141)$$

$$\pi_{\text{new}}^{(0)} = s_{\text{platform}}q - C_{\text{new}}q - s_{\text{new}}q + P_{pr}[q - \mu(q)] - P_{nr}[q - \mu(q)] \quad (6.142)$$

$$\pi_{\text{out}}^{(0)} = s_{\text{new}}q - C_{\text{out}}q + P_{nr}[q - \mu(q)] \quad (6.143)$$

在电商资源共享平台采用 q 的最优策略之前，应该考虑 s_{platform} 对一级专享配送资源服务商的影响；同样，一级专享配送资源服务商对二级专享配送资源服务商采取策略时，也要考虑二级专享配送资源服务商对 s_{new} 的影响。

对于加入共享系统的两级成员 new 和 out，当 q 给定，则 s_{new} 应满足

$$\frac{\partial E\pi_{\text{out}}^{(0)}}{\partial s_{\text{new}}} = q + \frac{2s_{\text{new}}}{\theta_{\text{new}}D(x)}\int_0^q F(x)\,\mathrm{d}x = 0$$

即

$$s_{\text{new}} = \frac{-q\theta_{\text{new}}D(x)}{2\int_0^q F(x)\mathrm{d}x} \quad (6.144)$$

对于配送服务资源共享系统顶层两级成员 platform 和 new，当 q 和 s_{new} 给定，则 s_{new} 应满足

$$\frac{\partial E\pi_{\text{new}}^{(0)}}{\partial s_{\text{platform}}} = q + \frac{2s_{\text{platform}}}{\theta_{\text{platform}} D(x)} \int_0^q F(x)\,\mathrm{d}x = 0 \text{,即 } s_{\text{new}} = \frac{-q\theta_{\text{platform}} D(x)}{2\int_0^q F(x)\,\mathrm{d}x}$$

(6.145)

当 s_{platform} 和 s_{new} 给定，则 q 满足

$$\frac{\partial E\pi_{\text{platform}}^{(0)}}{\partial q} = 0 \tag{6.146}$$

即

$$\frac{\partial E\pi_{\text{platform}}^{(0)}}{\partial q} = P_{\text{share}}(1-F(q)) - s_{\text{platform}} - \frac{\partial s_{\text{platform}}}{\partial q}q - C_{\text{platform}} - P_{\text{punish}}(F(q)-1) -$$

$$\frac{\partial P_{pr}}{\partial s_{\text{platform}}} \frac{\partial s_{\text{platform}}}{\partial q}(q-\mu(q)) - P_{pr}F(q) \tag{6.147}$$

将 s_{platform} 代入式(6.147)，如果需求函数 $F(x)$ 已知，则令 $\dfrac{\partial E\pi_{\text{platform}}^{(0)}}{\partial q} = 0$，通过 Stackelberg 博弈均衡可得电商资源共享平台最优订单服务能力 $q^{(0)}$。将 $q^{(0)}$ 代入式(6.145) 和式(6.147)，即可得到 $s_{\text{platform}}^{(0)}$ 和 $s_{\text{new}}^{(0)}$。

一般情况下，服务资源共享系统的参与者首先考虑企业自身利益。当自身利益得到满足时，才可能考虑最大限度提高整个服务资源共享系统的性能。因此，确保所有参与者达成收益共享策略共识的必要条件是，共享预期收益不低于资源专享情形的收益。在共享合同下的收益需要达到帕累托改进，同时满足3个不等式，记为式(6.148)。

$$\begin{cases} \theta_{\text{platform}} E\pi_{\text{total}}^{(1)} \geqslant E\pi_{\text{platform}}^{(0)} \\ (1-\theta_{\text{platform}})\theta_{\text{new}} E\pi_{\text{total}}^{(1)} \geqslant E\pi_{\text{new}}^{(0)} \\ (1-\theta_{\text{platform}})(1-\theta_{\text{new}}) E\pi_{\text{total}}^{(1)} \geqslant E\pi_{\text{out}}^{(0)} \end{cases} \tag{6.148}$$

根据式(6.148)，三级服务资源共享系统的收益分配系数应满足式(6.149)：

$$\begin{cases} 1 - \dfrac{E\pi_{\text{out}}^{(0)} + E\pi_{\text{new}}^{(0)}}{E\pi_{\text{total}}^{(1)}} \geqslant \theta_{\text{platform}} \geqslant \dfrac{E\pi_{\text{platform}}^{(0)}}{E\pi_{\text{total}}^{(1)}} \\ 1 - \dfrac{E\pi_{\text{out}}^{(0)}}{(1-\theta_{\text{platform}})E\pi_{\text{total}}^{(1)}} \geqslant \theta_{\text{new}} \geqslant \dfrac{E\pi_{\text{out}}^{(0)}}{(1-\theta_{\text{platform}})E\pi_{\text{total}}^{(1)}} \end{cases} \tag{6.149}$$

为服务资源共享系统设计收益分配合同时,θ_{platform}和θ_{new}的变化范围应满足式(6.149)。这是一个博弈双赢条件,所有参与者具有接受共享策略的可能性。然而,式(6.149)仅能得到θ_{platform}和θ_{new}的范围,如何确定θ_{platform}和θ_{new}的具体数值需要进一步的分析。

为求解公平收益分配系数,应该考虑以下要素:收益共享系数的范围、服务资源共享系统的状态、电商资源共享平台和专享配送资源服务商的策略共识等。根据公平收益共享系数求解方法,令$m=\text{platform},\text{new},\text{out}$,参数见表6-16。

表 6-16 参数说明

参数	说明
$E\pi^{(1)}_{m,\theta_{\text{platform}},\theta_{\text{new}}}$	当共享分配系数为$(\theta_{\text{platform}},\theta_{\text{new}})$时,$m$的收益预期
$E\pi^{(0)}_{m}$	m在Stackelberg均衡条件下的收益预期
$\Delta\varphi_{m,\theta_{\text{platform}},\theta_{\text{new}}}$	在共享分配系数组合为$(\theta_{\text{platform}},\theta_{\text{new}})$的情形下,$m$的收益增量
$u_{m,\theta_{\text{platform}},\theta_{\text{new}}}$	在共享分配系数组合为$(\theta_{\text{platform}},\theta_{\text{new}})$的情形下,$m$的单位利润增量
$q_{\theta_{\text{platform}},\theta_{\text{new}}}$	在共享分配系数组合为$(\theta_{\text{platform}},\theta_{\text{new}})$的情形下,物流服务能力

可以得出:

$$\Delta\varphi_{\text{platform},\theta_{\text{platform}},\theta_{\text{new}}} = \frac{E\pi^{(1)}_{\text{platform},\theta_{\text{platform}},\theta_{\text{new}}} - E\pi^{(0)}_{\text{platform}}}{E\pi^{(0)}_{\text{platform}}} \quad (6.150)$$

$$\Delta\varphi_{\text{new},\theta_{\text{platform}},\theta_{\text{new}}} = \frac{E\pi^{(1)}_{\text{new},\theta_{\text{platform}},\theta_{\text{new}}} - E\pi^{(0)}_{\text{new}}}{E\pi^{(0)}_{\text{new}}} \quad (6.151)$$

$$\Delta\varphi_{\text{out},\theta_{\text{platform}},\theta_{\text{new}}} = \frac{E\pi^{(1)}_{\text{out},\theta_{\text{platform}},\theta_{\text{new}}} - E\pi^{(0)}_{\text{out}}}{E\pi^{(0)}_{\text{out}}} \quad (6.152)$$

$$u_{\text{platform},\theta_{\text{platform}},\theta_{\text{new}}} = \frac{\Delta\varphi_{\text{platform},\theta_{\text{platform}},\theta_{\text{new}}}}{\theta_{\text{platform}} T_{\text{platform}}} \quad (6.153)$$

$$u_{\text{new},\theta_{\text{platform}},\theta_{\text{new}}} = \frac{\Delta\varphi_{\text{new},\theta_{\text{platform}},\theta_{\text{new}}}}{\theta_{\text{new}} T_{\text{new}} (1-\theta_{\text{platform}})} \quad (6.154)$$

$$u_{\text{out},\theta_{\text{platform}},\theta_{\text{new}}} = \frac{\Delta\varphi_{\text{out},\theta_{\text{platform}},\theta_{\text{new}}}}{(1-\theta_{\text{new}})(1-\theta_{\text{platform}}) T_{\text{new}}} \quad (6.155)$$

式中,电商资源共享平台的总成本为

$$T_{\text{platform}} = s_{\text{platform}} q + C_{\text{platform}} q + \theta_{\text{platform}} P_{\text{punish}} [E(x) - \mu(q)] + P_{pr} [q - \mu(q)] \quad (6.156)$$

一级专享配送资源服务商的总成本为

$$T_{new} = C_{new}q + s_{platform}q + \theta_{new}(1-\theta_{platform})P_{punish}[q-\mu(q)] + P_{nr}[q-\mu(q)] \tag{6.157}$$

二级专享配送资源服务商的总成本为

$$T_{out} = C_{out}q + (1-\theta_{platform})(1-\theta_{new})P_{punish}[q-\mu(q)] \tag{6.158}$$

如果三级服务资源共享系统中共享收益分配是公平的,那么 $u_{platorm,\theta_{platform},\theta_{new}}$,$u_{new,\theta_{platform},\theta_{new}}$ 和 $u_{out,\theta_{platform},\theta_{new}}$ 的值会非常小,$u_{platorm,\theta_{platform},\theta_{new}}$,$u_{new,\theta_{platform},\theta_{new}}$ 和 $u_{out,\theta_{platform},\theta_{new}}$ 归一化后的表达式变为

$$\lambda_{platform,\theta_{platform},\theta_{new}} = \frac{u_{platorm,\theta_{platform},\theta_{new}}}{u_{platorm,\theta_{platform},\theta_{new}} + u_{new,\theta_{platform},\theta_{new}} + u_{out,\theta_{platform},\theta_{new}}} \tag{6.159}$$

$$\lambda_{new,\theta_{platform},\theta_{new}} = \frac{u_{new,\theta_{platform},\theta_{new}}}{u_{platorm,\theta_{platform},\theta_{new}} + u_{new,\theta_{platform},\theta_{new}} + u_{out,\theta_{platform},\theta_{new}}} \tag{6.160}$$

$$\lambda_{out,\theta_{platform},\theta_{new}} = \frac{u_{out,\theta_{platform},\theta_{new}}}{u_{platorm,\theta_{platform},\theta_{new}} + u_{new,\theta_{platform},\theta_{new}} + u_{out,\theta_{platform},\theta_{new}}} \tag{6.161}$$

得到三级服务资源共享系统收益共享的公平熵为

$$W_{\theta_{platform},\theta_{new}} = -\frac{1}{\ln 3}\begin{pmatrix} \lambda_{platform,\theta_{platform},\theta_{new}} \ln\lambda_{platform,\theta_{platform},\theta_{new}} + \lambda_{new,\theta_{platform},\theta_{new}} \\ \ln\lambda_{new,\theta_{platform},\theta_{new}} + \lambda_{out,\theta_{platform},\theta_{new}} \ln\lambda_{out,\theta_{platform},\theta_{new}} \end{pmatrix} \tag{6.162}$$

显然,公平熵的值越大,资源共享策略的收益分配越公平。当资源共享收益实现绝对公平时,公平熵的值达到最大值1;当资源共享收益分配达到绝对不公平时,公平熵的值达到最低值0。为保持服务资源共享系统的稳定性,确保每个参与者收益分配的公平性,在实际应用中可以通过设定门槛阈值 W_0 来保证服务资源共享系统的稳定性,由此给出相对公平的收益共享系数目标函数:

$$\max W_{\theta_{platform},\theta_{new}} = -\frac{1}{\ln 3}\begin{pmatrix} \lambda_{platform,\theta_{platform},\theta_{new}} \ln\lambda_{platform,\theta_{platform},\theta_{new}} + \lambda_{new,\theta_{platform},\theta_{new}} \\ \ln\lambda_{new,\theta_{platform},\theta_{new}} + \lambda_{out,\theta_{platform},\theta_{new}} \ln\lambda_{out,\theta_{platform},\theta_{new}} \end{pmatrix} \tag{6.163}$$

第6章 共享数据驱动下电商订单分配与配送可持续性联合优化模型

$$\text{s.t.} \begin{cases} 1 - \dfrac{E\pi_{\text{out}}^{(0)} + E\pi_{\text{new}}^{(0)}}{E\pi_{\text{total}}^{(1)}} \geqslant \theta_{\text{platform}} \geqslant \dfrac{E\pi_{\text{platform}}^{(0)}}{E\pi_{\text{total}}^{(1)}} \\ 1 - \dfrac{E\pi_{\text{out}}^{(0)}}{(1-\theta_{\text{platform}})E\pi_{\text{total}}^{(1)}} \geqslant \theta_{\text{new}} \geqslant \dfrac{E\pi_{\text{new}}^{(0)}}{(1-\theta_{\text{platform}})E\pi_{\text{total}}^{(1)}} \\ W \geqslant W_0 \end{cases} \quad (6.164)$$

当随机变量服从 $[50, 100]$ 的均匀分布时，得到 $E(x)=75$，$D(x)=208.333$，$f(x)=0.02$，$F(x)=0.02x-1$，$P_{\text{share}}=50$，$C_{\text{new}}=5$，$C_{\text{platform}}=10$，$C_{\text{out}}=2.5$，$P_{\text{punish}}=8$，$k_1=3$，$k_2=0.75$，$W_0=0.8$。

在策略Ⅱ的 Stackelberg 博弈中，得到 $s_{\text{new}} = \dfrac{74}{73\,(1-q^{(0)}/71)}$ 和 $s_{\text{platform}} = \dfrac{74}{13\,(1-q^{(0)}/71)}$。将 s_{platform} 代入式（6.144），令 $\partial E\pi_{\text{platform}}^{(0)}/\partial q = 0$，则 $q^{(0)}=31.506$，因此 $s_{\text{platform}}=27.82$。将 s_{platform}，s_{new} 和 $q^{(0)}$ 代入式（6.141）～式（6.143）中，得到 $E\pi_{\text{platform}}^{(0)}=129.350$，$E\pi_{\text{new}}^{(0)}=65.291$，$E\pi_{\text{out}}^{(0)}=55.037$。策略Ⅱ的公平熵变化见表6-17。

表6-17 策略Ⅱ的参数变化

θ_{platform}	θ_{new}	$E\pi_{\text{platform},\theta_{\text{platform}},\theta_{\text{new}}}^{(1)}$	$E\pi_{\text{new},\theta_{\text{platform}},\theta_{\text{new}}}^{(1)}$	$E\pi_{\text{out},\theta_{\text{platform}},\theta_{\text{new}}}^{(1)}$	$E\pi_{\text{platform}}^{(0)}$	$E\pi_{\text{new}}^{(0)}$	$E\pi_{\text{out}}^{(0)}$	$W_{\theta_{\text{platform}},\theta_{\text{new}}}$
0.552	4.500	188.972	120.553	83.558	119.247	64.638	59.283	0.886
0.596	4.356	189.902	116.183	86.513	137.936	65.422	52.588	0.854
0.532	4.936	192.070	130.714	85.227	121.585	74.934	55.066	0.865
0.551	4.389	185.398	115.034	89.008	108.305	74.176	59.177	0.815
0.578	4.323	182.792	110.497	84.302	106.646	62.756	51.791	0.825
0.582	4.519	186.552	141.881	83.066	121.651	66.790	59.514	0.889
0.591	4.559	188.092	132.601	87.321	134.582	61.529	58.930	0.873
0.508	4.686	192.915	164.883	83.169	124.264	60.553	56.080	0.838
0.553	4.356	187.146	117.921	89.173	125.338	69.723	58.605	0.858
0.522	4.262	188.611	146.738	80.810	138.735	79.512	59.360	0.853
0.508	4.792	193.257	106.923	85.704	119.212	69.802	51.777	0.862
0.507	4.828	195.743	124.433	82.381	109.711	76.492	58.008	0.862
0.586	4.997	183.111	134.494	80.318	121.385	78.967	58.912	0.888

续表

θ_{platform}	θ_{new}	$E\pi_{\text{platform},\theta_{\text{platform}},\theta_{\text{new}}}^{(1)}$	$E\pi_{\text{new},\theta_{\text{platform}},\theta_{\text{new}}}^{(1)}$	$E\pi_{\text{out},\theta_{\text{platform}},\theta_{\text{new}}}^{(1)}$	$E\pi_{\text{platform}}^{(0)}$	$E\pi_{\text{new}}^{(0)}$	$E\pi_{\text{out}}^{(0)}$	$W_{\theta_{\text{platform}},\theta_{\text{new}}}$
0.578	4.633	196.122	145.435	89.954	142.738	66.270	58.532	0.886
0.586	4.752	191.157	123.824	87.825	148.038	61.555	53.138	0.841
0.572	4.049	195.563	123.168	82.962	116.828	79.285	53.218	0.814
0.592	4.903	181.156	123.782	85.437	142.758	67.435	53.605	0.807
0.524	4.038	192.378	104.096	80.301	134.829	66.569	59.579	0.868
0.587	4.683	188.969	122.093	85.383	138.429	77.401	59.272	0.841
0.538	4.594	189.155	138.023	88.738	138.577	61.713	59.484	0.889

如图 6-25 所示，随着 θ_{platform} 增加，公平熵也会表现出不同的变化趋势。当 $\theta_{\text{platform}}=0.45$ 时，策略Ⅰ的公平系数达到最大值，$W^*=0.683$。公平熵接近1意味着配送服务资源共享系统收益分配是相对公平的。当 $\theta_{\text{platform}}=0.50$ 时，策略Ⅱ的公平系数达到最大值 $W^*=0.853$。总体上来看，策略Ⅱ的公平性优于策略Ⅰ。主要因为策略Ⅱ的博弈参与者数量更多，在决策时均衡效应更加明显。

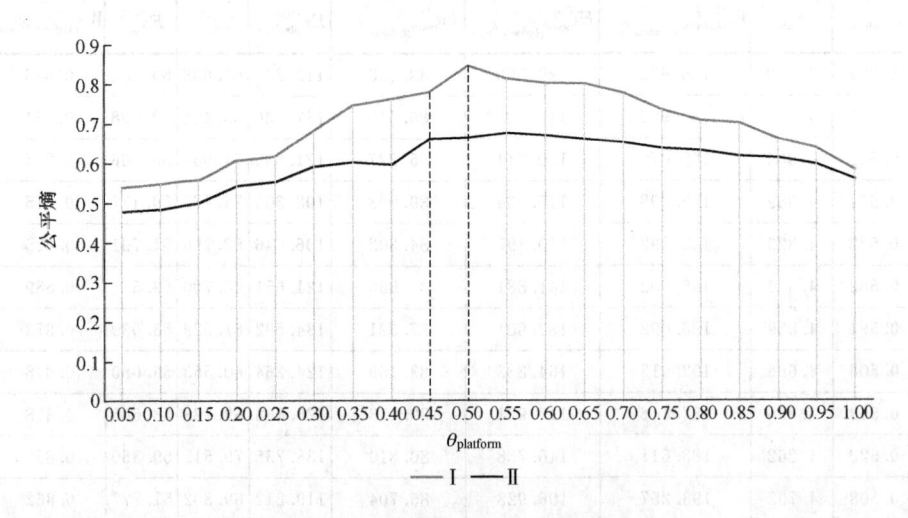

图 6-25 两种策略的公平系数对比

由图 6-26 可以看出，策略Ⅰ的资源利用率总体上优于策略Ⅱ的资源利用率，主要原因是，策略Ⅰ的结构相对简单，策略Ⅱ的博弈参与者数量过多，决策方案的物资利用率效果相对降低。然而，策略Ⅱ的成本相对策略Ⅰ较高，主要因为策略Ⅰ的资源调配复杂程度相对较小，信息传递和资源调配的成本也相对降低，而策略Ⅱ的共享资源更加丰富，相应的人力、物力成本也会增加。

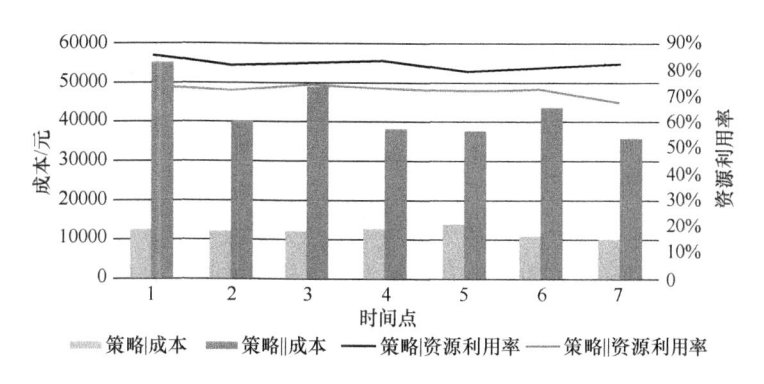

图 6-26　两种策略的成本和资源利用率对比

6.6　管理启示

为进一步明确共享数据驱动下电商订单分配与配送可持续性联合优化结果对 B2C 模式下电商企业管理实践的指导和借鉴作用，下面依据本章提出的引理、定理和实验，给出本章研究的管理启示，主要体现在以下 4 方面。

1) 电商在优化运营成本时，确保服务可持续性是决策优化的长远目标。通过信息共享数据驱动电商企业优化决策目标，能够降低信息非对称性造成的经济损失。车辆在预计的路径上运载货物，完成订单交付过程，形成电商企业与消费者之间的网络衔接，属于配送服务的执行过程。服务要素之间存在一定的匹配关系，如果匹配程度不佳，势必造成运营成本的浪费。尤其为保证"最后一公里"配送质量，在需求订单配送前，对订单信息与车辆数据进行预处理，通过聚类的方法实现车辆货物之间在时间窗、配送距离和路径特征的匹配。

2) 根据数据驱动下联合优化管理的特点，增加数据流动实时性的可视化程度，电商企业能够实现自建物流体系流通效率的优化。尤其对仓库分布范围较广的复杂物流网络，设计分而治之的研究方法，在取货过程与送货过程分别精确计算车辆、仓库的容量动态。通过互联网信息共享,再设计集成的研究方法,对成本变化进行实时跟踪,优化配送路径,减少空车返程率。

3) 激励电商企业通过加入碳交易市场实现减排,制定碳排放绩效评价体系,对配送设施的碳排放水平进行量化,设计改善碳排放的方案,增加企业的环保水平和环保责任,尤其对于碳排放量较高的区域,在碳配额不足时,及时调整碳排放分配方案,实现低碳订单分配和为消费者提供绿色配送服务。

4) 为改进电商平台配送资源共享方案,从社会资源公平分配角度出发,电商企业积极与专享配送资源服务商对共享收益进行协调,实现稳定合作,扩大配送资源的支配范围,为消费者提供由服务资源共享带来的社会效益。

6.7 本章小结

本章针对共享数据驱动下电商订单分配与配送可持续性联合优化模型,依据可持续性优化理论,从经济、环境和社会3个角度进行分解。经济方面,在信息共享平台下,分别从车辆与订单货物匹配、取货和送货仓库、运输和配送成本的角度,对经济成本进行精细规划,达到降低总成本的目标。数值案例的实验结果表明,通过有限次数的迭代计算,共享平台总成本优化显著,节省成本约占未优化成本的13%,充分证明了优化模型的可行性和算法的有效性。环境方面,采用DEA方法设计多种减排因子的来评估订单分配与物流配送共享平台的碳排放绩效和碳排放分配。社会方面,设计收益共享策略,专享配送资源服务商与电商平台能够实现服务资源的协调共享与稳定合作。

第 7 章 结论与展望

电商订单分配与配送联合优化问题在现实中具有广泛的应用前景,尤其在"互联网+"兴起的时代,数据驱动下电商订单分配与配送联合优化问题的研究更具前瞻性和价值性。本章主要围绕本书的主要研究成果及结论、主要贡献、研究局限及未来的研究展望 4 方面进行阐述。

7.1 本书的主要研究成果及结论

(1) 给出了数据驱动下电商订单分配与配送联合优化的系统研究框架

本书通过对研究问题的分解与剖析,全面梳理国内外文献,总结相关理论,结合新时代电商运营管理面临的实际问题,明确研究内容,得出本书研究的文献支撑与理论解决框架,具体内容如下。

1) 电商企业订单分配与物流配送的联合优化是电子商务与物流配送领域的热点与难点问题。本书归纳问题 3 方面的研究背景,引出需要解决的 3 个主要研究问题:数据驱动下电商订单分配与配送质量联合优化问题、数据驱动下电商订单分配与配送能力联合优化问题、数据驱动下电商订单分配与配送可持续性联合优化问题,并进一步总结归纳研究目标、意义、内容、思路和方法,明确研究框架和技术路线。

2) 本书通过对国内外文献的检索,将 3 个研究问题从不同的角度进行文献归类,并对每个类别文献进行详细的综述与总结。首先,对订单分配与配送质量联合优化问题的相关研究文献进行回顾,并分别给出订单分配与配送、数据驱动下服务质量优化、数据驱动下质量评价与质量感知 3 个问题研究成果的综述与评议;其次,对订单分配与配送能力联合优化问题的相关研究进行文献回顾，并分别给出数据驱动下服务系统的功能结构优化成果、数据驱动下物流服务供应链的设计优化成果及借助第三方进行服务功能扩充成果的归纳与总结；再次，对订单分配与配送可持续性优化问题的相关研究成果进行了详细介绍，并针对数据驱动下可持续优化问题的相关研究、成本优化问题研究成果、低碳优化问题研究成果和资源共享问题的研究成果3方面分别进行了梳理；最后，对数据驱动优化方法的相关研究，从聚类方法的研究、运输与配送方案优化方法的研究进行了总结。根据文献综述的情况，总结出当前相关研究成果的主要贡献和不足之处，并在已有研究的基础上，得到本书开展后续工作的研究启示。

3) 本书通过对研究内容所需要的理论支撑及相关概念进行分析，得出理论研究框架。一方面，本书根据田口方法的概念与基本思想，得到了田口方法框架，即以服务质量为基础，以服务能力为保障，以服务可持续性为优化目标；另一方面，分析研究问题所需要进一步结合的数据驱动背景及其相关理论，例如，服务质量优化融合了消费者偏好理论，服务能力优化融合了牛鞭效应理论，可持续性优化融合了物流服务供应链管理理论、低碳供应链管理理论和共享经济理论。整个理论体系构建出本书后续工作的理论框架。

(2) 给出了收货方偏好数据驱动下订单分配与配送质量联合优化模型

1) 数据预处理过程主要分析数据规律，并确定异常值与缺失值。首先，搜索数据属性列中的空值、最大值和最小值；其次，清理数据为空或异常数据的记录；最后，将数据转换为适应投票软聚类算法的属性。

2) 电商在规划周期内需要解决配送服务质量的资源规划问题，即时采用何种配送服务资源更容易满足收货方的质量需求。考虑有不同种类的配送服务资源，每种资源被定义为一种配送方式和一种服务方式的组合。根据统计学关于样本"无记忆性"概念的启发，基于质量敏感收货方完备性集合，通过投票软聚类得到4种类型的质量需求约束："无记忆"型的收货方、"记忆"型的收货方、收货方总体和"不确定"型的收货方。

3) 通过对收货方数据特征进行解析，构建了电商配送服务质量的非线性混合整数规划模型，对收货方的历史数据进行聚类分析，挖掘不同收货方的质

第7章 结论与展望

量需求稳定性，引导电商决策者在提出配送方案前先对收货方的质量敏感性集群进行分类。根据收货方不同质量敏感性提供相对精准的服务，更高效地进行配送资源规划，提升"最后一公里"配送服务质量，优化电商订单分配与配送质量决策。

(3) 给出了撤单数据驱动下电商订单分配与配送能力联合优化模型

1) 考虑消费者撤单行为扰动下，电商配送服务能力自建与外包的决策问题。在数据预处理阶段，为了减轻牛鞭效应的影响，对数据进行了特征选取，并设计了两阶段特征选取方法，降低数据误差对后续决策的放大效果。

2) 基于3种合作强度描述电商订单状态的不确定性，得到了完全合作博弈、不完全非合作博弈和完全非合作博弈3种情形下的动态博弈模型。模型求解设计按照三阶段动态博弈顺序，采用逆向递归法推导出3种情形下的子博弈均衡解，得到了在线购买环境下的电商自建与外包配送服务能力的最优解集。

3) 通过数值案例分析决策集的可行性和有效性。在本书提出的模型指导下电商决策者能够有效实现动态博弈的帕累托优化，由此验证了模型的可行性。给出了目标函数最优解集，决策者可以根据配送服务外包单位成本的变化，选择最佳的运作方案，并通过成本分担、利润分配和风险规避3个子决策，在成本波动和消费者随机需求不确定的情况下，使电商和产品供应商能够降低经济损失，从而验证了模型的有效性。

(4) 给出了共享数据驱动下电商订单分配与配送可持续性联合优化模型

1) 设计车辆、货物与运输信息共享平台的成本优化模型。为了节省搜索算子的运行时间，对资源样本进行聚类匹配，得到初始集合的匹配关系；对进化算法进行改进，采用自适应邻域搜索算法反复进行样本更新，实现异地多仓问题的混合进化求解；对实验部分所设计的算法与传统拉格朗日松弛算法进行运行效果的对比分析，进而验证了算法在求解共享数据驱动下电商订单分配与配送可持续性联合优化问题时具有有效性和优越性。同时，将取送货环节分解成3个子问题：仓库分配问题、订单分配问题和车辆路径规划问题，并设计变邻域搜索算法进行近似求解。

2) 设计多种碳减排因子的DEA方法，评估订单分配与物流配送环节的碳排放绩效和碳排放分配。考虑异地边际碳减排成本的差异，构建具有多重减排因子的非径向距离函数，提出碳排放总量的评价指标及其动态变化指标，衡量碳排放绩效。考虑公平和效率，通过碳排放量和碳排放绩效设定综合指标，进行碳排放分配。

3) 为改进现有的配送资源共享方案，从社会资源公平分配角度出发，研究配送资源共享决策系统。在随机需求条件下，实现共享公平的利润分配，以电商资源共享平台和专享配送资源服务商组成的二级电商配送服务资源共享系统为基本结构，建立 Stackelberg 博弈模型。当电商资源共享平台与专享配送资源服务商平等地共享收益时，公平信息熵之间的差异就会变小。

本书的主要结论如下。

1) 数据驱动下电商订单分配与配送联合优化问题是一类典型的数据驱动决策优化的问题，具有前沿的研究背景，对该类问题的研究具有深刻的理论意义和实际应用价值。本书通过归纳分析，在对相关研究成果进行综述的基础上，提炼出 3 类典型的数据驱动下电商订单分配与配送联合优化问题：数据驱动下电商订单分配与配送质量联合优化问题、数据驱动下电商订单分配与配送能力联合优化问题、数据驱动下电商订单分配与配送可持续性联合优化问题。

2) 在单位周期内，"无记忆"型收货方和"记忆"型收货方都最多使用两种配送资源得到规划最优解，第一种是服务质量有效的配送资源，第二种是服务质量不可控的配送资源；"无记忆"型收货方质量需求约束下配送资源规划问题等价于电商零库存策略最优解问题；收货方数据的日益丰富虽然为电商提供了更多维度的市场数据，但是也增加了挖掘方法的设计难度。因此，本书详细分析 4 种收货方分类模型的时间复杂度及 NP 属性，为大数据解决方案提供合理的模型描述和实施前提。在具体的解决方案中，决策者通过优化设计数据处理流程抽取收货方产生的历史数据，进行聚类分析，能够得到服务质量敏感性相关的特征属性，加强数据预处理环节的优化设计，提升企业对配送资源规划的精准度。求解过程发现，大规模 NP-hard 问题通过模型分类后，能够缩减 NP-hard 规模，进而增加解决方案的灵活性，提升大规模问题的求解精确度。粒子群算法作为传统的启发式算法具有收敛速度快的优点，能够在大规模

第 7 章 结论与展望

数据求解中发挥作用。

3) 电商采取合作策略时,根据环境变化调整与产品供应商的合作强度,使战略层的决策具有敏捷性和灵活性,能够增强电商企业在物流市场的适应能力。对于撤单率较大的商品,电商企业应缩减对自建配送服务能力的规划,降低订单量,并缩短承诺的配送服务时间;产品供应商与电商合作情况下,平均等待时间是关于配送服务成本的增函数,订货数量和自建配送服务是关于配送服务成本的减函数;在无配送服务外包市场情况下,动态博弈过程的各部门仅考虑自身利益分别进行非合作博弈,电商的配送时间承诺和订货数量都要低于合作博弈时的最优决策,而电商降低配送服务时间承诺则会使电商与产品供应商构成系统时的整体利润低于合作博弈决策时的整体利润;非合作博弈中,可能发生双重边际效应降低的情况,此时电商应向消费者提供更短的配送服务时间来提高配送服务水平,避免边际效应降低带来经济损失;决策者不仅要关注企业内部对配送能力的投入,而且要借助外包市场的配送能力,加强与上游企业之间的协调,采取有效的成本分担和利润分配方法,有利于电商利润达到期望最优;面对外部市场呈现出的不确定性,电商在配送服务能力的决策过程中不仅要考虑市场价格的敏感性,还要考虑在线购物环境下消费者购物的特点,将撤单率补充到决策体系之中,使决策模型更贴近现实;电商企业的决策者应该依据外包配送服务成本的变化,及时调整内部配送服务能力分配方案,重新调配上游产品供应商的订单量和下游消费者群体的承诺服务时间;随着乡镇城市基础设施的完善,电商的渠道下沉战略实施要充分考虑当地外包配送服务市场的运营状况及消费者的撤单行为造成的配送服务能力损失,因地制宜地选择是否自建物流体系,保证该战略实施的可行性和持久性。

4) 可持续性优化问题的研究结论主要集中在 3 方面。经济方面,传统行业与互联网平台的紧密结合,引起订单量的急剧增加,导致一系列连锁反应,势必造成运营成本的浪费;对于复杂共享平台的问题,可按时序环节进行逐层优化,如通过互联网信息共享,优化配送路径,减少空车返程率;根据联合优化问题的特点,在搜索求解空间以前,增加了车货匹配的预处理环节,能够得到表现更好的解,使分配方案得到改进,为企业提供更科学、有效的决策参考；在数据资源日益丰富的环境下，企业对自建物流体系的优化决策过程应充分利用互联网和智能技术降低运营成本，进而提升物流行业的流通效率；对复杂物流系统的优化过程，采用适当的研究方法进行问题分解与集成，能够为决策者提供更精确的计算结果；车辆和仓库的容量动态影响配送资源共享成本优化，因此在实践中挖掘有效的问题影响因素可以提升模型的优化效果。环境方面，鼓励电商通过加入碳交易市场实现减排，通过改善配送设施和分配方案推动碳排放绩效的积极变化；激励历史碳排放量较高的区域在碳配额不佳的情况下，通过改进配送设施和订单分配方案来减少排放。社会方面，专享配送资源服务商的利润不仅取决于自身，还受到电商资源共享平台决策的影响；在收益共享合同中，电商资源共享平台的决策可以使配送服务资源共享系统达到公平营利；电商资源共享平台为了最大限度地提高利润，能够积极地制定资源共享策略。

7.2 本书的主要贡献

本书针对数据驱动下电商订单分配与配送联合优化问题，从理论层面、方法层面、潜在应用层面进行了探讨，主要贡献如下。

1) 提炼了数据驱动下电商订单分配与配送联合优化问题的理论框架。具体地，对电商的服务质量优化、服务能力决策和服务可持续性优化进行深入研究；根据消费者行为偏好、牛鞭效应和可持续发展三元结构模型，构成本书的数据驱动框架；结合田口方法内涵，形成了具有科学价值的、明晰的、系统的联合优化问题研究体系，为相关问题的研究提供理论基础。

2) 建立了数据驱动下电商订单分配与配送联合优化模型，并且给出了解决方法。具体地，为数据驱动优化的研究提供了多模型联合的逻辑分析框架；在电商企业的订单分配与配送质量联合优化问题研究中发现，考虑收货方的质量偏好程度，通过聚类分析实现偏好分类建模，有利于提升模型的精准性，高效利用数据资源，为收货方提供个性化订单交付服务提供决策支持；在电商企业的订单分配与配送能力联合优化问题研究中发现，消费者在冷静期内产生撤单行为会增加企业需求的随机性，以电商的配送服务能力自建与外包决策应对这种随机需求的干扰，可以让其在面对物流外包服务市场成本波动与消费者随机需求不确定性时，降低自身和产品供应商的经济损失；在电商订单分配与配送资源共享策略的可持续性优化问题研究中发现，对配送资源共享信息从经济、环境和社会3方面分别进行优化，能够降低企业成本，改善碳排放对环境的影响，提升资源利用效率，达到可持续性优化的基本目的。

3) 提出了数据驱动下电商企业运作管理的见解和启示。具体地，为电商订单分配与配送服务联合优化提供了一定的指导和启示。首先，电商企业服务优化以订单分配与配送服务为侧重点，可以提升电商企业软实力，提升消费者的评价口碑，树立良好的企业形象；其次，考虑消费者撤单行为对电商配送服务能力决策的间接影响，有助于提升电商企业硬实力，提升配送服务系统的稳定性和可靠性，为订单交付服务提供有力的保障；最后，结合"互联网+"平台实现配送资源共享，为优化共享策略问题的研究提供了新思路。本书通过以上研究设计，从可持续性优化的视角提升电商企业责任，为电商企业参与"一带一路"建设和发展奠定良好的基础。

7.3　本书的研究局限

本书的研究工作仍存在局限性，具体表现在以下3方面。

1) 在问题分析方面，本书将数据驱动下电商订单分配与配送联合优化问题分解为3个主要研究问题，并且据此构建了3个模型：收货方偏好数据驱动下电商订单分配与配送质量联合优化模型、撤单数据驱动下电商订单分配与配送能力联合优化模型、共享数据驱动下电商订单分配与配送可持续性联合优化模型。由于问题和模型的复杂性、时间和个人能力等方面的限制，利用消费者数据库和订单分配系统数据库对3个主要问题仅从需求不确定性视角进行切入，尚未从其他角度进行考量，如电商的线上线下服务渠道整合优化问题研究等。

2) 在方法设计层面，本书构建了基于田口方法的联合优化理论分析框架，并且基于框架提出了3个主要研究问题。针对不同问题的求解，主要采用博弈论、优化建模方法、启发式算法等，针对数据驱动的研究方法有待进一步研究和扩展，例如，探讨多目标联合优化的研究方法、挖掘数据预处理方法等。

3) 在实际应用层面，本书主要针对几个典型的电商订单分配与配送联合优化管理问题，采用算法设计和仿真计算方法进行了潜在应用研究，而现实中存在的电商订单分配与配送联合运作管理问题还有很多，不同实际背景下的电商订单分配与配送联合优化问题还有其他的切入视角，模型的影响要素有待进一步丰富。

7.4 未来的研究展望

本书对数据驱动下电商订单分配与配送联合优化问题进行了系统研究，但仍存在一些问题有待探讨，主要包括以下 3 个方面。

1) 在问题提炼层面，未来的研究可以引入更多的影响因素进行建模分析并考虑问题规模再扩大。考虑配送中心对转运仓库的补货成本、调度成本等，对这些可变成本进一步细分，能够帮助决策者实现目标总成本的进一步优化；深入挖掘生产管理中的历史数据，为现有问题提供决策参考，是具有实践价值和现实意义的研究方向。

2) 在问题解决层面，未来的研究可以利用数据驱动思想深入挖掘数据预处理的方法，扩展元启发式算法对于求解联合优化问题的适用性。例如，聚类算法等使得收货方的类型更加明确，设计更加精确的算法解决 NP-hard 问题或者对于收货方行为偏好的特征进行精细划分使企业可以提供精准服务，都将是非常有前景和价值的研究方向。

3) 在现实应用层面，未来的研究可以考虑不同类型消费者的非理性行为对电商配送服务能力决策的影响，或者增加供应链的复杂性，考虑多产品供应商、多电商平台组成的多级供应链，划分多阶段的复杂博弈情况进行求解设计，也是具有学术价值和理论意义的研究方向。

参 考 文 献

[1] Yu Y, Wang X, Zhong R Y, et al. E-commerce logistics in supply chain management: Implementations and future perspective in furniture industry [J]. Industrial Management & Data Systems, 2017, 117 (10): 2263-2286.

[2] Wise J, Möller A, Christie D, et al. The positive impacts of Real-World Data on the challenges facing the evolution of biopharma [J]. Drug discovery today, 2018. https://doi.org/10.1016/j.drudis.2018.01.034

[3] Saravanan J, Thakkar J J. An integrated approach for lead time reduction of military aircraft major overhaul: A case of ABC Company [J]. International Journal of Quality & Reliability Management, 2018, 35 (1): 2-33.

[4] MacDonald K I, Dressler V. Using Citation Analysis to Identify Research Fronts: A Case Study with the Internet of Things [J]. Science & Technology Libraries, 2018 (5): 1-16.

[5] Lazer D, Kennedy R, King G, et al. The parable of Google Flu: traps in big data analysis. [J]. Science, 2014, 343 (6176): 1203-1205.

[6] Shang Y, Dunson D B, Song J S. Exploiting Big Data in Logistics Risk Assessment via Bayesian Nonparametrics [J]. Operational Research, 2017, 65 (6): 1574-1588.

[7] Akter S, Wamba S F, Gunasekaran A, et al. How to improve firm performance using big data analytics capability and business strategy alignment? [J]. International Journal of Production Economics, 2016, 182 (12): 113-131.

[8] Jingqiao Z. Study on China's E-Commerce Service Industry: Current Situation, Problems and Prospects [J]. The Chinese Economy, 2017, 50 (2): 119-127.

[9] Guo Y, Qin Q. The Research on Personalized Recommendation Model of E-business in Big Data [J]. Management & Engineering, 2017 (29): 39-44.

[10] Subramanian N, Gunasekaran A, Yu J, et al. Customer satisfaction and competitiveness in the Chinese E-retailing: Structural equation modeling (SEM) approach to identify the role of quality factors [J]. Expert Systems with Applications, 2014, 41 (1): 69-80.

[11] 崔珊珊，陈宏，徐加胜. 电商促销井喷需求下的应急商品配送研究[J]. 中国管理科学，2013 (S1)：141-147.

[12] Fragoso J T, Espinoza I L. Assessment of banking service quality perception using the SERVPERF model [J]. Contaduríay Administración, 2017, 62 (4)：1294-1316.

[13] Ha E Y, Lee H. Projecting service quality：The effects of social media reviews on service perception [J]. International Journal of Hospitality Management, 2018, 69：132-141.

[14] Alkhatib S F, Darlington R, Yang Z, et al. A novel technique for evaluating and selecting logistics service providers based on the logistics resource view [J]. Expert systems with applications, 2015, 42 (20)：6976-6989.

[15] 于超，张重阳，樊治平. 考虑顾客感知效用的服务要素优化配置方法[J]. 管理学报，2015, 12 (5)：744-749.

[16] Morton C, Caulfield B, Anable J. Customer perceptions of quality of service in public transport：Evidence for bus transit in Scotland [J]. Case Studies on Transport Policy, 2016, 4 (3)：199-207.

[17] Provost F, Fawcett T. Data science and its relationship to big data and data-driven decision making [J]. Big data, 2013, 1 (1)：51-59.

[18] Winter R, Blaschke M. Same Same But Different - Federating Enterprise Modelling for the Digitalized and Data-driven Enterprise [C]. EMISA Forum. 2018, 38 (1)：126-132.

[19] Van Hoek R I. The rediscovery of postponement a literature review and directions for research [J]. Journal of operations management, 2001, 19 (2)：161-184.

[20] De Koster R, Le-Duc T, Roodbergen K J. Design and control of warehouse order picking：A literature review [J]. European journal of operational research, 2007, 182 (2)：481-501.

[21] Liu W H, Xu X C, Ren Z X, et al. An emergency order allocation model based on multi-provider in two-echelon logistics service supply chain supply chain management [J]. Supply Chain Management, 2011, 16 (6)：390-400.

[22] SteadieSeifi M, Dellaert N P, Nuijten W, et al. Multimodal freight transportation planning：A literature review [J]. European journal of operational research, 2014, 233 (1)：1-15.

参考文献

[23] Hertz S, Alfredsson M. Strategic development of third party logistics providers [J]. Industrial marketing management, 2003, 32 (2): 139-149.

[24] 吴庆, 但斌, 钱宇等. 努力水平影响损耗的低值易逝品 TPL 协调合同 [J]. 管理科学学报, 2014, 17 (12): 15-26.

[25] Rosa J L, Robin A, Silva M B, et al. Electrodeposition of copper on titanium wires: Taguchi experimental design approach [J]. Journal of materials processing technology, 2009, 209 (3): 1181-1188.

[26] Govindan K, Chaudhuri A. Interrelationships of risks faced by third party logistics service providers: a DEMATEL based approach [J]. Transportation Research Part E: Logistics and Transportation Review, 2016, 90: 177-195.

[27] Abdullah R, Daud M, Ahmad F, et al. Green Logistics Adoption among 3PL Companies [J]. International Journal of Supply Chain Management, 2016, 5 (3): 82-85.

[28] Morath F, Münster J. Online shopping and platform design with ex ante registration requirements [J]. Management Science, 2017, 64 (1): 360-380.

[29] Aral S, Bakos Y, Brynjolfsson E. Information Technology, Repeated Contracts, and the Number of Suppliers [J]. Management Science, 2017, 64 (2): 592-612.

[30] Ma X, Deng T, Xue M, et al. Optimal dynamic pricing of mobile data plans in wireless communications [J]. Omega, 2017, 66: 91-105.

[31] Ceri S. On the role of statistics in the era of big data: A computer science perspective [J]. Statistics & Probability Letters, 2018, 136: 68-72.

[32] Tam S, Clarke F. Big Data, Official Statistics and Some Initiatives by the Australian Bureau of Statistics [J]. International Statistical Review, 2016, 83 (3): 436-448.

[33] Strang K D, Sun Z. Analyzing Relationships in Terrorism Big Data Using Hadoop and Statistics [J]. Data Processor for Better Business Education, 2016, 57 (1): 67-75.

[34] Subramanian N, Abdulrahman M D, Zhou X. Reprint of "Integration of logistics and cloud computing service providers: Cost and green benefits in the Chinese context" [J]. Transportation Research Part E Logistics & Transportation Review, 2015, 74 (70): 81-93.

[35] Varella L, Buss Gonçalves M. Information Technology as the Main Competence in the Design of the Strategic Planning of Logistics Platforms [J]. Journal of Technology Management & Innovation, 2013, 8 (3): 29-30.

[36] Aldin N, Stahre F. Electronic commerce, marketing channels and logistics platforms—a wholesaler perspective [J]. European Journal of Operational Research, 2003, 144 (2): 270-279.

[37] Leung K H, Choy K L, Siu P K Y, et al. A B2C e-commerce intelligent system for re-engineering the e-order fulfilment process [J]. Expert Systems with Applications, 2018, 91: 386-401.

[38] Han H, Trimi S. A fuzzy TOPSIS method for performance evaluation of reverse logistics in social commerce platforms [J]. Expert Systems with Applications, 2018, 103: 133-145.

[39] Yayla A Y, Oztekin A, Gumus A T, et al. A hybrid data analytic methodology for 3PL transportation provider evaluation using fuzzy multi-criteria decision making [J]. International Journal of Production Research, 2015, 53 (20): 6097-6113.

[40] 孙琦，戢守峰，董明. 数据驱动下收货质量偏好与电商配送服务质量优化 [J]. 中国管理科学, 2019, 27 (06): 41-52.

[41] 孙琦，戢守峰，刘旭. 基于变邻域搜索算法的物流配送系统集成优化研究 [J]. 工业技术经济, 2016, 35 (08): 46-55.

[42] Yee R W Y, Guo Y, Yeung A C L. Being close or being happy? The relative impact of work relationship and job satisfaction on service quality [J]. International Journal of Production Economics, 2015, 169 (11): 391-400.

[43] Dong J, Feldman P, Yom-Tov G B. Service Systems with Slowdowns: Potential Failures and Proposed Solutions [J]. Operations Research, 2015, 62 (2): 305-324.

[44] Park S J, Cachon G P, Lai G, et al. Supply Chain Design and Carbon Penalty: Monopoly vs. Monopolistic Competition [J]. Production and Operations Management, 2015, 24 (9): 1494-1508.

[45] Alonso B, Barreda R, dell'Olio L, et al. Modelling user perception of taxi service quality [J]. Transport Policy, 2018, 63: 157-164.

[46] 谢广营. B2C 及 C2C 网购物流服务质量测量述评：一个概念模型及理论框架 [J]. 管理评论, 2016, 28 (4): 186-200.

[47] Moreno A, Alem D, Ferreira D. Heuristic approaches for the multiperiod location-transportation problem with reuse of vehicles in emergency logistics [J]. Computers & Operations Research, 2016, 69: 79-96.

参考文献

[48] Jasmine S L L, Gu Y M. A market-oriented approach for intermodal network optimisation meeting cost, time and environmental requirements [J]. International Journal of Production Economics, 2016, 171: 266-274.

[49] Woo H S, Saghiri S. Order assignment considering buyer, third-party logistics provider, and suppliers [J]. International Journal of Production Economics, 2011, 130 (2): 144-152.

[50] 唐金环, 戢守峰, 沈贵财. 时变网络下考虑碳排放的车辆路径优化 [J]. 系统工程, 2015, 33 (09): 37-44.

[51] Bendul J C, Rosca E, Pivovarova D. Sustainable supply chain models for base of the pyramid [J]. Journal of Cleaner Production, 2017, 162: 107-120.

[52] Li Y, Guldenmund F W. Safety management systems: A broad overview of the literature [J]. Safety Science, 2018, 103: 94-123.

[53] Abou-Galala M, Rabah M, Kaloop M, et al. Assessment of the accuracy and convergence period of Precise Point Positioning [J]. Alexandria Engineering Journal, 2017, http://dx.doi.org/10.1016/j.aej.2017.04.019.

[54] Satpathi K, Yeap Y M, Ukil A, et al. Short-time fourier transform based transient analysis of vsc interfaced point-to-point dc system [J]. IEEE Transactions on Industrial Electronics, 2018, 65 (5): 4080-4091.

[55] D'Angeac G D. Big Data: The Management Revolution - Harvard Business Review [J]. Harvard Business Review, 2012, 90 (10): 60-6, 68, 128.

[56] Bunn D W, Oliveira F S. Modeling the impact of market interventions on the strategic evolution of electricity markets [J]. Operations Research, 2008, 56 (5): 1116-1130.

[57] Wang R, Sahin O. The impact of consumer search cost on assortment planning and pricing [J]. Management Science, 2017, 7 (28): 1-18.

[58] Anthony A, Helen W, Mohamed N. Decision theory in sustainable supply chain management: a literature review [J]. Supply Chain Management: An International Journal, 2014, 19 (5): 504-522.

[59] Pinto F S, Costa A S, Figueira J R, et al. The quality of service: An overall performance assessment for water utilities [J]. Omega, 2017, 69: 115-125.

[60] Rezapour S, Allen J K, Mistree F. Reliable product-service supply chains for repairable products [J]. Transportation Research Part E: Logistics and Transportation Review,

2016, 95: 299-321.

[61] Kabanda S, Brown I. A structuration analysis of Small and Medium Enterprise (SME) adoption of E-Commerce: The case of Tanzania [J]. Telematics and Informatics, 2017, 34 (4): 118-132.

[62] Reaidy P J, Gunasekaran A, Spalanzani A. Bottom-up approach based on internet of things for order fulfillment in a collaborative warehousing environment [J]. International Journal of Production Economics, 2015, 159: 29-40.

[63] Stephen M, P Daniel Wright. The value of postponing online fulfillment decisions in multi-channel retail/e-tail organizations [J]. Computers & Industrial Engineering, 2009, 36: 3061-3072.

[64] Li C, Wan Z. Supplier competition and cost improvement [J]. Management Science, 2016, 63 (8): 2460-2477.

[65] Fanny H, Christian A. Quantitative insights into the integrated supply vehicle routing and production planning problem [J]. International Journal of Production Economics, 2016, 177: 66-76.

[66] Eboli L, Forciniti C, Mazzulla G. Spatial variation of the perceived transit service quality at rail stations [J]. Transportation Research Part A: Policy and Practice, 2018, 114: 67-83.

[67] Pantouvakis A, Renzi M F. Exploring different nationality perceptions of airport service quality [J]. Journal of Air Transport Management, 2016, 52: 90-98.

[68] Gans N. Customer loyalty and supplier quality competition [J]. Management Science, 2002, 48 (2): 207-221.

[69] Govindan K, Khodaverdi R, Jafarian A. A fuzzy multi criteria approach for measuring sustainability performance of a supplier based on triple bottom line approach [J]. Journal of Cleaner Production, 2013, 47: 345-354.

[70] Baron O, Berman O, Krass D, et al. Using strategic idleness to improve customer service experience in service networks [J]. Operations Research, 2014, 62 (1): 123-140.

[71] Zhang C, Xing P, Wang J. Quality effort decision in service supply chain with quality preference based on quantum game [J]. International Journal of Modern Physics C, 2015, 26 (07): 55-73.

[72] Ekici A, Altan B, Özener O Ö. Pricing decisions in a strategic single retailer/dual sup-

pliers setting under order size constraints [J]. International Journal of Production Research, 2016, 54 (7): 1887-1898.

[73] Morton C, Caulfield B, Anable J. Customer perceptions of quality of service in public transport: Evidence for bus transit in Scotland [J]. Case Studies on Transport Policy, 2016, 4 (3): 199-207.

[74] Fragoso J T, Espinoza I L. Assessment of banking service quality perception using the SERVPERF model [J]. Contaduría y Administración, 2017, 62 (4): 1294-1316.

[75] 于超, 张重阳, 樊治平. 考虑顾客感知效用的服务要素优化配置方法 [J]. 管理学报, 2015, 12 (5): 744-749.

[76] Johnson T L, So E C. A simple multimarket measure of information asymmetry [J]. Management Science, 2017, 64 (3): 1055-1080.

[77] Kaynama S A, Black C I. A proposal to assess the service quality of online travel agencies: An exploratory study [J]. Journal of professional services marketing, 2000, 21 (1): 63-88.

[78] Vandermerwe S, Rada J. Servitization of business: adding value by adding services [J]. European management journal, 1988, 6 (4): 314-324.

[79] Baines T S, Lightfoot H W, Evans S, et al. State-of-the-art in product-service systems [J]. Proceedings of the Institution of Mechanical Engineers Part B: journal of engineering manufacture, 2007, 221 (10): 1543-1552.

[80] Crainic T G, Gobbato L, Perboli G, et al. Logistics capacity planning: A stochastic bin packing formulation and a progressive hedging meta-heuristic [J]. European Journal of Operational Research, 2016, 253 (2): 404-417.

[81] Zhou Y W, Guo J, Zhou W. Pricing/service strategies for a dual-channel supply chain with free riding and service-cost sharing [J]. International Journal of Production Economics, 2018, 196: 198-210.

[82] Defryn C, Sörensen K, Dullaert W. Integrating partner objectives in horizontal logistics optimisation models [J]. Omega, 2017, 11 (8): 1-12.

[83] Defryn C, Sörensen K. Multi-objective optimisation models for the travelling salesman problem with horizontal cooperation [J]. European Journal of Operational Research, 2017, 267 (3): 891-903.

[84] Wang Y, Ma X, Liu M, et al. Cooperation and profit allocation in two-echelon logistics

joint distribution network optimization [J]. Applied Soft Computing, 2017, 56: 143-157.

[85] Cruijssen F, Cools M, Dullaert W. Horizontal cooperation in logistics: opportunities and impediments [J]. Transportation Research Part E: Logistics and Transportation Review, 2007, 43 (2): 129-142.

[86] Huo W, Zhang W, Chen P S L. Recent development of Chinese port cooperation strategies [J]. Research in Transportation Business & Management, 2018, https://doi.org/10.1016/j.rtbm.2018.01.002.

[87] Leitner R, Meizer F, Prochazka M, et al. Structural concepts for horizontal cooperation to increase efficiency in logistics [J]. CIRP Journal of Manufacturing Science and Technology, 2011, 4 (3): 332-337.

[88] Alumur S A, Nickel S, Saldanha-da-Gama F, et al. Multi-period reverse logistics network design [J]. European Journal of Operational Research, 2012, 220 (1): 67-78.

[89] Ji S, Sun Q. Low-Carbon Planning and Design in B&R Logistics Service: A Case Study of an E-Commerce Big Data Platform in China [J]. Sustainability, 2017, 9 (11): 2052-2078.

[90] Datner S, Raviv T, Tzur M, et al. Setting inventory levels in a bike sharing network [J]. Transportation Science, 2019, 53 (1): 62-76.

[91] Schuetz H J, Kolisch R. Approximate dynamic programming for capacity allocation in the service industry [J]. European Journal of Operational Research, 2012, 218 (1): 239-250.

[92] Pourmirza S, Peters S, Dijkman R, et al. A systematic literature review on the architecture of business process management systems [J]. Information Systems, 2017, 66: 43-58.

[93] Alonso I A, Verdún J C, Caro E T. Description of the structure of the IT demand management process framework [J]. International Journal of Information Management, 2017, 37 (1): 1461-1473.

[93] Liu K, Zhou Y, Zhang Z. Capacitated location model with online demand pooling in a multi-channel supply chain [J]. European Journal of Operational Research, 2010, 207 (1): 218-231.

[95] Sudarto S, Takahashi K, Morikawa K, et al. The impact of capacity planning on prod-

uct lifecycle for performance on sustainability dimensions in Reverse Logistics Social Responsibility [J]. Journal of Cleaner Production, 2016, 133: 28-42.

[96] Nikolaou I E, Evangelinos K I, Allan S. A reverse logistics social responsibility evaluation framework based on the triple bottom line approach [J]. Journal of Cleaner Production, 2013, 56: 173-184.

[97] Hsueh C F. A bilevel programming model for corporate social responsibility collaboration in sustainable supply chain management [J]. Transportation Research Part E: Logistics and Transportation Review, 2015, 73: 84-95.

[98] Jakhar S K. Performance evaluation and a flow allocation decision model for a sustainable supply chain of an apparel industry [J]. Journal of Cleaner Production, 2015, 87: 391-413.

[99] Boukherroub T, Ruiz A, Guinet A, et al. An integrated approach for sustainable supply chain planning [J]. Computers & Operations Research, 2015, 54: 180-194.

[100] Azadi M, Jafarian M, Saen R F, et al. A new fuzzy DEA model for evaluation of efficiency and effectiveness of suppliers in sustainable supply chain management context [J]. Computers & Operations Research, 2015, 54: 274-285.

[101] Diabat A, Al-Salem M. An integrated supply chain problem with environmental considerations [J]. International Journal of Production Economics, 2015, 164 (2): 330-338.

[102] Diabat A, Kannan D, Mathiyazhagan K. Analysis of enablers for implementation of sustainable supply chain management—A textile case [J]. Journal of Cleaner Production, 2014, 83: 391-403.

[103] Bujari A, Furini M, Mandreoli F, et al. Standards, security and business models: key challenges for the IoT scenario [J]. Mobile Networks and Applications, 2018, 23 (1): 147-154.

[104] Starr M K, Van Wassenhove L N. Introduction to the Special Issue on Humanitarian Operations and Crisis Management [J]. Production and Operations Management, 2014, 23 (6): 925-937.

[105] Ghiani G, Guerriero E. A lower bound for the quickest path problem [J]. Computers & Operations Research, 2014, 50 (10): 154-160.

[106] Noyan N, Balcik B, Atakan S. Stochastic optimization models for designing last mile

relief networks [J]. Transportation Science, 2015, 8 (10): 1-22.

[107] 曹杰, 朱莉. 考虑决策偏好的城市群应急协调超网络模型 [J]. 管理科学学报, 2014, 17 (11): 33-42.

[108] Apiyo R, Kiarie D. Role of ICT tools in supply chain performance [J]. International Journal of Supply Chain Management, 2018, 3 (1): 17-26.

[109] Zhou S X, Yang C. Continuous-Review (R, nQ) Policies for Inventory Systems with Dual Delivery Modes [J]. Operations Research, 2016, 64 (6): 1302-1319.

[110] Bunse K, Vodicka M, Schönsleben P, et al. Integrating energy efficiency performance in production management—gap analysis between industrial needs and scientific literature [J]. Journal of Cleaner Production, 2011, 19 (6): 667-679.

[111] Cachon G P. Retail store density and the cost of greenhouse gas emissions [J]. Management Science, 2014, 60 (8): 1907-1925.

[112] Yu F, Yang Y, Chang D. Carbon footprint based green supplier selection under dynamic environment [J]. Journal of Cleaner Production, 2018, 170: 880-889.

[113] Koulamas C, Kyparisis G J. Single-machine scheduling problems with past-sequence-dependent delivery times [J]. International Journal of Production Economics, 2010, 126 (2): 264-266.

[114] Qiu X, Feuerriegel S, Neumann D. Making the most of fleets: A profit-maximizing multi-vehicle pickup and delivery selection problem [J]. European Journal of Operational Research, 2017, 259 (1): 155-168.

[115] Niu Y, Yang Z, Chen P, et al. Optimizing the green open vehicle routing problem with time windows by minimizing comprehensive routing cost [J]. Journal of Cleaner Production, 2018, 171 (10): 962-971.

[116] Belavina E, Girotra K, Kabra A. Online Grocery Retail: Revenue Models and Environmental Impact [J]. Management Science, 2017, 63 (6): 1781-1799.

[117] Zheng H, Shan Y, Mi Z, et al. How modifications of China's energy data affect carbon mitigation targets [J]. Energy Policy, 2018, 116: 337-343.

[118] 唐金环, 戢守峰, 姜力文, 等. 顾客有限"碳行为"偏好对选址-路径-库存联合优化的影响 [J]. 中国管理科学, 2016, 24 (07): 110-119.

[119] Tinoco S V P, Creemers S, Boute R N. Collaborative shipping under different cost-sharing agreements [J]. European Journal of Operational Research, 2017, 263 (3):

827-837.

[120] Álvarez-Miranda E, Ljubi I, Luipersbeck M, et al. Solving minimum-cost shared arbo-rescence problems [J]. European Journal of Operational Research, 2017, 258 (3): 887-901.

[121] Yang F, Shan F, Jin M. Capacity investment under cost sharing contracts [J]. International Journal of Production Economics, 2017, 191: 278-285.

[122] Harks T, von Falkenhausen P. Optimal cost sharing for capacitated facility location games [J]. European Journal of Operational Research, 2014, 239 (1): 187-198.

[123] Wu J, Zhu Q, Ji X, et al. Two-stage network processes with shared resources and re sources recovered from undesirable outputs [J]. European Journal of Operational Re search, 2016, 251 (1): 182-197.

[124] Conrado D J, Karlsson M O, Romero K, et al. Open innovation: Towards sharing of data, models and workflows [J]. European Journal of Pharmaceutical Sciences, 2017, 109: 65-71.

[125] Crawford S, Gray W, Johnson B R, et al. What motivates buy-side analysts to share recommendations online? [J]. Management Science, 2018, 64 (6): 2574-2589.

[126] Fu Q, Sim C K, Teo C P. Profit sharing agreements in decentralized supply chains: a distributionally robust approach [J]. Operations Research, 2017, (66) 2: 500-513.

[127] 戢守峰, 万鹏, 孙琦, 等. 库存共享和服务水平限制下三级分销网络侧向转运模型与算法 [J]. 中国管理科学, 2016 (12): 72-81.

[128] 王宁宁, 王晓欢, 樊治平. 模糊需求下考虑公平关切的收益共享契约与协调 [J]. 中国管理科学, 2015, 8: 139-147.

[129] Özer Ö, Subramanian U, Wang Y. Information sharing, advice provision, or delegation: what leads to higher trust and trustworthiness? [J]. Management Science, 2018, 64 (1): 474-493.

[130] Lee S. Using data envelopment analysis and decision trees for efficiency analysis and recommendation of B2C controls [J]. Decision Support Systems, 2010, 49 (4): 486-497.

[131] Huang E, Chou T C. Factors for web mining adoption of B2C firms: Taiwan experience [J]. Electronic Commerce Research and Applications, 2004, 3 (3): 266-279.

[132] Al-Khouri A M. Data ownership: who owns "my data" [J].

Int. J. Manag. Inf. Technol, 2012, 2 (1): 1-8.

[133] Song P, Zheng C, Zhang C, et al. Data Analytics and Firm Performance: An Empirical Study in an Online B2C Platform [J]. 2018, 55 (5): 633-642.

[134] Wang Z, Yao D Q, Huang P. A new location-inventory policy with reverse logistics applied to B2C e-markets of China [J]. International Journal of Production Economics, 2007, 107 (2): 350-363.

[135] Duffy G, Dale B G. E-commerce processes: a study of criticality [J]. Industrial Management & Data Systems, 2002, 102 (8): 432-441.

[136] Christopher M. The agile supply chain: competing in volatile markets [J]. Industrial marketing management, 2000, 29 (1): 37-44.

[137] Bucki R, Suchanek P. The Method of Logistic Optimization in E-commerce [J]. Journal of Unirersal computer Science, 2012, 18 (10): 1238-1258.

[138] Castro-Lopez A, Puente J, Vazquez-Casielles R. Fuzzy inference suitability to determine the utilitarian quality of B2C websites [J]. Applied Soft Computing, 2017, 57: 132-143.

[139] Liu Y, Foscht T, Eisingerich A B, et al. Strategic management of product and brand extensions: Extending corporate brands in B2B vs. B2C markets [J]. Industrial Marketing Management, 2017, 71 (5): 147-159.

[140] Jiang Z Z, Fang S C, Fan Z P, et al. Selecting optimal selling format of a product in B2C online auctions with boundedly rational customers [J]. European Journal of Operational Research, 2013, 226 (1): 139-153.

[141] Lotfi S, Zenios S A. Robust VaR and CVaR optimization under joint ambiguity in distributions, means, and covariances [J]. European Journal of Operational Research, 2018, 269 (2): 556-576.

[142] Swani K, Brown B P, Milne G R. Should tweets differ for B2B and B2C? An analysis of Fortune 500 companies' Twitter communications [J]. Industrial marketing management, 2014, 43 (5): 873-881.

[143] Naccache S, Montreuil B. Optimizing Consumer Order Delivery Consolidation in Drop-Ship Based B2C Distribution [J]. IFAC-PapersOnLine, 2015, 48 (3): 1996-2001.

[144] Calvo N, Villarreal Ó. Analysis of the growth of the e-learning industry through sustainable business model archetypes: A case study [J]. Journal of Cleaner Production,

2018, 191: 26-39.

[145] Gevaers R, Van de Voorde E, Vanelslander T. Cost modelling and simulation of last-mile characteristics in an innovative B2C supply chain environment with implications on urban areas and cities [J]. Procedia-Social and Behavioral Sciences, 2014, 125: 398-411.

[146] Accorsi R, Baruffaldi G, Manzini R, et al. On the design of cooperative vendors' networks in retail food supply chains: a logistics-driven approach [J]. International Journal of Logistics Research and Applications, 2018, 21 (1): 35-52.

[147] Agrell P J, Lundin J, Norrman A. Supply Chain Management: Horizontal carrier coordination through cooperative governance structures [J]. International Journal of Production Economics, 2017, 194: 59-72.

[148] Zhou L, Tong L C, Chen J, et al. Joint optimization of high-speed train timetables and speed profiles: A unified modeling approach using space-time-speed grid networks [J]. Transportation Research Part B: Methodological, 2017, 97: 157-181.

[149] Chen H, An B, Niyato D, et al. Workload factoring and resource sharing via joint vertical and horizontal cloud federation networks [J]. IEEE Journal on Selected Areas in Communications, 2017, 35 (3): 557-570.

[150] Hadji M, Zeghlache D. Mathematical programming approach for revenue maximization in cloud federations [J]. IEEE transactions on cloud computing, 2017, 5 (1): 99-111.

[151] Manyika J, Chui M, Brown B, et al. Big data: The next frontier for innovation, competition, and productivity [J] Analytics, 2011, 20 (5): 7-9.

[152] Liu G, Yang J, Hao Y, et al. Big data-informed energy efficiency assessment of China industry sectors based on K-means clustering [J]. Journal of Cleaner Production, 2018, 183: 304-314.

[153] Kim J, Hastak M. Social network analysis [J]. International Journal of Information Management: The Journal for Information Professionals, 2018, 38 (1): 86-96.

[154] Trueger N S, Bokarius A V, Carroll S, et al. Impact of a physician-led social media sharing program on a medical journal's web traffic [J]. Journal of the American College of Radiology, 2018, 15 (1): 184-189.

[155] Kecskés A, Michaely R, Womack K L. Do earnings estimates add value to sell-side an

[155] alysts' investment recommendations? [J]. Management science, 2016, 63 (6): 1855-1871.

[156] Hilscher J, Wilson M. Credit ratings and credit risk: Is one measure enough? [J]. Management science, 2016, 63 (10): 3414-3437.

[157] Wang W P, Chiu C C. The impact of order allocation decision on supply chain benefits under multiple suppliers [J]. Journal of the Chinese Institute of Industrial Engineers, 2011, 28 (5): 370-381.

[158] Li X, Li Y J, Cai X Q. On a multi-period supply chain system with supplementary order opportunity [J]. European Journal of Operational Research, 2011, 209: 273-284.

[159] Fariborz J, MahsaSoufi N. Multi-objective model for multi-period, multi-products, supplier order allocation under linear discount [J]. International Journal of Management Science and Engineering Management, 2013, 81: 106-114.

[160] Ren J, Bian Y W, Xu X Y, He P. Allocation of product-related carbon emission abatement target in a make-to-order supply chain [J]. Computers & Industrial Engineering, 2015, 80: 181 – 194.

[161] Torabi S A, Baghersad M, Mansouri S A. Resilient supplier selection and order allocation under operational and disruption risks [J]. Transportation Research Part E, 2015, 79: 22-48.

[162] Jadidi O, Zolfaghari S, Cavalieri S. A new normalized goal programming model for multi-objective problems: A case of supplier selection and order allocation [J]. International Journal of Production Economics, 2014, 148: 158 – 165.

[163] 潘伟. 基于供应中断风险的模糊多目标订单分配模型 [J]. 管理科学学报, 2015, 18 (3): 45-51.

[164] Robert H S, Max E, Sean H. Multi-objective allocation of customized orders to production-line Networks [J]. CIRP Annals - Manufacturing Technology, 2016, 65: 429-432.

[165] Liu Y Q, Wang H. Order allocation for service supply chain base on the customer best delivery time under the background of big data [J]. International Journal of Computer Science and Applications, 2016, 13 (1): 84-92.

[166] Inghels D, Dullaert W, Vigo D. A service network design model for multimodal municipal solid waste transport [J]. European Journal of Operational Research, 2016, 254

(1): 68-79.

[167] Zehendner E, Feillet D. Benefits of a truck appointment system on the service quality of inland transport modes at a multimodal container terminal [J]. European Journal of Operational Research, 2014, 235 (2): 461-469.

[168] Muñoz-Villamizar A, Montoya-Torres J R, Vega-Mejía C A. Non-Collaborative versus Collaborative Last-Mile Delivery in Urban Systems with Stochastic Demands [J]. Procedia CIRP, 2015, 30: 263-268.

[169] Rancourt M È, Cordeau J F, Laporte G, et al. Tactical network planning for food aid distribution in Kenya [J]. Computers & Operations Research, 2015, 56 (4): 68-83.

[170] Fatnassi E, Chaouachi J, Klibi W. Planning and operating a shared goods and passengers on-demand rapidtransit system for sustainable city-logistics [J]. Transportation Research Part B: Methodological, 2015, 81 (11): 440-460.

[171] de Oña J, de Oña R. Quality of service in public transport based on customer satisfaction surveys: A review and assessment of methodological approaches [J]. Transportation Science, 2015, 49 (3): 605-622.

[172] Pedram M, Balachander S. Increasing Quality Sequence: When Is It an Optimal Product Introduction Strategy? [J]. Management Science, 2015, 61 (10): 2487-2494.

[173] Debo L, Veeraraghavan S. Equilibrium in queues under unknown service times and service value [J]. Operations Research, 2014, 62 (1): 38-57.

[174] Debo L G, Parlour C, Rajan U. Signaling quality via queues [J]. Management Science, 2012, 58 (5): 876-891.

[175] Xu Y, Scheller-Wolf A, Sycara K. The Benefit of Introducing Variability in Single-Server Queues with Application to Quality-Based Service Domains [J]. Operations Research, 2015, 63 (1): 233-246.

[176] 刘云志, 樊治平. 考虑损失规避与产品质量水平的供应链协调契约模型 [J]. 中国管理科学, 2017, 25 (1): 65-77.

[177] Sá F, Rocha Á, Gonçalves J, et al. Model for the quality of local government online services [J]. Telematics and Informatics, 2017, 34 (5): 413-421.

[178] Scheidt S, Chung Q B. Making a case for speech analytics to improve customer service quality: Vision, implementation, and evaluation [J]. International Journal of Information Management, 2019, 45: 23-232.

[179] Nada N, Ali Z. Service value creation capability model to assess the service innovation capability in SMEs [J]. Procedia CIRP, 2015, 30: 390-395.

[180] Yin J, Tang T, Yang L, et al. Energy-efficient metro train rescheduling with uncertain time-variant passenger demands: An approximate dynamic programming approach [J]. Transportation Research Part B: Methodological, 2016, 91: 178-210.

[181] Mehmann J, Teuteberg F. The fourth-party logistics service provider approach to support sustainable development goals in transportation-a case study of the German agricultural bulk logistics sector [J]. Journal of Cleaner Production, 2016, 126: 382-393.

[182] Wang G, Gunasekaran A, Ngai E W T, et al. Big data analytics in logistics and supply chain management: Certain investigations for research and applications [J]. International Journal of Production Economics, 2016, 176: 98-110.

[183] Verter V, Kara B Y. A path-based approach for hazmat transport network design [J]. Management Science, 2008, 54 (1): 29-40.

[184] Chang M S, Tseng Y L, Chen J W. A scenario planning approach for the flood emergency logistics preparation problem under uncertainty [J]. Transportation Research Part E: Logistics and Transportation Review, 2007, 43 (6): 737-754.

[185] Duque P A M, Dolinskaya I S, Sörensen K. Network repair crew scheduling and routing for emergency relief distribution problem [J]. European Journal of Operational Research, 2016, 248 (1): 272-285.

[186] Widera A, Lechtenberg S, Gurczik G, et al. Integrated Logistics and Transport Planning in Disaster Relief Operations [J]. 2017, 5: 752-64.

[187] Dalal J, Üster H. Combining Worst Case and Average Case Considerations in an Integrated Emergency Response Network Design Problem [J]. Transportation Science, 2017, 52 (1): 171-188.

[188] Wex F, Schryen G, Feuerriegel S, et al. Emergency response in natural disaster management: Allocation and scheduling of rescue units [J]. European Journal of Operational Research, 2014, 235 (3): 697-708.

[189] Dufour É, Laporte G, Paquette J, et al. Logistics service network design for humanitarian response in East Africa [J]. Omega, 2018, 74: 1-14.

[190] Shahparvari S, Abbasi B, Chhetri P. Possibilistic scheduling routing for short-notice bushfire emergency evacuation under uncertainties: An Australian case study [J]. O-

mega，2017，72：96-117.

[191] 戢守峰，罗蓉娟，孙琦. 一种求解物流设施二次分配问题的混合分布估计算法 [J]. 运筹与管理，2018（1）：74-83.

[192] 刘长石，寇纲，刘导波. 震后应急物资多方式供应的模糊动态 LRP [J]. 管理科学学报，2016，19（10）：61-72.

[193] Díaz-Delgado C, Iniestra J G. Flood Risk Assessment in Humanitarian Logistics Process Design [J]. Journal of Applied Research & Technology, 2014, 12 (5): 976-984.

[194] Gama M, Santos B F, Scaparra M P. A multi-period shelter location-allocation model with evacuation orders for flood disasters [J]. EURO Journal on Computational Optimization，2016，4（3）：299-323.

[195] Ma Z J, Zhang N, Dai Y, et al. Managing channel profits of different cooperative models in closed-loop supply chains [J]. Omega, 2016, 59: 251-262.

[196] Kannan D, Diabat A, Alrefaei M, et al. A carbon footprint based reverse logistics network design model [J]. Resources, conservation and recycling, 2012, 67: 75-79.

[197] He M, Xie J, Wu X, et al. Capability coordination in automobile logistics service supply chain based on reliability [J]. Procedia Engineering, 2016, 137: 325-333.

[198] Rahimi M, Ghezavati V. Sustainable multi-period reverse logistics network design and planning under uncertainty utilizing conditional value at risk (CVaR) for recycling construction and demolition waste [J]. Journal of Cleaner Production, 2018, 172: 1567-1581.

[199] Vahdani B, Veysmoradi D, Noori F, et al. Two-stage multi-objective location-routing-inventory model for humanitarian logistics network design under uncertainty [J]. International Journal of Disaster Risk Reduction, 2018, 27: 290-306.

[200] John S T, Sridharan R, Kumar P N R, et al. Multi-period reverse logistics network de-sign for used refrigerators [J]. Applied Mathematical Modelling, 2018, 54: 311-331.

[201] John S T, Sridharan R, Kumar P N R. Reverse logistics network design: a case of mobile phones and digital cameras [J]. The International Journal of Advanced Manufacturing Technology, 2018, 94 (1-4): 615-631.

[202] Samadi A, Mehranfar N, Fathollahi Fard A M, et al. Heuristic-based metaheuristics

to address a sustainable supply chain network design problem [J]. Journal of Industrial and Production Engineering, 2018, 1 (18): 102-117.

[203] Gan M, Liu X, Chen S, et al. The identification of truck-related greenhouse gas emissions and critical impact factors in an urban logistics network [J]. Journal of Cleaner Production, 2018, 3 (20): 561-671.

[204] Santini A, Plum C E M, Ropke S. A branch-and-price approach to the feeder network design problem [J]. European Journal of Operational Research, 2018, 264 (2): 607-622.

[205] Zarbakhshnia N, Soleimani H, Ghaderi H. Sustainable Third-Party Reverse Logistics Provider Evaluation and Selection Using Fuzzy SWARA and Developed Fuzzy COPRAS in the Presence of Risk Criteria [J]. Applied Soft Computing, 2018, 65: 307-318.

[206] Li Y, Kannan D, Garg K, et al. Business orientation policy and process analysis evaluation for establishing third party providers of reverse logistics services [J]. Journal of Cleaner Production, 2018, 182: 1033-1047.

[207] Shi Y, Zhang A, Arthanari T, et al. Third-party purchase: An empirical study of third-party logistics providers in China [J]. International Journal of Production Economics, 2016, 171: 189-200.

[208] Rahman S, Ahsan K, Yang L, et al. An Investigation into critical challenges for multinational third-party logistics providers operating in China [J]. Journal of Business Research, 2019, 103: 607-619.

[209] Zúñiga R, Martínez C. A third-party logistics provider: To be or not to be a highly reliable organization [J]. Journal of Business Research, 2016, 69 (10): 4435-4453.

[210] Hu M, Shi M, Wu J. Simultaneous vs. sequential group-buying mechanisms [J]. Management Science, 2013, 59 (12): 2805-2822.

[211] Robèrt K H, Broman G. Prisoners' dilemma misleads business and policy making [J]. Journal of Cleaner Production, 2017, 140: 10-16.

[212] Nagatani T, Ichinose G, Tainaka K. Traffic jams induce dynamical phase transition in spatial rock - paper - scissors game [J]. Physica A: Statistical Mechanics and its Applications, 2018, 492: 1081-1087.

[213] Wang C, Guo P. Behavioral models for first-price sealed-bid auctions with the one-shot

decision theory [J]. European Journal of Operational Research, 2017, 261 (3): 994-1000.

[214] Vairaktarakis G L. Noncooperative games for subcontracting operations [J]. Manufacturing & Service Operations Management, 2013, 15 (1): 148-158.

[215] Wu X, Zhang F. Home or overseas? an analysis of sourcing strategies under competition [J]. Management Science, 2014, 60 (5): 1223-1240.

[216] Yeltekin Ş, Cai Y, Judd K L. Computing equilibria of dynamic games [J]. Operations Research, 2017, 65 (2): 337-356.

[217] Giri B C, Sarker B R. Improving performance by coordinating a supply chain with third party logistics outsourcing under production disruption [J]. Computers & Industrial Engineering, 2017, 103: 168-177.

[218] 姜力文, 戢守峰, 孙琦, 等. 基于竞合博弈的 O2O 品牌制造商定价与订货联合策略 [J]. 系统工程理论与实践, 2016, 36 (8): 1951-1961.

[219] Sugaya T, Wolitzky A. Bounding payoffs in repeated games with private monitoring: n-player games [J]. Journal of Economic Theory, 2018, 175: 58-87.

[220] Chen J, Liang L, Yang F. Cooperative quality investment in outsourcing [J]. International Journal of Production Economics, 2015, 162: 174-191.

[221] Babu S, Mohan U. An integrated approach to evaluating sustainability in supply chains using evolutionary game theory [J]. Computers & Operations Research, 2018, 89: 269-283.

[222] Wang D Z, Lang M X, Sun Y. Evolutionary Game Analysis of Co-opetition Relationship between Regional Logistics Nodes [J]. Journal of Applied Research & Technology, 2014, 12 (2): 251-260.

[223] Li X, Li Y. Chain-to-chain competition on product sustainability [J]. Journal of Cleaner Production, 2016, 112: 2058-2065.

[224] Sawik T. On the fair optimization of cost and customer service level in a supply chain under disruption risks [J]. Omega, 2015, 53: 58-66.

[225] Battini D, Persona A, Sgarbossa F. A sustainable EOQ model: Theoretical formulation and applications [J]. International Journal of Production Economics, 2014, 149 (2): 145-153.

[226] Ortas E, Moneva J M, Álvarez I. Sustainable supply chain and company performance

[J]. Supply Chain Management, 2014, 19 (3): 332-350.

[227] Ji P, Ma X, Li G. Developing green purchasing relationships for the manufacturing industry: An evolutionary game theory perspective [J]. International Journal of Production Economics, 2015, 166: 155-162.

[228] Kushwaha G S, Sharma N K. Green initiatives: a step towards sustainable development and firm's performance in the automobile industry [J]. Journal of Cleaner Production, 2016, 121: 116-129.

[229] Lim M K, Tseng M L, Tan K H, et al. Knowledge management in sustainable supply chain management: Improving performance through an interpretive structural modelling approach [J]. Journal of cleaner production, 2017, 162: 806-816.

[230] Kantola J, Liu Y, Peura P, et al. Innovative products and services for sustainable societal development: Current reality, future potential and challenges [J]. Journal of Cleaner Production, 2017, 162: 1-10.

[231] Atkinson S E, Ramdas K, Williams J W. Robust scheduling practices in the US airline industry: Costs, returns, and inefficiencies [J]. Management Science, 2016, 62 (11): 3372-3391.

[232] Tsao Y C, Zhang Q H, Tsung-H C. Multi-item distribution network design problems under volume discount on transportation cost [J]. International Journal of Production Re-search, 2016, 54 (2): 426-443.

[233] He S, Sethuraman J, Wang X, et al. A NonCooperative Approach to Cost Allocation in Joint Replenishment [J]. Operations Research, 2017, 65 (6): 1562-1573.

[234] Eskandarpour M, Dejax P, Miemczyk J, et al. Sustainable supply chain network design: an optimization-oriented review [J]. Omega, 2015, 54: 11-32.

[235] Govindan K, Cheng T C E. Sustainable supply chain management: Advances in operations research perspective [J]. Computers & Operations Research, 2015, 54: 177-179.

[236] Choi T M. Optimal apparel supplier selection with forecast updates under carbon emission taxation scheme [J]. Computers & Operations Research, 2013, 40 (11): 2646-2655.

[237] Benjaafar S, Li Y, Daskin M. Carbon footprint and the management of supply chains: Insights from simple models [J]. IEEE transactions on automation science and engi-

neering, 2013, 10 (1): 99-116.

[238] Jin M, Granda-Marulanda N A, Down I. The impact of carbon policies on supply chain design and logistics of a major retailer [J]. Journal of Cleaner Production, 2014, 85: 453-461.

[239] Konur D. Carbon constrained integrated inventory control and truckload transportation with heterogeneous freight trucks [J]. International Journal of Production Economics, 2014, 153: 268-279.

[240] Nouira I, Hammami R, Frein Y, et al. Design of forward supply chains: Impact of a carbon emissions-sensitive demand [J]. International Journal of Production Economics, 2016, 173 (3): 80-98.

[241] 王明喜, 鲍勤, 汤铃, 等. 碳排放约束下的企业最优减排投资行为 [J]. 管理科学学报, 2015, 18 (6): 41-57.

[242] Absi N, Dauzère-Pérès S, Kedad-Sidhoum S, et al. Lot sizing with carbon emission constraints [J]. European Journal of Operational Research, 2013, 227 (1): 55-61.

[243] Kuo T C, Chen G Y H, Wang M L, et al. Carbon footprint inventory route planning and selection of hot spot suppliers [J]. International Journal of Production Economics, 2014, 150: 125-139.

[244] Kim N S, Van Wee B. Toward a better methodology for assessing CO2 emissions for intermodal and truck-only freight systems: A European case study [J]. International Journal of Sustainable Transportation, 2014, 8 (3): 177-201.

[245] 戢守峰, 蓝海燕, 孙琦. 考虑碳排放容忍度的多级供应链生产-库存系统碳税博弈策略 [J]. 系统工程理论与实践, 2017, 37 (8): 2071-2082.

[246] Bridge G, Bouzarovski S, Bradshaw M, et al. Geographies of energy transition: Space, place and the low-carbon economy [J]. Energy Policy, 2013, 53: 331-340.

[247] 柏庆国, 徐健腾. 碳政策下分布式鲁棒优化模型的生产与减排策略 [J]. 系统工程理论与实践, 2016, 36 (7): 1696-1709.

[248] Jabir E, Panicker V V, Sridharan R. Multi-objective optimization model for a green vehicle routing problem [J]. Procedia-Social and Behavioral Sciences, 2015, 189: 33-39.

[249] Absi N, wilco V. Worst case analysis of Relax and Fix heuristics for lot-sizing problem [J]. European Journal of Operational Research, 2019, 279 (2): 449-458.

[250] Absi N, Dauzère-Pérès S, Kedad-Sidhoum S, et al. The single-item green lot-sizing

problem with fixed carbon emissions[J]. European Journal of Operational Research, 2016, 248 (3): 849-855.

[251] 李进, 张江华. 基于碳排放与速度优化的带时间窗车辆路径问题[J]. 统工程理论与实践, 2014, 34 (12): 3063-3072.

[252] 戢守峰, 唐金环, 蓝海燕, 等. 考虑选址-路径-库存联合优化的碳排放多目标模型与算法[J]. 管理工程学报, 2016 (3): 224-231.

[253] Yang S A, Birge J R. Trade credit, risk sharing, and inventory financing portfolios[J]. Management Science, 2017, 8 (18): 1-23.

[254] Cooper P. Data, information, knowledge and wisdom[J]. Anaesthesia & Intensive Care Medicine, 2017, 18 (1): 55-56.

[255] Benati S, Puerto J, Rodríguez-Chía A M. Clustering data that are graph connected[J]. European Journal of Operational Research, 2017, 261 (1): 43-53.

[256] Hintsch T, Irnich S. Large Multiple Neighborhood Search for the Clustered Vehicle-Routing Problem[J]. European Journal of Operational Research, 2018, 270 (1): 118-131.

[257] Bulò S R, Pelillo M. Dominant-set clustering: A review[J]. European Journal of Operational Research, 2017, 262 (1): 1-13.

[258] Ramon-Gonen R, Gelbard R. Cluster evolution analysis: Identification and detection of similar clusters and migration patterns[J]. Expert Systems with Applications, 2017, 83: 363-378.

[259] Maione C, Nelson D R, Barbosa R M. Research on social data by means of cluster analysis[J]. Applied Computing and Informatics, 2018, https://doi.org/10.1016/j.aci.2018.02.003.

[260] Battarra M, Erdogan G, Vigo D. Exact algorithms for the clustered vehicle routing problem[J]. Operations Research, 2014, 62 (1): 58-71.

[261] Sarrazin R, De Smet Y, Rosenfeld J. An extension of promethee to interval clustering[J]. Omega, 2017, https://doi.org/10.1016/j.omega.2017.09.001.

[262] Tumer K, Agogino A K. Ensemble clustering with voting active clusters[J]. Pattern Recognition Letters, 2008, 29 (14): 1947-1953.

[263] Li Z, Tang Y. Comparative density peaks clustering[J]. Expert Systems with Applications, 2018, 95: 236-247.

[264] Roozbahani R, Schreider S, Abbasi B. Optimal water allocation through a multi-objective compromise between environmental, social, and economic preferences [J]. Environmental Modelling & Software, 2015, 64 (64): 18-30.

[265] Vincent F. Y, Parida J, A. A. N. Perwira R. Open vehicle routing problem with cross-docking [J]. Computers & Industrial Engineering, 2016, 94: 6-17.

[266] Chen Y, Wahab M. I. M, Ongkunaruk P. A joint replenishment problem considering multiple trucks with shipment and resource constraints [J]. Computers & Operations Research, 2016, 74: 53-63.

[267] Liu W, Liu X, Li X. The two-stage batch ordering strategy of logistics service capacity with demand update [J]. Transportation Research Part E: Logistics and Transportation Review, 2015, 83: 65-89.

[268] KOC C, Bektaş T, Jabali O, et al. The fleet size and mix location-routing problem with time windows: Formulations and a heuristic algorithm [J]. European Journal of Operational Research, 2016, 248 (1): 33-51.

[269] Adelman D, Mersereau A J. Dynamic capacity allocation to customers who remember past service [J]. Management Science, 2013, 59 (3): 592-612.

[270] Cohen M C, Leung N H Z, Panchamgam K, et al. The impact of linear optimization on promotion planning [J]. Operations Research, 2017, 65 (2): 446-468.

[271] Li K, Zhou T, Liu B, et al. A multi-agent system for sharing distributed manufacturing resources [J]. Expert Systems with Applications, 2018, 99: 32-43.

[272] Kellner F. Integrating three-dimensional sustainability in distribution centre selection: the process analysis method-based analytic network process [J]. International Journal of Production Research, 2015, 53 (2): 409-434.

[273] Cho J. Likelihood to abort an online transaction: influences from cognitive evaluations, attitudes, and behavioral variables [J]. Information & Management, 2004, 41 (7): 827-838.

[274] 曾凤章, 赵霞. 田口方法及其标准化设计 [J]. 机械工业标准化与质量, 2003 (11): 7-9.

[275] Hong C W. Using the Taguchi method for effective market segmentation [J]. Expert Systems with Applications, 2012, 39 (5): 5451-5459.

[276] Sun G, Fang J, Tian X, et al. Discrete robust optimization algorithm based on Tagu-

[276] chi method for structural crashworthiness design [J]. Expert Systems with Applications, 2015, 42 (9): 4482-4492.

[277] Azadeh A, Elahi S, Farahani M H, et al. A genetic algorithm-Taguchi based approach to inventory routing problem of a single perishable product with transshipment [J]. Computers & Industrial Engineering, 2017, 104: 124-133.

[278] Huang M L, Hung Y H, Yang Z S. Validation of a method using Taguchi, response surface, neural network, and genetic algorithm [J]. Measurement, 2016, 94: 284-294.

[279] 姜力文, 戢守峰, 孙琦, 喻海飞. 考虑品牌 APP 丰富度的 O2O 供应链渠道选择与定价策略 [J]. 管理工程学报, 2018, 32 (03): 178-187.

[280] Tsai T N. Improving the fine-pitch stencil printing capability using the Taguchi method and Taguchi fuzzy-based model [J]. Robotics and Computer-Integrated Manufacturing, 2011, 27 (4): 808-817.

[281] Karsu Ö, Morton A, Argyris N. Capturing preferences for inequality aversion in decision support [J]. European Journal of Operational Research, 2018, 264 (2): 686-706.

[282] Samuelson P A. A note on the pure theory of consumer's behaviour [J]. Economica, 1938, 5 (17): 61-71.

[283] Gino F, Pisano G. Toward a theory of behavioral operations [J]. Manufacturing & Service Operations Management, 2008, 10 (4): 676-691.

[284] Shiller R J. From efficient markets theory to behavioral finance [J]. Journal of economic perspectives, 2003, 17 (1): 83-104.

[285] Cyert R M, March J G. A behavioral theory of the firm [M]. Englewood Cliffs: Prentice Hall, 1963, 2: 169-187.

[286] Goodarzi M, Makvandi P, Saen R F, et al. What are causes of cash flow bullwhip effect in centralized and decentralized supply chains? [J]. Applied Mathematical Modelling, 2017, 44: 640-654.

[287] Wang X, Disney S M. The bullwhip effect: Progress, trends and directions [J]. European Journal of Operational Research, 2016, 250 (3): 691-701.

[288] Pastore E, Alfieri A, Zotteri G. An empirical investigation on the antecedents of the bullwhip effect: Evidence from the spare parts industry [J]. International Journal of

Production Economics, 2017. 209 (3): 121-133.

[289] Ma J, Bao B. Research on bullwhip effect in energy-efficient air conditioning supply chain [J]. Journal of cleaner production, 2017, 143: 854-865.

[290] Dai J, Peng S, Li S. Mitigation of Bullwhip Effect in Supply Chain Inventory Management Model [J]. Procedia engineering, 2017, 174: 1229-1234.

[291] Duan Y, Yao Y, Huo J. Bullwhip effect under substitute products [J]. Journal of Operations Management, 2015, 36: 75-89.

[292] Qiu Y, Qiao J, Pardalos P M. Optimal production, replenishment, delivery, routing and inventory management policies for products with perishable inventory [J]. Omega, 2019, 82: 193-204.

[293] McCullen P, Towill D. Diagnosis and reduction of bullwhip in supply chains [J]. Supply Chain Management: An International Journal, 2002, 7 (3): 164-179.

[294] Rzadca K, Trystram D. Promoting cooperation in selfish computational grids [J]. European Journal of Operational Research, 2009, 199 (3): 647-657.

[295] Kim K, Baek C, Lee J D. Creative destruction of the sharing economy in action: The case of Uber [J]. Transportation Research Part A: Policy and Practice, 2018, 110: 118-127.

[296] Piscicelli L, Ludden G D S, Cooper T. What makes a sustainable business model successful? An empirical comparison of two peer-to-peer goods-sharing platforms [J]. Journal of Cleaner Production, 2018, 172: 4580-4591.

[297] Zervas G, Proserpio D, Byers J W. The rise of the sharing economy: Estimating the impact of Airbnb on the hotel industry [J]. Journal of Marketing Research, 2017, 54 (5): 687-705.

[298] Porter M E, Kramer M R. Creating shared value [M]. Managing Sustainable Business. Springer, Dordrecht, 2019: 327-350.

[299] Buda G. Attitudes and Motivations of Consumers in Sharing Economy [C]. Management, Enterprise and Benchmarking in the 21st Century, 2017: 22.

[300] Smith N C, McCormick E. Uber and the Ethics of Sharing: Exploring the Societal Promises and Responsibilities of the Sharing Economy [M]. Managing Sustainable Business. Springer, Dordrecht, 2019: 579-611.

[301] Breidbach C F, Brodie R J. Engagement platforms in the sharing economy: conceptual

foundations and research directions [J]. Journal of Service Theory and Practice, 2017, 27 (4): 761-777.

[302] Patvardhan C, Bansal S, Srivastav A. Solving the 0-1 Quadratic Knapsack Problem with a competitive Quantum Inspired Evolutionary Algorithm [J]. Journal of Computational and Applied Mathematics, 2015, 285: 86-99.

[303] Toro E M, Franco J F, Echeverri M G, et al. A multi-objective model for the green capacitated location-routing problem considering environmental impact [J]. Computers & Industrial Engineering, 2017, 110: 114-125.

[304] Kuosmanen T. Weak disposability in nonparametric production analysis with undesirable outputs [J]. American Journal of Agricultural Economics, 2005, 87 (4): 1077-1082.